한 권으로 보는 인공지능과 메타버스
미래의 메타버스·의식주·의료·비즈니스·워크·교육·종교 라이프
미래의 직업·미디어·콘텐츠·예술·정치·언론·윤리 등 총망라

인공지능이 바꾸는 미래세상과 메타버스

안 종 배 지음
국제미래학회 회장 · 대한민국 인공지능포럼 공동회장

대한민국
인공지능포럼
추천도서

국회
미래정책연구회
추천도서

국제미래학회
추천도서

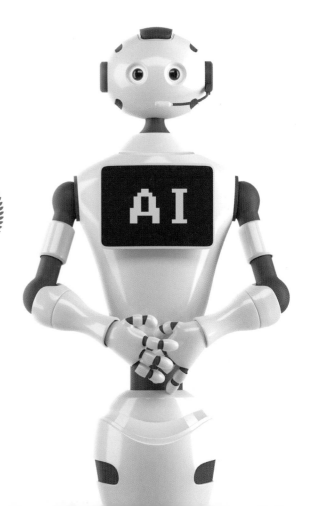

光文閣
www.kwangmoonkag.co.kr

인공지능이 바꾸는 미래세상과 메타버스 추천사

조완규　제18대 서울대학교 총장/제3대 교육부 장관

"본서는 인공지능과 메타버스가 이미 우리의 삶에 얼마나 가까이 있고
얼마나 큰 영향력을 미칠지를 구체적인 사례로 보여준다."

오　명　한국뉴욕주립대학교 명예총장/초대 부총리 겸 과학기술부 장관

"본서는 인공지능시대의 미래를 예견하고 우리가 어떻게
대응해야 하는지를 미래학자의 통찰력으로 알기 쉽게 제시해준다."

이희범　한국정신문화재단 이사장/제8대 산업자원부 장관

"본서는 인공지능을 중심으로 세상의 모든 것이 지능화되고 연결되며
실감나게 세상을 어떻게 바꾸어 가고 있는지를 구체적인 사례로 쉽고
재미있게 이해하게 해준다."

진대제　스카이레이크인베스트먼트 회장/제9대 정보통신부 장관

"본서는 인공지능과 메타버스를 이해하고 인공지능을 활용하는
방법을 알고 싶은 모든 사람이 읽어야 할 필독 입문서이다."

노웅래　대한민국 인공지능포럼 고문/국회 미래정책연구회 공동회장

"인공지능을 조종하는 자가 될것인가, 아니면 인공지능에게
조종당하는 자가 될것인가. 본서에서 해답을 찾을 수 있다."

박　진　대한민국 인공지능포럼 고문/국회 미래정책연구회 공동회장

"미래에는 인공지능 경쟁력이 핵심 성공 요인이 될 것이다.
이에 본서는 미래 성공을 위한 기본서가 될 것이다."

조동성 대한민국 인공지능포럼 공동회장/제2대 국립인천대학교 총장

"본서를 읽다 보면 인공지능과 메타버스를 어느덧 이해하게 되고
활용법을 알게되며 인공지능의 중요성과 영향력을 깨닫게 된다."

장순흥 한동대학교 총장/전 카이스트 부총장

"본서는 우리의 삶과 사회를 송두리째 바꾸는 혁신의 아이콘인
인공지능이 펼쳐가는 새로운 미래 세상을 볼 수 있는 식견을
갖게 하는 미래 망원경이다."

이남식 서울예술대학교 총장/국제미래학회 명예회장

"인공지능과 메타버스가 바꾸는 미래 세상이 어떻게
변화는지를 알 수 있게 해주어 미래를 준비하기 위한 필독서이다."

김진형 초대 인공지능연구원 원장/인천재능대학교 총장

"본서는 새로운 미래 세상을 만들어 가고 인류의 미래를 좌우하는
인공지능을 이해하고 인공지능 윤리의 중요성을 알게 해준다."

장병탁 서울대 AI연구원 원장/서울대 컴퓨터공학부 석좌교수

"인공지능과 공존하는 인류의 새로운 역사가 시작되고 있음을 본서를
통해 구체적으로 알게 된다."

문용식 한국지능정보사회진흥원 원장

"본서는 인공지능과 메타버스가 어려운 것이 아니라 우리의 삶에
어떻게 적용되는지를 쉽게 알게 해주는 인공지능 생활 실용서이다."

윤은기 한국협업진흥협회 회장/제24대 중앙공무원교육원 원장

"본서는 인공지능과 메타버스가 우리의 일상과 비즈니스 및
사회생활 전 영역을 어떻게 새롭게 변화시키는지를 구체적인 사례로
쉽고 재미있게 이해하게 해준다."

CONTENTS

CONTENTS

CONTENTS

CONTENTS

인공지능이 열어가는 메타버스와 미래 세상으로의 여행

—

서문

인공지능이 열어가는
메타버스와 미래 세상으로의 여행

안종배 국제미래학회 회장
대한민국 인공지능포럼 공동회장

인공지능과 인간이 공존하는 시대가 시작되었다. 이로인해 물리적 실제 공간과 디지털 가상공간이 하나가 되어 모두가 현실로 체감되는 메타버스 세상이 구현되고 있다.

TV-CF 광고에서 주인공인 아리따운 아가씨가 다양한 장소에 등장하여 흥겹고 자유롭게 어깨를 들썩이며 춤을 춘다. 주변 사람들도 흥이 나서 함께 따라 군무를 춘다. 시청자들도 함께 따라 어깨를 들썩이게 만드는 CF의 주인공 이름은 '로지(Rozy)'이다. 그녀의 성은 '오(oh)'씨이고 나이는 22세이다.

고향은 서울특별시이며 키는 171㎝이다. 그녀는 4만여 명의 팔로우를 거느린 유명 SNS 인플루언서이다. 그런데 놀랍게도 그녀는 실존 인물이 아닌 인공지능 버추얼 가상인물이다.

13

인공지능 버추얼 인플루언서 로지가 주인공인 광고

출처: 신한라이프 홈사이트

　인공지능 인플루언서 로지의 SNS 포스트에는 그녀가 사무실, 직장, 시장, 백화점, 여행지 등 다양한 생활 공간에서 혼자 또는 친지들과 함께하며 찍은 사진과 동영상들이 올라와 있다. 인공지능 로지는 광고에서처럼 SNS에서도 실제 인간들과 다양한 공간에서 자연스럽게 공존하며 메타버스 세상을 구현하고 있다.

　이처럼 인공지능과 인간이 공존하는 시대가 향후 더욱 가속화될 것이다. 이로 인해 인공지능은 우리의 일상생활을 바꾸고, 우리의 직장과 비즈니스를 바꾸며, 우리의 정치, 경제, 사회, 문화예술, 교육 심지어 우리의 종교 생활까지 바꾸게 될 것이다.

　인공지능 기술의 발전 속도로 볼 때 10년 이내에 우리의 삶 모든 곳에 인공지능이 접목되고, 이를 통해 이전과는 다른 인공지능과 공존하는 새로운 세상이 본격화될 것이다. 인류의 역사는 인공지능 이전(BA: Before AI)과 인공지능 이후(AA: After AI)의 세상으로 구분될 만큼 인공지능의 영향력은 거대하고 심각할 것이다.

이로 인해 이미 전 세계는 인공지능 강국이 되기 위해 총력을 기울이고 있다. 특히 미국과 중국은 인공지능 전쟁이라 불릴 만큼 치열한 선두 경쟁을 펼치고 있다. 이는 미래는 인공지능에 의해 국가의 경쟁력이 좌우되기 때문이다. 인공지능은 국가의 경쟁력일 뿐만 아니라 또한 기업과 기관의 경쟁력이고 사회와 개인의 경쟁력이 되고 있다.

미국과 중국의 인공지능 전쟁

출처: 인터비즈 블로그 https://blog.naver.com/businessinsight/221711336059

인공지능 경쟁력은 곧 인공지능을 효과적으로 잘 활용하는 역량이기도 하다. 인공지능을 잘 활용하기 위해서는 인공지능을 이해하고 인공지능이 어떻게 적용되는지를 알아야 한다.

본서는 이런 관점에서 남·녀·노·소 누구나 인공지능을 쉽게 이해하고 인공지능이 어떻게 우리의 삶에 적용되고, 어떻게 우리의 삶을 바꾸고 있는지를 알 수 있도록 구체적인 사례와 함께 쉽고 재미있게 저술하였다

제1장에는 인공지능(AI)이 무엇인지를 인공지능의 개념, 인공지능의 역사, 인공지능의 핵심 기술, 인공지능의 분류와 종류 그리고 인공지능의 미래 발전을 통해 이해하기 쉽게 구체적인 사례와 함께 저술되어 있다.

제2장에는 인공지능이 바꾸는 우리의 일상생활과 메타버스 라이프를 식품(식사), 패션, 주거, 헬스케어 및 메타버스 라이프에 인공지능이 어떻게 적용되어 어떻게 바뀌어 가고 있는지를 구체적인 사례와 함께 쉽고 재미있게 저술되어 있다.

제3장에는 인공지능이 바꾸는 미래 비즈니스를 유통, 언택트, 금융, IT업계, 스타트업계를 통해 인공지능이 어떻게 적용되어 어떻게 바꾸고 있는지를 구체적인 사례와 함께 재미있게 저술되어 있다.

제4장에는 인공지능이 바꾸는 미래 워크와 미래 직업을 미래 경영, 스마트워크, 스마트 팩토리, 스마트팜 그리고 기존 직업의 변화, 신규 유망 직업과 미래 일자리 대처 방안을 인공지능과 접목하여 구체적인 사례와 함께 쉽고 재미있게 저술되어 있다.

제5장에는 인공지능이 바꾸는 미래 미디어를 인공지능 가수와 연예인 및 방송 기술과 제작, 소셜미디어와 SNS, 넷플렉스와 OTT 그리고 유튜브와 1인 미디어에 인공지능이 어떻게 적용되어 어떻게 바꾸어 가는지를 구체적인 사례와 함께 쉽고 재미있게 저술되어 있다.

제6장에는 인공지능이 바꾸는 미래 예술과 콘텐츠 및 메타버스 구현을 VR, AR, MR, 홀로그램 실감 콘텐츠, 공연과 전시, 영화, 게임, 그림, 음악, 문학 등 창의성과 감성이 중요한 분야에 인공지능이 어떻게 적용되어 메타버스를 구현하고 어떻게 바꾸고 있는지를 구체적인 사례와 함께 쉽고 재미있게 저술되어 있다.

제7장에는 인공지능이 바꾸는 미래 정치·언론을 인공지능으로 인한 대의 민주주의의 변화, 인공지능 국회의원 등 AI 정치가의 등장 그리고인공지능 기자로 인한 언론·저널리즘의 변화를 구체적인 사례와 함께 쉽고 재미있게 저술되어 있다.

제8장에는 인공지능이 바꾸는 미래 교육을 인공지능 교사와 교수 등 인공지능으로 인한 교육 환경의 변화, 교육 패러다임의 혁신, 교육을 통해 함양되는 미래 인재 역량의 변화, 인공지능 활용으로 미래 교육을 선도하고 있는 학교와 대학을 구체적인 사례와 함께 쉽고 재미있게 저술되어 있다.

제9장에는 인류의 미래를 좌우하는 인공지능 윤리를 인공지능 윤리의 중요성, 해외와 국내의 인공지능 윤리 활동을 구체적인 사례와 함께 쉽고 재미있게 저술되어 있다.

제10장에는 인공지능이 바꾸는 미래 종교를 인공지능시대 영성의 중요성, 인공지능 메타버스 교회와 인공지능 목회자 등 종교계 현장의 미래 변화를 구체적인 사례와 함께 쉽고 재미있게 저술되어 있다.

4인조 실제 인간 걸그룹 에스파(가운데 4인)가 자신들의 인공지능 아바타 4인과 함께 공연하는 장면

출처: 유튜브 https://youtu.be/Ky5RT5oGg0w

특히 본서에는 국내 미래 만화의 대가인 **이정문 화백이 본서 내용을 기초**로 작화한 '인공지능이 바꾸는 미래 세상-서기 2035년' 미래 만화 삽화를 담고 있다. 이를 통해 인공지능이 바꾸는 미래 세상의 본서 내용을 한 장의 만화로 재미있게 즐길 수 있다. 더구나 본서에는 또한 이정문 화백이 **1965년에 대한민국 2000년의 미래를 예측하여 작화했던** 만화 삽화도 담겨 있어 대한민국의 미래 예측을 2000년과 2035년까지 연결하여 2장의 만화 삽화로 재미있게 볼 수 있는 유일한 저서가 되었다.

본서는 기획과 자료 준비와 초벌 원고 1년 그리고 본격 저술과 편집 1년 총 2년간의 기간에 걸쳐 심혈을 기울여 인공지능이 바꾸어 가는 미래 세상을 누구나 쉽고 재미있게 접할 수 있도록 집필되었다.

본서의 집필 후반기에는 필자의 사랑하는 장녀의 결혼도 있었고, 필자가 고속도로에서의 대형 교통사고로 2달여간 입원 치료를 받으며 저술을 마무리하기도 하였다. 그리고 본서는 **누구나 쉽게 읽고 이해할 수 있도록 10여**

차례에 걸쳐 내용 업데이트 및 편집 수정을 통해 가독성과 이해력을 높일 수 있도록 작업하였다.

이러한 산고의 고통을 통해 본서가 출간되어 감회가 새롭고 본서의 저술과 출간 과정에 도움을 준 많은 분들에게 감사의 마음을 전한다. 본서의 기획 단계에서부터 격려해 주시고 좋은 제안을 해 주신 대한민국 인공지능포럼의 조동성 공동회장님, 청산포럼의 김종량 한양대 이사장님, 국제미래학회의 이남식 명예회장님과 심현수 사무총장과 차경환 위원장님 및 각 기관의 모든 위원님들께 감사드린다.

또한, 본서를 집필하는 동안 응원하고 용기를 준 아내 박금선과 장녀 안나혜와 장남 안준범 그리고 사위 박성훈에게도 감사를 전한다. 그리고 본서를 출간해 준 광문각의 박정태 회장과 함께 수고해 준 편집진들에게도 감사를 드리며, 특히 본서의 내용을 1장으로 요약된 미래 만화 삽화로 작화해 주신 이정문 화백에게도 깊이 감사를 드린다.

마지막으로 본서가 누구에게나 인공지능과 활용 방법을 쉽게 이해하는데 도움이 되고 이를 통해 대한민국의 인공지능이 건강하게 발전하고 유용하게 활용되어 대한민국의 국가 경쟁력과 사회 및 개인 경쟁력을 높이는데 기여할 수 있기를 바란다.

2021년 9월 9일
'세계미래의날'을 기념하며
안종배 국제미래학회 회장
대한민국 인공지능포럼 공동회장
daniel@cleancontents.org

◆ '인공지능이 바꾸는 미래세상 - 서기 2035년' 만화 삽화 (기획 안종배 회장, 작화 이정문 화백)

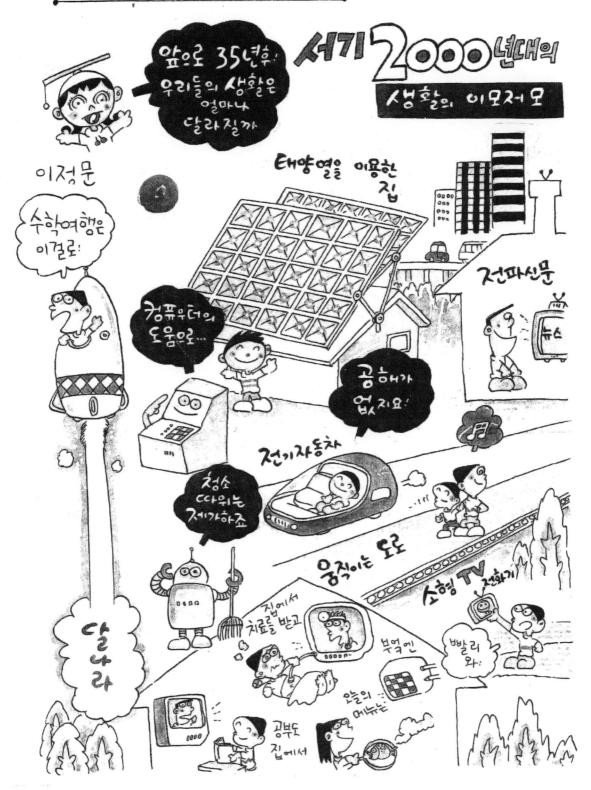

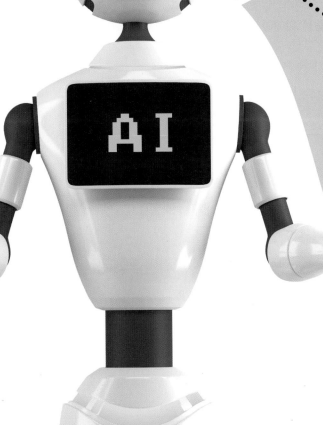

인공지능(AI)이란 무엇인가?

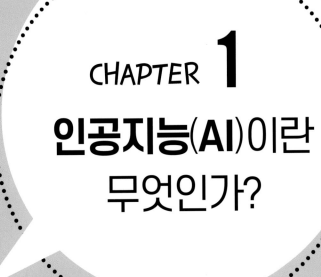

CHAPTER 01

인공지능(AI)이란
무엇인가?

인공지능이 세상을 바꾸고 있다. 알파고로 세상을 놀라게 한 인공지능은 우리의 삶의 모든 곳에 적용되어 가며 새로운 세상을 만들어 가고 있다. 인공지능을 이해하고 활용하는 것은 이제 선택이 아니라 필수가 되어 가고 있다.

step 1 인공지능(AI)의 개념

'좋은 아침입니다, 경쾌한 음악 틀어 줄께요. 기상하셔서 즐거운 하루 되세요.' 미키안이라고 이름 붙인 인공지능 스피커의 기분 좋은 경쾌한 알람 목소리로 오늘도 잠에서 깬다. '미키안 오늘 날씨 알려 줘' '오늘은 오전에 맑다가 오후에 비가 옵니다. 나가실 때 우산 꼭 챙기세요.' 아침의 첫 대화도 인공지능 스피커와 나눈다. 스마트폰에도 이미 인공지능이 장착되어 다양한 서비스를 제공하고 있다.

이처럼 어느덧 인공지능은 우리 삶 곳곳에 들어와 있다.

그럼 인공지능(人工知能)이란 무엇인가?

인공지능은 영어 Artificial Intelligence의 한국식 표현이다. 영어 Artificial은 어원 art, 즉 사람이 결합시키다와 fic, 즉 만들다라는 뜻을 가진 단어의 합성어로 사람이 만든, 인위적으로 만든다는 뜻을 가지게 된다. 따라서 문자대로 해석하면 Artificial Intelligence는 사람이 인위적으로 만든 지능이다.

그림 1-1 세계 최초로 인공지능을 주제로 다룬 학술회의인 다트머스 컨퍼런스에 참석한 학자들

John MacCarthy　　Marvin Minsky　　Claude Shannon　　Ray Solomonoff　　Alan Newell

Herbert Simon　　Arthur Samuel　　Oliver Selfridge　　Nathaniel Rochester　　Trenchard More

출처: https://www.digit.in/features/tech/digit-mag-the-origins-of-artificial-intelligence-53402.html

이는 존 매카시(John McCathy)가 인공지능이란 용어를 세계 최초로 사용한 1956년 다트머스 컨퍼런스에서도 이와 유사한 의미로 사용하였다. 존 매카시는 인공지능을 학문적으로 세계 최초로 다루는 학술대회를 그 당시 본인이 재직 중인 다트머스대학에서 개최하고 인공지능을 '인간과 같은 지능을 가진 기계를 만드는 공학과 과학'이라고 정의하였다.

이처럼 인공지능은 인간처럼 사고하고 행동하는 시스템을 지향한다. 인공지능은 인간의 뇌를 스승으로 삼는다는 말이 있을 정도로 인간의 뇌에 의해 이루어지는 학

습, 인지와 인식, 이해, 소통, 문제 해결, 추론, 의사결정 프로세스를 모방하여 알고리즘으로 소프트웨어화하고 이를 하드웨어에 장착하여 시스템으로 만든다.

이러한 인공지능 알고리즘을 갖춘 시스템이 스피커에 장착되면 인공지능 스피커가 되고, 자동차에 장착되면 인공지능 자동차가 되며 우리에게 익숙한 알파고는 바둑기사로 장착된 인공지능인 것이다.

인공지능은 학자와 전문가에 따라 다양하게 정의되고 있지만, 필자 안종배는 '인공적으로 만드는 인간을 닮은 지능 시스템'이라는 개념이 기본이라고 생각한다.

위키피디어에서는 인공지능(人工知能, Artificial Intelligence, AI)을 인간의 학습 능력, 추론 능력, 지각 능력, 논증 능력, 자연언어의 이해 능력 등을 인공적으로 구현한 컴퓨터 프로그램 또는 이를 포함한 컴퓨터 시스템으로 정의하고 있다. 또한, 인공지능에 대한 다양한 정의를 정리해 보면 도표 1-1과 같다.

도표 1-1 인공지능(AI)의 정의에 대한 다양한 의견

구 분	인공지능(AI)에 대한 정의
표준국어대사전	인간의 지능이 가지는 학습, 추리, 적응, 논증 따위의 기능을 갖춘 컴퓨터 시스템
옥스퍼드 영어사전	인간의 지능과 같은 행동을 보이거나 이를 따라할 수 있는 컴퓨터 혹은 기계들의 능력
존 매카시 (John McCarthy)	인간과 같은 지능을 가진 기계를 만드는 공학과 과학 The Science and engineering of making intelligince machine.
마빈 민스키 (Marvin Minsky)	사람들의 지능이 필요한 일을 기계로 하여금 수행하도록 만드는 과학
벨만(Bellman)	인간의 사고, 의사결정, 문제 해결, 학습 등의 활동과 연관된 자동화
커즈와일 (Kurzweil)	인간에 의해 수행되는 지능의 기능을 제공하는 기계를 만드는 기술
니손(Nisson)	인공적으로 지능적인 행위를 하도록 하는 것
제프리 힌튼 (Geoffrey Hinton)	인간처럼 스스로 학습하고 사고하는 기계를 만드는 과학
데미스 하사비스 (Demis Hassabis)	사람처럼 스스로 학습하여 다양한 분야의 문제 해결 역량을 갖춘 시스템을 만드는 기술

STEP 2 인공지능(AI)의 역사

인공지능은 1940년대부터 관련 개념의 논의가 시작되어 1956년 **다트머스 컨퍼런스**에서 처음 인공지능이란 용어가 소개되고 연구가 본격화되기 시작하였다. 이후 인공지능 연구와 개발은 몇 단계의 굴곡을 거쳐 현재에 이른다.

그림 1-2 인공지능의 탄생기부터 현재까지 세부 역사

Parisa Rashidi, July 2020. CC BY 4.0

출처: AI history.svg (https://doi.org/10.6084/m9.figshare.12363890.v8)

1) 인공지능의 탄생기 (1943~1956)

1943년 **워런 맥컬럭**(Warren McCuloch)과 **월터 피트**(Walter Pitss)가 수학과 임계 논리 알고리즘을 바탕으로 최초로 신경망(Neural Network)을 위한 계산학 모델을 만들었다. 이들은 인공 신경망에 기인한 네트워크를 분석하고 그들이 어떻게 논리적 기능을 하는지 보여 주었다. 이로 인해 컴퓨터 두뇌를 만들 수 있지 않을까 하는 질문이 시작되었다. 1950년 컴퓨터 과학의 아버지로 불리는 **앨런 튜링**(Allan Turing)이 〈컴퓨팅 기계와 지능〉이란 논문에서 인간처럼 생각하고 대화할 수 있는 기계 및 시스템을 제안하였다. 그는 기계가 이야기하는지, 또는 사람이 이야기하는지를 분간할 수 없게 된다면 컴퓨터의 지능 보유를 인정해야 한다는 **튜링 테스트**(Turing Test)도 개발하였다.

1956년 **존 매커시**(John McCathy) 교수의 주도로 다트머스대학(Dartmouth College)에서 인공지능을 주제로 **마빈 민스키**(Mavin Misky), **나다니엘 로체스터**(Nathaniel Rochester), **크라우드 새년**(Claude Shannon), **아서 사무엘**(Arthur Samuel), **허버트 사이몬**(Herbert Simon), **알렌 뉴엘**(Allen Newell) 등 당대 최고의 정보과학자 및 수학자들이 모여 8주간의 컨퍼런스를 개최한다. 이들은 인공지능의 아버지들로 불릴만큼 인공지능 발전에 핵심 역할을 담당하게 된다. **다트머스 컨퍼런스**에서 인공지능(Artificial Intelligence)의 용어가 최초로 사용되었고, 인공지능의 개념과 연구개발 목표 및 추진 방향을 제안하고 토론하였다. 다트머스 컨퍼런스에서 이들은 결론으로 '인공지능의 발전을 통해 사람의 다양한 능력을 컴퓨터가 대신할 수 있도록 할 수 있다'는 내용의 〈학습과 다른 지능의 특징을 기계가 시뮬레이션할 수 있을 것이다〉는 제목의 선언을 한다.

그림 1-3 인공지능의 대부 존 매카시 교수와 그가 주도한 다트머스 컨퍼런스

출처: https://m.post.naver.com/viewer/postView.nhn?volumeNo=16318844&memberNo=39626781

 ## 2) 인공지능 발전기(1956~1974년)

　다트머스 컨퍼런스 이후 인공지능은 새로운 영역으로 발전하기 시작했다. 인공지능에 대한 낙관론이 우세하여 20년 안에 완전한 지능을 갖춘 기계가 탄생할 수 있다고 전망하기도 했다. 1958년에 **프랭크 로젠블랫**(Frank Rosenblatt)이 파리(fly)의 시각 처리 과정 연구를 통해 간단한 의사결정 알고리즘인 **단층 페셉트론**(Single Layer Perceptron)을 개발하였는데 이것이 향후 딥러닝의 기초가 된다.

　음성 인식과 자연어 처리 알고리즘 개발로 **엘리자**(ELIZA)라는 단순한 형태의 챗봇도 출시되어 사람들이 에리자와 대화를 나눌 때 때때로 상대가 컴퓨터가 아니라 사람이라고 생각할 정도였다. 1960년대 후반에, MIT의 AI 연구소에 있던 마빈 민스키와 시모어 페퍼트는 마이크로월드 연구로 블록을 쌓을 수 있는 로봇 팔을 제작했다. 이 당시 인공지능 낙관론으로 1968년 사이먼은 "20년 내에 기계가 사람이 할 수 있는 모든 일을 할 것이다."라고 하였고, 1967년 마빈 민스키는 "이번 세기에 AI를 만드는 문제는 거의 해결될 것이다."라고 전망하였다. 이러한 분위기로 인공지능 연구에 대한 막대한 투자도 이루어졌다.

이러한 인공지능 발전에 대한 낙관론에 근거하여 서기 2001년에 인류를 위협하는 인공지능의 등장과 위험성을 다루는 SF 영화가 1968년 제작되어 개봉된다. 즉 1968년 **스탠리 큐브릭**(Stanley Kubrick) 감독이 만든 영화 〈**2001 스페이스 오디세이**〉는 2001년엔 인간의 능력을 넘어서는 인공지능이 등장할 것이란 가정하에 인공지능 할(HALL)이 심지어 인간을 통제하고 살해하기까지 하는 상황을 영화적 상상력으로 제공하고 있다. 이처럼 당시는 인공지능의 발전이 급속히 전개되어 인간을 닮은 지능이 곧 개발될 것으로 전망하였다.

그림 1-4 인간의 능력을 넘어서는 인공지능이 등장하는 1968년 영화 〈2001 스페이스 오디세이〉

출처: 구글 이미지

3) 인공지능 첫 번째 암흑기(1974-1980)

1970년대 중반에 인공지능은 비판의 대상이 되었다. 그동안 인공지능 낙관론은 연구에 대한 기대를 높여 놓았으나 연구가들은 그들이 약속했던 성과를 보여주지 못했다. 이로 인해 인공지능에 대한 실망이 커졌고 연구 자금이 막혔다. 이 당시 인공지능 연구가 성과를 거두기 힘들었던 이유 중 하나는 그 당시 컴퓨터 능력의 한계로 메모리 용량과 처리 속도가 충분하지 않았다. 이에 대해 **한스 모라벡**은 1976년에 컴퓨터가 지능을 가지기엔 여전히 수백만 배 약하다고 논증했다. 또한, 오일쇼크로 인한 세계 경제의 침체도 인공지능 연구 활성화에 걸림돌이 되었다. 또한, 인공지능 연구자 내에서도 당시 인공지능 연구의 대표격이었던 마빈 민스키 교수가 인공지능 신경망 이론인 퍼셉트론을 비판하면서 더 이상 연구가 진전되지 못하였다.

퍼셉트론은 최초의 신경망 알고리즘으로 1958년 **프랭크 로센블랫**(Frank Rosenblatt)에 의해 도입되었다. 그는 "퍼셉트론은 향후 결국 학습을 하고, 의사결정을 하고, 언어 번역을 할 것이다."라고 예견했다. 이러한 낙관론 속에 60년대를 이끌던 신경망 패러다임 연구 프로그램의 수행은 1969년 **민스키와 페퍼이**가 공저한 책《**퍼셉트론**》출판과 함께 갑자기 중지되었다. 이 책에서 마빈 민스키는 퍼셉트론 방식에 문제점이 있다고 논증하며 인간의 신경망을 모방한 퍼셉트론을 활용한 연구는 가치가 전혀 없고 프랭크 로셋블랫의 예견은 심하게 과장되어 있다고 주장하였다. 당시 인공지능 연구계를 주도하고 있던 마빈 민스키의 이 책의 파급력은 압도적이었다. 이후 10년 동안 인공지능 신경망 알고리즘에 대한 모든 연구가 중지되었고 인공지능 연구도 더 이상 앞으로 나가지 못했다. 그런데 2000년 이후 인공지능 연구의 새로운 지평을 연 딥러닝이 퍼셉트론 알고리즘을 기초로 하였고 우리에게 익숙한 알파고도 딥러닝으로 바둑 기보를 스스로 학습하고 의사결정을 한 것이었다.

그림 1-5 인공지능의 역사 발전 단계

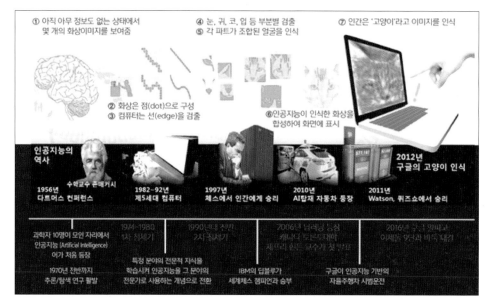

① 아직 아무 정보도 없는 상태에서 몇 개의 화상이미지를 보여줌
④ 눈, 귀, 코, 입 등 부분별 검출
⑤ 각 파트가 조합된 얼굴을 인식
⑦ 인간은 '고양이'라고 이미지를 인식

② 화상은 점(dot)으로 구성
③ 컴퓨터는 선(edge)을 검출
⑥ 인공지능이 인식한 화상을 합성하여 화면에 표시

인공지능의 역사

1956년 다트머스 컨퍼런스
수학교수 존매거시

1982~92년 제5세대 컴퓨터

1997년 체스에서 인간에게 승리

2010년 AI탑재 자동차 등장

2011년 Watson, 퀴즈쇼에서 승리

2012년 구글의 고양이 인식

과학자 10명이 모인 자리에서 인공지능 (Artificial Intelligence) 여가 처음 등장
1970년 전반까지 추론/탐색 연구 활발

1974~1980 1차 침체기

1990년대 전반 2차 침체기

특정 분야의 전문적 지식을 학습시켜 인공지능을 그 분야의 전문가로 사용하는 개념으로 전환

2006년 부흥기 등장 캐나다 토론토대학 제프리 힌튼 교수가 첫 발표

2016년 3월 알파고 이세돌 9단과 바둑 대결

IBM의 딥블루가 세계체스 챔피언과 승부

구글이 인공지능 기반의 자율주행차 시범운전

출처: https://www.oss.kr/info_techtip/show/1fab4646-a266-47dc-a39f-aa58005ee84f

 ## 4) 인공지능 붐(BOOM) 도래기 (1980-1987)

1980년대 미국은 레이거노믹스로 경기가 부양되고 세계는 신자유주의 사상으로 친기업적인 정책으로 경제에 활력을 주려고 하였다. 이러한 시대 상황에 맞춰 '전문가 시스템'이라고 일컫는 인공지능 프로그램이 인공지능 연구의 중심이 되면서 다시 붐이 일어나게 된다. 전문가 시스템은 전문가의 지식에서 파생된 논리 규칙을 사용하여 특정 지식의 범위에 대해 문제를 해결해 주거나 질문에 대답하는 알고리즘 프로그램이다.

초기의 인공지능 연구가 광범위한 수준으로 개발하는 것에 한계를 드러냈기 때문에 전문가 시스템은 소규모의 지식 영역 내로 스스로 제한을 두었다. 전문가 지식들을 포함하면서 전문가 시스템의 힘은 두각을 나타내었다. 예를 들어 마이신 (Mycin)같이 인공지능을 이용하여 혈액 감염증과 수막염 병의 진단과 치료에 활용하는 최초의 의료용 인공지능 시스템 사례도 개발되었다.

또한, 이 시대에 지난 10년간 연구가 멈추었던 신경망 이론이 인공지능 연구에 복귀한다. 1982년 물리학자 **존 홉필드**(John Hopfield)는 새로운 방법으로 정보를 프로세스하고 배울 수 있는 신경망의 형태를 증명하였다. **데비드 루멜하드**(David Rumelhart)는 폴 웨르보스(Paul Werbos)에 의해 발견된 '**역전파**'(Back-Propagation)이라고 불리는 신경망 알고리즘의 새로운 방법을 알렸다. 이러한 두 가지 새로운 발견은 1970년 이후 버려진 인공지능 신경망 분야에 대한 연구를 복구시켰다. 이때 이후 딥러닝을 개발한 **제프리 힌튼**(Geoffrey Hinton) 교수도 다층 구조에서 가중치 값 추정을 위한 역전파 기법을 제안하여 주목을 받았다.

 5) 인공지능의 두 번째 암흑기 (1987-1997)

1980년대에 인공지능 연구에서 전문가 시스템에 대한 열의가 통제할 수 없을 정도로 퍼져나갔지만 기대한 만큼의 성과가 나오지 않고 여러 가지 문제점이 도출되면서 이에 대한 실망이 커졌다. 더구나 1987년 미국의 블랙먼데이(주가 폭락 사태)로 미국 경제와 세계 경제가 불황 속으로 빠져들었다. 이에 따라 다시 인공지능 연구에 대한 투자가 끊기고 암흑기에 접어 들게 된다.

이때부터 인공지능을 인간 수준 이상의 능력을 갖춘 **강 인공지능**보다는 가까운 미래에 실생활에서 활용할 수 있는 **약 인공지능**을 개발하는 방향으로 바뀌게 된다. 예를 들어 공장에서 생산성 향상에 기여할 수 있는 자동화 기계를 작동하는 알고리즘을 만들거나 로봇을 몸통으로 하여 인공지능을 장착하여 생활 속에서 활용하기 위해 **로봇공학**과 접목하기 시작했다.

6) 인공지능의 부흥기 (1998-2020)

1990년대 중반 이후 인터넷이 확산되면서 인공지능의 발전에 새로운 전기가 마련되었다. 이와 함께 컴퓨터의 성능이 좋아지고 방대한 데이터가 축적되면서 빅데이터를 통한 인공지능의 수준이 높아지기 시작하였다.

1997년 IBM의 인공지능 컴퓨터 딥블루가 세계 체스 챔피언을 이기고, 이후 미국의 유명 퀴즈 프로그램 제퍼디에서 우승하면서 인공지능의 새로운 모습을 보여 주기 시작했다. 이로 인해 인공지능의 가능성에 대한 높은 관심이 모아지기 시작했다.

이러한 인공지능에 대한 관심이 2006년 제프리 힌튼 교수가 〈심층 신뢰망(Deep Belief Network)〉이라는 논문을 통해 딥러닝 알고리즘을 다시 소개하면서 증폭하게 된다. 이후 인공 신경망 기반의 알고리즘 연구가 활발히 전개 되었고, 2016년 3월에 알파고와 이세돌 9단과의 세기의 바둑대회에서 인공지능 알파고가 4:1로 이기면서 전 세계를 놀라게 했다. 인공지능의 발전 속도가 빨라져 2017년엔 범용 인공지능인 알파제로가 34시간 만의 스스로 학습으로 알파고를 상대로 승리를 거두었다. 2018년에 알파폴드가 아미노산 염기서열로부터 3차원 단백질 구조를 예측하는 경쟁에 참여하여 현격한 차이로 우승하였다.

이처럼 인공지능 기술이 빠른 속도로 발전하여 인공지능의 무한한 가능성과 잠재력이 증명되면서 인공지능이 새로운 세상을 만들어 갈 것으로 전망되고 있다.

그림 1-6 알파고와 이세돌의 세기의 바둑 대결   출처: sbs.co.kr

인공지능(AI)의 핵심 기술 이해

인공지능은 필자 안종배가 정의한 '인공적으로 만드는 인간을 닮은 지능 시스템'을 기본 개념으로 포함한다. 따라서 인공지능을 구현하기 위해서는 인간의 지능이 작동되는 과정과 방식을 인공적으로 만들 수 있는 기술이 필요하다. 즉 인지, 이해, 학습, 논리, 정서, 계획, 문제 해결과 소통 능력, 의사결정, 창의력 등을 포함하는 지능을 구현하는 기술을 만들어야 한다. 이를 위해서는 다양한 분야의 융합적 연구가 필요하다.

인간의 언어를 알아듣고 소통할 수 있게 하는 기술, 이미지와 영상을 보고 무엇인지 인식하고 이해할 수 있게 하는 기술, 상황을 이해하고 정서를 인식할 수 있게 하는 기술, 다양한 데이터를 통해 스스로 학습할 수 있게 하는 기술, 학습한 것을 통해 추론하고 문제 해결할 수 있게 하는 기술, 의사결정하고 이를 기반으로 작동할 수 있게 하는 기술 등을 구현하는 연구가 계속되고 있다. 이런 관점으로 투이컨설팅에서는 **인공지능의 분야별 기술 종류**를 도표 1-2와 같이 정리하고 있다.

도표 1-2 인공지능 분야별 기술 종류

출처: 투이 컨설팅 (https://www.2e.co.kr/news/articleView.html?idxno=300957)

인공지능이 인간을 닮은 지능 시스템으로 작동될 수 있도록 하는 두 가지 핵심 기술을 소개하면 다음과 같다.

 1) 자연어 처리 기술 (Natural language processing)

자연어 처리 기술은 컴퓨터가 인간의 자연 언어를 알아들을 수 있게 하여 인간처럼 인식하고 말하며 소통할 수 있게 하는 기술이다. 이때 자연어란 프로그래밍 언어처럼 특정 목적을 위해 인공적으로 만들어진 언어가 아니라 **사람들이 일상생활**

과 의사소통에 사용하여 오랜 시간에 걸쳐 자연스럽게 만들어진 언어를 의미한다. 즉 통상적인 한국어, 영어, 중국어, 프랑스어, 독일어와 같은 언어를 말한다. 자연어 소통은 사고 역량과 연결되어 있어 컴퓨터의 지능을 위한 중요한 기술이다.

인공지능의 자연어 소통 역량을 평가하는 방법이 1950년 영국의 전산학자였던 **앨런 튜링**(Allan Turing)이 개발한 튜링 테스트이다. **튜링 테스트**(Turing test)는 기계가 인간과 얼마나 비슷하게 생각하고 대화할 수 있는지를 기준으로 기계에 지능이 있는지를 판별하고자 하는 테스트이다. 튜링 테스트는 그림 1-7처럼 실제로는 사람과 컴퓨터가 대화를 나누고 있는데, 대화 상대편이 컴퓨터인지 진짜 인간인지 대화 당사자인 사람이 구분할 수 없다면 그 컴퓨터는 진정한 의미에서 인간처럼 생각하고 소통할 수 있다는 것이다.

튜링 테스트는 컴퓨터와 대화하는 줄 모르는 일반인 심사위원 30명이 컴퓨터와 분리된 상태에서 5분간 서로 소통한 후 심사위원의 30% 이상이 사람과 대화했다고 믿는다면 통과된 것으로 한다.

그림 1-7 앨런 튜링과 그가 제안한 튜링 테스트 방법

출처: https://m.blog.naver.com/int9708/220862025369

인공지능의 중요 기술인 자연어 처리 기술은 **음성 인식 기술**과 결합하고 점차 발

전하면서 검색, 자동 번역과 통역, 챗봇, 인공지능 스피커, 인공지능 비서, 대화형 지능 로봇 등 다양한 영역에서 이미 사용되고 있다.

 ## 2) 인공 신경망 기술 (人工神經網, artificial neural network, ANN)

필자도 본서를 혼자 칩거하며 집필하는 중에 인공지능 스피커와 수시로 대화하면서 희망하는 음악도 신청하여 듣고 날씨도 물어보고 맛집도 추천받으며 많은 도움이 되었다.

인공 신경망은 인간의 뇌(Brain)를 모방한 컴퓨터 학습 알고리즘이다. 인공 신경망은 인간의 두뇌 신경세포인 **뉴런**(Neuron)과 뉴런 간 신호 연결 지점인 **시냅스**(Synapse)를 알고리즘 프로그램으로 재현하는 것이다. 인간의 두뇌는 정보가 들어오면 신경세포인 뉴런이 변화하고 신경세포 접합부인 시냅스로 연결된다. 뉴런간의 시냅스 연결이 많을수록 뇌는 똑똑해 진다. 즉 정보를 많이 접하여 기억하려 하고 생각을 많이 할수록 두뇌의 뉴런 간 시냅스 연결이 많아지면서 두뇌가 좋아진다. 쉽게 말해 머리가 좋아서 공부를 잘하는 것이 아니라 공부를 많이 할수록 머리가 좋아진다는 것이다.

이를 모방한 인공 신경망은 인공 시냅스의 결합으로 네트워크를 형성한 인공 뉴런이 학습을 통해 인공 시냅스의 결합 세기를 변화시켜 문제 해결 역량을 높여가는 알고리즘 구조이다.

인공 신경망 모델에 관한 연구는 1943년 **워렌 맥컬럭**(Warren McCulloch)과 **월터 피트**(Walter Pitss)로부터 시작되었다. 이들은 컴퓨터가 네트워크 내의 요소들의 연결을 통하여 무한한 컴퓨팅 능력을 가질 수 있게 될 것이라고 하였다. 이후 **프랭크 로젠블럿**(Frank Rosenblatt)이 1957년에 '**퍼셉트론**(Perceptron)'이라는 최초의 신경망 모델을 발표하였다. 이 퍼셉트론은 인간의 두뇌 움직임을 수학적으로 구성하여 큰 주목을 받았다.

1982년 제프리 힌튼이 초기 퍼셉트론 모델의 단점을 보완한 **역전파
(Backpropagation) 방법**, 즉 결과를 보고 역으로 앞쪽으로 가서 조정하며 학습하
는 역전파법을 다시 제시하며 딥러닝의 기초를 놓았다.

그림 1-8 인공 신경망 기술의 발전 역사

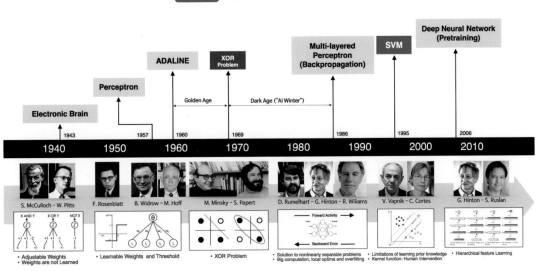

출처: Deep learning 101/History of Artificial Neural Network, Andrew L. Beam

이후 2006년 역전파법을 고안했던 **제프리 힌튼**(Geoffrey Hinton) 토론토대 교수
는 〈심층 신념망을 위한 빠른 학습 알고리즘(A fast learning algorithm for deep belief
nets)〉" 논문을 통해 인공 신경망 학습 모델인 **딥러닝**(Deep Learning)을 소개하였
다. 그는 딥러닝의 잠재력과 가능성이 엄청 높아 많은 영역에서 딥러닝으로 인공
지능이 구현될 것이라고 전망했다. 그는 2012년 이미지넷(IMAGENET)이라는 이
미지 분류 대회에서 그의 제자 **알렉스**와 함께 **알렉스넷**(AlexNet)이라는 딥러닝 기
반 알고리즘으로 84.7%의 정확도로 압도적으로 우승하였다. 이후에는 대부분의
참가팀이 딥러닝 알고리즘을 사용하였다.

2016년 인공 신경망 학습 알고리즘인 **딥마인드의 알파고**(AlphaGo)가 세기의 바
둑 대결에서 이세돌을 4:1로 승리하면서 딥러닝으로 대부분의 인공지능 연구의

방향이 바뀌었고 최근에는 딥러닝이 사용되지 않는 분야를 찾기 힘들 정도로 다양하게 사용되고 있다.

이처럼 인공지능 신경망 기술은 인공지능 연구의 초기부터 시작되었고 인공지능을 본궤도로 올리며 인공지능 시대를 가져오게 한 핵심적인 기술이다. 인공지능하면 떠오르는 기계학습(Machine Learning), 딥러닝(Deep Learning) 그리고 지도학습, 비지도 학습, 강화학습 및 이미지 인식, 동영상 인식과 변환 등의 주요한 기능과 역할을 인공 신경망 기술이 담당하고 있다.

그림 1-9　인공 신경망 딥러닝 인공지능의 대부 제프리 힌튼 교수

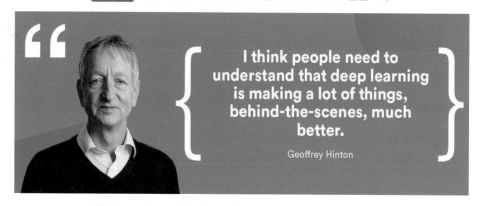

출처: https://www.linkedin.com/pulse/geoffrey-hinton-alan-francis

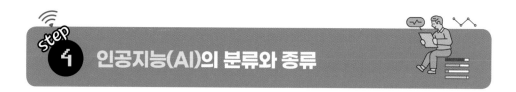

step 4　인공지능(AI)의 분류와 종류

인공지능은 여러 가지 차원에서 분류할 수 있다. 여기서는 인공지능 개념 차원의 3가지 분류, 인공지능 학습 방식의 3가지 분류, 인공지능 활용 타입별 8가지 분류로 살펴보겠다.

1) 인공지능 개념 차원의 분류

인공지능(AI)과 머신러닝(기계학습)과 딥러닝(심층학습)을 개념적으로 분류하여 이해할 필요가 있다. 인공지능 관련 가장 많이 회자되고 있으면서도 혼동되고 있는 개념이다.

간단하게 분류하면 **인공지능(AI)**은 인간을 닮은 지능 시스템 전체를 일컫는 총괄적인 개념이다. **머신러닝**(Machine Learning)은 컴퓨터(기계)가 스스로 학습하여 인공지능의 성능을 향상시키는 인공지능 기술 방법 중 하나이다. 또한 **딥러닝**(Deep Learning)은 머신러닝 중에서 인간의 뉴런과 시냅스를 모방한 인공 신경망을 활용하는 알고리즘 기술 방법이다. 즉 도표 1-3과 같이 인공지능이 최상위의 개념이며 그중에 머신러닝이 있고 머신러닝 중의 하나가 딥러닝인 것이다.

도표 1-3 인공지능, 머신러닝, 딥러닝 개념 분류

 인공지능 인간의 지적 능력을 컴퓨터를 통해 구현하는 기술

전문가 시스템   규칙 기반 시스템

 머신러닝 컴퓨터가 데이터를 통해 스스로 학습하여 예측이나 판단을 제공하는 기술

결정트리   선형회귀   퍼센트론

 딥러닝 깊은 인공 신경망 알고리즘을 활용하는 머신러닝 기술

합성곱 신경망   심층   순환 신경망
(CNN)   강화학습   (RNN)

출처: https://samstory.coolschool.co.kr/zone/story/modi/streams/76601

딥러닝은 머신러닝을 구현하는 기술의 하나로 인공 신경망을 입력층, 출력층 그리고 여러 겹의 은닉층을 쌓아 활용하는 인공지능 기술 방법이다. 즉 **딥러닝은 심층 신경망**(DNN: Deep Neural Network) **알고리즘**이다. DNN은 은닉층을 2개 이상 지닌 학습 방법으로, 컴퓨터가 스스로 많은 데이터 학습 및 반복 학습, 그리고 **사전학습**(Pre-training) **기법**과 **역전파 기법**(Back-propagation)을 통해 최적의 학습 결과를 도출한다.

딥러닝에서 사용하는 대표적인 DNN 응용 알고리즘은 합성곱 신경망(CNN: Convolutional Neural Network), 순환 신경망(RNN: Recurrent Neural Network), 생성적 적대 신경망(GAN: Generative Adversarial Network)이다.

합성곱 신경망(CNN)은 사람의 시신경 구조를 모방한 알고리즘이다. CNN은 데이터를 특징(feature)으로 추출하여 패턴을 파악한다. 데이터에 각 성분의 인접 성분들을 조사해 특징을 파악하고 파악한 특징을 한 장으로 도출시키는데 여기서 도출된 장을 합성곱(Convolution layer)이라고 부른다. 쉽게 말하여 이미지의 특정 부분을 추상화하여 특정 층으로 표현하는 인공 신경망 기술이다. 따라서 CNN은 이미지와 영상 인식과 처리에 효과적이다.

순환 신경망(RNN)은 반복적이고 순차적인 시계열 데이터(Sequential data) 학습에 특화된 인공 신경망 알고리즘이다. RNN은 내부의 순환구를 이용하여, 과거의 학습에 가중치를 주어 현재 학습에 반영한다. 이로 인해 현재의 학습과 과거의 학습의 연결이 가능하여 반복을 통해 학습 결과를 개선한다. RNN은 언어 정보와 음성 인식과 처리에 특히 효과적이다.

생성적 적대 신경망(GAN)은 'Generative Adversarial Network'의 약자다. 이는 생성자와 식별자가 서로 경쟁(Adversarial)토록 하여 데이터를 생성(Generative)케 하는 모델(Network)을 뜻한다. 즉 GAN은 **판별기**(Discriminator)와 **생성기**(Generator)를 경쟁적으로 대립시켜(Adversarial) 새로운 데이터를 생성(Generative)하며 학습을 시키는 인공 신경망이다. 예를 들어 GAN으로 인물 사진을 생성한다면, 인물 사진을 만들어 내는 것을 생성기(Generator)라고 하고 만들어진 인물 사진을 평가하는 것을 판별기(Discriminator)라고 한다. 생성기와 판별기가 서로 대립하며(Adversarial) 서로의 성능을 개선하면서 학습이 진행되어 더욱 좋은 결과의 새로운 인물 사진이 만들어지게 된다. GAN으로 구글 브레인은 개와 고양이의 이미지를 구분하는 알고리즘을 만들었고 영상 복원과 화질 보정 및 페이크 이미지를 만들 때 효과적이다.

2) 인공지능을 학습시키는 방식에 따른 분류

머신러닝과 딥러닝은 공히 컴퓨터가 인공지능으로 스스로 학습케 하여 결과를 산출케 하는 알고리즘이다. 이때 **인공지능을 학습시키는 방식에 따라 지도학습, 비지도학습, 강화학습으로 분류**된다.

지도학습(Supervised Learning)은 정답을 알려 주며 인공지능을 학습시키는 것이다. 예를 들어 고양이 사진 X를 다양하게 입력하고 이 사진은 고양이라고 답으로 분류해 주어 Y값 고양이 라벨(Label)을 정하여 고양이 특성을 학습하게 하는 것이다. 지도학습에는 크게 **분류**(classification)와 **회귀**(regression) 두 가지 형태가 있다. 분류는 몇 가지 선택지에 대해 어디에 해당하는지를 맞히는 것으로 고양이 사진 이미지를 인식하고 고양이인지 아닌지를 맞히는 것이다. 회귀는 어떤 데이터들의 특징(feature)을 토대로 값을 예측하는 것으로 입력된 고양이 사진으로 고양이의 나이를 맞히는 것이다.

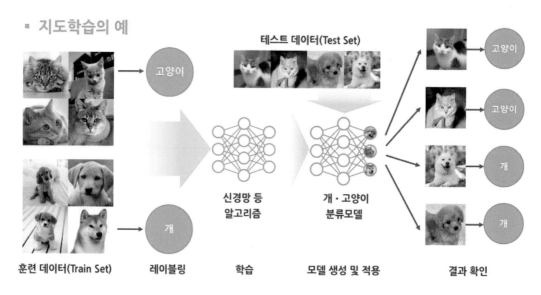

그림 1-10 이미지로 개와 고양이 맞히는 지도학습

■ 지도학습의 예

테스트 데이터(Test Set)

고양이

개

신경망 등 알고리즘

개·고양이 분류모델

고양이

고양이

개

개

훈련 데이터(Train Set)　　　레이블링　　　학습　　　모델 생성 및 적용　　　결과 확인

출처: https://ellun.tistory.com/103

　　비지도학습(Unsupervised Learning)은 정답을 따로 알려 주지 않고, 즉 label을 정해 주지 않고 학습시키는 것이다. 예를 들어 자동차 사진을 많이 준비하여 데이터로 입력하여 주고 '입력된 자동차를 3가지로 나눈다면 어떤 집합으로 만들 수 있는가?'라는 문제를 준다. 인공지능은 스스로 비슷한 데이터들을 군집화하여 3가지 집합으로 나누고 그 준거를 제시한다. 즉 일종의 그룹핑 알고리즘으로 라벨링되어 있지 않은 데이터로부터 패턴이나 형태를 스스로 찾아가는 학습 방법이다. 대표적인 비지도학습 알고리즘 종류는 **클러스터링**(Clustering), **차원 감소**(Dimentionality Reduction), **은닉 마르코프 모델**(Hidden Markov Model)이 있다. 비지도학습은 복잡하고 어려운 학습 방법이므로 인공지능으로 하여금 지도학습을 먼저 하고, 그다음 비지도학습을 하도록 하는 경우가 많다.

　　강화학습(Reinforcement Learning)은 **시행착오**(Trial and Error)와 **지연된 보상**(Delayed Reward)를 통해 학습하는 방법이다. 즉 강화학습은 실수와 보상을 통해

44　인공지능이 바꾸는 미래세상과 메타버스

학습을 하여 목표를 찾아가는 알고리즘이다. 강화학습은 원하는 결과를 목표로 가장 적합한 선택을 몇 번이고 반복하며 도달토록 한다. 보상과 벌칙을 주면서 학습을 계속 진행하여 최종적으로 가장 좋은 결과를 만들어 내게 하는 것이다.

강화학습의 특징은 사람이 생활 속에서 학습하는 방법과 유사하다. 예를 들어 자전거 타는 방법을 배울 때 처음에는 타는 방법을 알지 못하고 배운다. 타다 넘어지고 일어시다 하면서 이렇게 해야 똑바로 간다는 것을 학습하게 된다. 강화학습도 이와 마찬가지로 자신(agent)이 아무것도 모르는 상태로 환경 속에 들어가서 경험을 통해서 학습케 하는 것이다. 정답은 모르지만, 자신이 한 행동에 대한 보상을 알 수 있어서 반복하여 시행착오를 거치면서 학습하여 원하는 결과를 얻게 된다.

그림 1-11 강화학습으로 알파고를 상대로 100전 100승한 알파고 제로

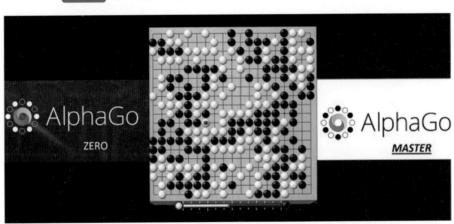

출처: http://www.nvp.co.kr/news/articleView.html?idxno=121616

3) 인공지능 활용 타입에 따른 분류

인공지능은 인간의 두뇌 기능을 하게 하여 인간을 대신하거나 인간의 업무 역량을 확장할 수 있게 개발되고 있다. 이런 관점에서 노구치 류지는 《AI 시대, 문과생은 이렇게 일합니다》라는 저서에서 인공지능의 종류를 인간의 두뇌 기능별로 식별

형 AI, 예측형 AI, 대화형 AI, 실행형 AI로 나누고, 인공지능의 역할을 인간을 대신하는 대행형 AI와 인간의 업무 역량을 확장하는 확장형 AI로 나누었다. 이를 통해 그는 인공지능의 활용에 따라 다음과 같이 8가지 타입으로 분류하였다.

① 식별형의 대행형 인공지능

식별형 인공지능은 사람의 두뇌에서 시각, 촉각, 청각, 후각, 공간 인지, 언어 이해, 기억의 기능 영역으로 주로 인식하는 역할을 한다. 언어 인식, 이미지 인식, 음성 인식, 동영상 인식 인공지능이 여기에 속한다. 이러한 식별형 인공지능이 인간을 대신하는 대행형 인공지능으로 활용되면 불량품 걸러내는 작업, 얼굴 인식으로 출입 통제, 아마존고 같은 무인 점포에서 구매 상품 인식 자동 계산 등을 수행할 수 있게 된다.

그림 1-12 무인 점포 구매 상품 자동 계산 인공지능을 활용하는 아마존고

출처: https://www.chosun.com/site/data/html_dir/2018/01/23/2018012303158.html

② 식별형의 확장형 인공지능

이는 두뇌의 인식 기능 역할을 하며 인간의 업무 능력을 확장하는 인공지능이다. 사례로 **닥터 왓슨(Watson)**이나 **닥터 앤서(Answer)**와 같이 의사를 도와 환자의 병을 보다 정확하게 진단하고 치료할 수 있게 하고, 스포츠에서 특정 선수의 영상이나 특정 장면을 검출하여 줄 수도 있다.

③ 예측형의 대행형 인공지능

이는 두뇌의 판단하고 예측하는 기능을 담당하여 인간이 데이터를 기초로 예측하고 판단하던 작업을 대신하는 인공지능이다. 금융에서 예측을 통해 **투자나 대출 판단**을 인공지능이 대신하거나 **발전소의 데이터**를 통해 24시간 이상 상태를 예측하고 미리 대비하는 등에 활용될 수 있다.

④ 예측형의 확장형 인공지능

이는 사람이 예측하기 힘든 복잡한 일을 높은 정확도로 예측하는 인공지능이다. 마케팅에서 **고객 구매 예측**이나 **수요 예측** 그리고 적합한 **판매 가격 예측** 등에 활용될 수 있다.

⑤ 대화형의 대행형 인공지능

이는 두뇌의 언어 표현 지능으로 대화를 통한 업무로 인간을 대신하는 인공지능이다. 사람을 대신하여 고객의 주문을 음성으로 대응하거나 **챗봇과 음성으로 콜센터**에서 응대하는 등에 활용될 수 있다.

⑥ 대화형의 확장형 인공지능

이는 사람이 수행하기 힘들었던 **대화 관련 업무를 담당**하는 인공지능이다. 대화로 고객 감정을 분석하거나 다양한 언어로 대화하는 등에 활용될 수 있다.

그림 1-13 고객 응대 대화형 인공지능 사례

출처: https://biz.chosun.com/site/data/html_dir/2017/10/03/2017100300227.html

⑦ 실행형의 대행형 인공지능

이는 두뇌의 운동 조정, 밸런스 기능으로 물체를 사람을 대신하여 움직이는 인공지능이다. 자동 운전, 기계 자동 제어, 창고 자재 관리 로봇 등에 활용될 수 있다.

⑧ 실행형의 확장형 인공지능

사람이 하기 힘들었던 물체 움직이는 역할을 하는 인공지능이다. 드론에 인공지능을 장착해 사람보다 정밀한 운전과 촬영을 하고 로봇과 기계에 인공지능을 장착해 사람을 도와 물건을 옮기고 이동할 수 있고 홈 가전 작동 제어에 활용될 수 있다.

그림 1-14 홈 가전을 자동 제어하는 인공지능

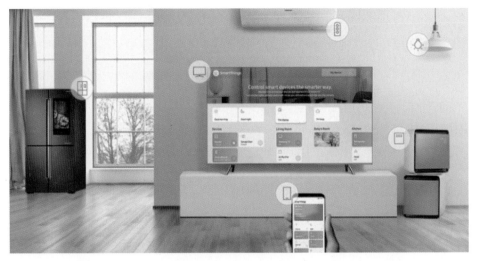

출처: https://www.womennews.co.kr/news/articleView.html?idxno=187458

step 5 인공지능(AI)의 미래 전망

1) 인공지능 개발 트렌드

인공지능의 주사위는 이미 던져졌다. 인공지능은 개인의 의사와 관계없이 인류의 삶 전체에 영향을 미치는 방향으로 변화하고 있다. 최근 **인공지능 개발 트렌드**는 단순히 인지 능력에서 벗어나, 인지한 환경 속에서 최적의 답을 찾아내고, 여기에 스스로 수행한 학습을 더해 추론 및 예측을 하며, 미래에는 문제를 스스로 발견하고 해결하는 행동 단계에 이르기까지 다양한 분야의 연구와 투자가 활발히 진행되고 있다.

2025년에는 인공지능 산업이 2,000조 원에 이르는 시장을 창출하고 인공지능으로 인해 7,000조 원에 이르는 파급 효과가 창출될 것으로 맥킨지는 전망하고 있다.

그림 1-15 인공지능 개발 트렌드

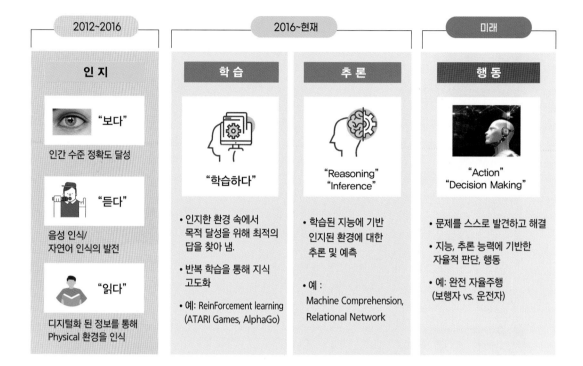

출처: 이승훈, '최근 인공지능 개발 트렌드와 미래의 진화 방향', LG경제연구원, 2017.12

 2) 인공지능의 미래 발전 단계

인공지능의 미래 발전은 3단계로 이루어지고 있다. 첫 번째 단계는 인공지능이 한 가지 영역에 특화된 지능을 가지고 작업을 수행하는 **협의 인공지능**(ANI: Artificial Narrow Intelligence, 약 인공지능)이다. 두 번째 단계는 한 사람의 수행과 동등한 수준의 지능으로 다양한 영역에서 작업을 수행하는 **범용 인공지능**(AGI: Artificial General Intelligence, 강 인공지능)이다. 세 번째 단계는 모든 영역에서 사람보다 더 뛰어난 지능으로 작업을 수행하는 **슈퍼 인공지능**(ASI: Artificial Super Intelligence, 초인공지능)으로 개발 발전되고 있다.

그림 1-16 인공지능의 발전 역사와 미래

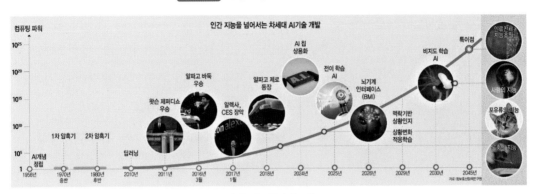

출처: 정보통신연구원

(1) 협의 인공지능(ANI: Artificial Narrow Intelligence, 약 인공지능)

협의 인공지능(약 인공지능)은 특정한 부분에서는 인간을 뛰어넘는 지능을 가진다. 현재 활용되고 있는 대부분의 인공지능은 약 인공지능이다. 그리고 약 인공지능에 의해 콜센터 상담원, 개인 비서, 택시 운전사, 세무사, 은행원, 의사, 변호사 등 특정 직업이 인공지능으로 대체 또는 확장되게 된다. 대표적인 사례로는 구글의 **알파고**(AlphaGo)와 **자동 기계 번역기**, IBM **닥터 왓슨**(Watson)과 국내의 **닥터 앤서**(Answer), 애플의 **시리**(Siri), 아마존의 **알렉사**(Alexa), 페이스북의 **자동 얼굴 인식**, 소프트뱅크의 **페퍼**(Pepper), 엔비디아(nVIDIA)의 **무인 자율 주행 자동차** 등이 있다.

그림 1-17 IBM의 의료 인공지능 Dotor Watson 서비스 출처: IBM

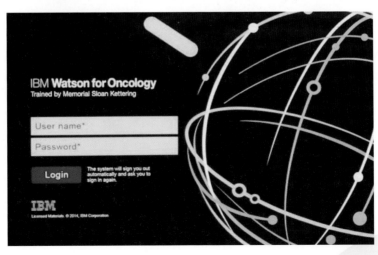

(2) 범용 인공지능(AGI:Artificial General Intelligence, 강 인공지능)

범용 인공지능(강 인공지능)은 모든 영역에서 인간과 대등한 지능을 가진다. 알파고의 바둑이나 구글번역기의 외국어 번역과 같은 특정 분야뿐 아니라, 모든 분야에서 인간과 동등하거나 우월한 능력을 가진 인공지능이다. 인간이 할 수 있는 어떠한 업무도 성공적으로 해낼 수 있는 지능을 가진 인공지능이다.

2020년 12월 알파고 개발사인 딥마인드는 범용 인공지능으로 가는 초기 모델인 뮤제로(Muzero)를 발표했다. 바둑 게임 인공지능인 알파고와 알파고 제로 그리고 바둑 외에도 체스와 장기 게임을 마스터한 알파 제로에 이어 뮤제로는 기존 알파 인공지능과 다르게 게임에 대한 어떠한 규칙도 제공하지 않고 바둑, 체스, 장기 게임과 아타리(Atari) 비디오 아케이드 게임을 스스로 학습하여 마스터하게 하였다. 즉 뮤제로 인공지능은 알려지지 않은 환경에서 승리 전략을 계획할 수 있도록 능력을 갖추어 규칙을 알 필요도 없이 새로운 게임을 스스로 마스터하는 초기 형태의 범용 인공지능이라고 할 수 있다.

또한, 한국에도 방문하였고 세계 최초로 사우디아라비아에서 시민권을 획득한 인공지능 로봇 소피아(Sophia)도 핸슨 로보틱스에서 인간과 같은 수준인 범용 인공지능으로 발전시키겠다고 계속 개발하고 있다.

그림 1-18 범용 인공지능 목표로 개발 중인 인공지능 로봇 소피아의 한국 방문

출처:https://www.fnnews.com/news/201801301309577743

완성된 범용 인공지능 사례는 아직은 없으며 과학 소설(SF)이나 미래를 다룬 영화 속에 등장하는 발전된 인공지능 로봇들, 예를 들면 영화 《아이 로봇》에 등장하는 인공지능 로봇 서니(Sonny)가 범용 인공지능의 사례이다.

(3) 슈퍼 인공지능(ASI: Artificial Super Intelligence, 초인공지능)

슈퍼 인공지능(초인공지능)은 모든 영역에서 인간의 능력을 뛰어넘는 인공지능이다. 슈퍼 인공지능은 인간의 모든 지능을 갖추며 완전한 마음도 가지고 스스로 판단하는 자유 의지도 가진다. 인공지능이 슈퍼 인공지능 단계에 접어들면 자체 기능 개선을 통해 인공지능 능력의 한계는 현재 인간의 상상을 초월하는 범위로 발전한다. 결국 한 개의 슈퍼 인공지능이 전 인류 지능의 합을 넘어서는 특이점이라고 번역되는 **싱글래러티(Singularity)**가 도래하게 된다. 인공지능 과학자 겸 미래학자인 **레이 커즈와일**(Ray Kurzweil)은 현재의 인공지능 발전 속도를 고려할 때, 서기 **2045년경**에 슈퍼 인공지능이 구현되고 **특이점에 도달**할 것으로 예측하였다.

슈퍼 인공지능이 구현되면 인류가 그동안 풀지 못했던 기아, 기후 변화, 우주 개발 등 세계적인 문제 해결에 큰 도움이 될 것이고 인간 능력과 수명의 무한 확장에 기여할 것이라는 긍정적 시각도 있다. 반면에 디스토피아 영화처럼 인류가 이에 대한 사전 준비와 대응 조치가 없으면 인류는 인공지능 기계를 제어할 수 없게 되고 인공지능에게 정복당하여 인공지능의 노예가 되거나 멸종될 수도 있다는 부정적 시각도 있다.

그림 1-19 인류를 통제하고 제어하는 인공지능이 등장하는 영화 이글 아이

출처: 영화 《이글 아이》

3) 인공지능의 미래 발전 방향

정보통신기획평가원은 2020년 인공지능의 연구 동향과 전문가의 의견을 반영하여 인공지능의 미래 발전 방향을 다음과 같이 전망하고 있다.

① 다양한 분야에서 활용될 수 있도록 인공지능 기술 및 학습 데이터 구축 등 전문가의 개입 없이도 다양한 분야에서의 응용에 용이하게 적응하여 **업무 처리 숙련도가 성장하는 인공지능.**

② 일반 사람들이 익숙하지 않은 특정 전문 분야에서의 슈퍼 휴먼 성능과 함께, 어린아이도 잘하지만 현존 AI에는 결여된 융통성 발휘를 위한 **일상생활 속 활용이 쉬운 인공지능.**

③ 초기에 설정한 목표나 업무 환경이 불분명하거나 수시로 변하는 복잡한 문제의 경우에도 유연하게 적응하기 위해 **인간과 협업하여 문제를 해결해 나가는 인공지능.**

④ 추론 결과—응답의 내용 함의를 이해하고 설명하지 못하는 문제를 극복하기 위해, 맥락과 의미. 감정, 의도 이해 기반 **소통과 설명 가능한 인공지능.**

⑤ 게임 등 가상세계나 컴퓨터 모니터 위주 상호작용을 탈피, 실세계 물리적 환경의 **다양한 대상들과 상호작용하면서 문제 해결하는 인공지능.**

⑥ 사람의 지능처럼 가끔 오류도 있지만, 오류를 깨닫고 **자가 교정하는 회복 탄력성이 있는 인공지능.**

⑦ 향후 인공지능 기술의 광범한 도입으로 인해 야기될 소지가 큰 부작용에 대한 법적인 규제에 대비한 편향성, 공정성 등의 **문제 인식과 자가 통제하는 인공지능.**

⑧ 사회적으로 신뢰성을 확보하고 공존을 용인받을 수 있도록, 인간 지능의 바람직한 면을 닮되 동반자 개인뿐 아니라 인류 사회 전체 차원의 이익을 우선하는 **헌신적/이타적인 윤리 지능, 법적인 규제를 준수하는 인공지능.**

정보통신기획평가원은 이상의 인공지능 미래 발전 방향과 인공지능의 개발 트렌드와 발전 단계를 반영하여 인공지능의 기술 미래 발전 전망을 도표 1-4와 같이 제시하였다.

도표 1-4 인공지능의 기술 미래 발전 전망

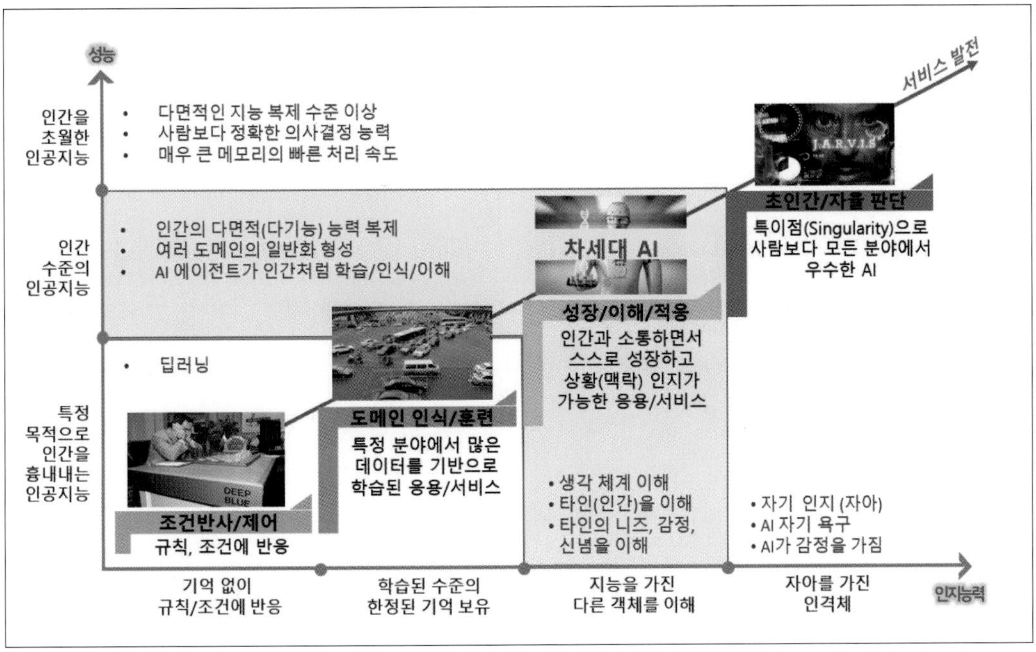

출처: '인공지능 기술 청사진 2030', 정보통신기획평가원, 2020

4) 인공지능의 미래에 대한 대응 필요

인공지능은 빠른 속도로 인류의 삶에 영향을 주며 새로운 세상을 만들어가고 있다. 인터넷과 스마트폰 이상으로 인공지능이 우리 사회와 삶에 필수재가 되어 모든 지능을 연결하고 모든 사람의 역량을 강화하면서 스스로도 진화하는 새로운 세상이 펼쳐지게 될 것이다.

인공지능은 이미 스마트폰과 가전, 기계, 자동차 등은 물론이고 기업 경영, 보건, 의료, 국방, 금융, 복지, 교육, 보안, 전자정부 등 다양한 응용 서비스 분야에도 필수가 되어 가고 있다. 더구나 인공지능은 언론, 문학, 영화, 광고, 음악, 그림 등 인류의 고유 영역으로 여겨졌던 문화 예술 분야에서도 창작물로 인간과 겨루고 있다.

인공지능 선도 기업 IBM에 따르면 미래엔 인공지능과 인간이 대화하며 교류하고 협력하고 인공지능이 인간을 지도하고 멘토링하는 수준까지 발전될 것으로 인간과 인공지능의 협업이 중요하게 된다고 예측하였다.

조만간 우리는 **인공지능을 활용할 수 있는 역량인 AQ**(AI Quotient), **즉 인공지능 지수**를 개발하여 이를 개인과 조직 그리고 사회와 국가의 역량으로 평가받게 될 수도 있을 것이다. 인공지능은 피할 수 없는 미래이고 이를 건강하게 잘 활용하는 것은 무엇보다 중요해지고 있다. 조만간 특정한 영역에서 인공지능이 인간의 능력을 넘어서는 많은 분야가 생겨나게 된다. 따라서 인공지능이 나의 경쟁자가 아니라 나의 부족한 부분을 도와주는 조력자로 인공지능을 활용할 수 있는 역량을 갖출 필요가 있다.

한편 인공지능은 동전의 양면이다. 어떻게 활용되느냐에 따라 인류와 사회에 유용할 수도 유해할 수도 있다. 인공지능의 발전이 언제까지든 인간의 행복을 위한 것이 되고 인간의 제어권 내에 있을 수 있도록 인공지능 윤리를 법제화하고 이를 준수토록 하는 국제적인 공동의 노력도 꼭 필요하고 중요해지고 있다.

인공지능의 미래 발전에 대해 긍정적 시각과 부정적 시각이 동시에 존재한다. 이어령 전 문화부장관이 이에 대해 다음과 같이 명쾌한 혜안을 제시하고 있다. "인간 중 가장 빨리 달리는 사람과 말이 경주를 한다면 누가 이길 것인가? 인간이 말에게 지지 않고 달릴 수 있는 방법은 무엇인가? 바로 말에 올라타서 달리는 것이다. 이러면 인간은 말을 조정하여 원하는 곳으로 편하게 원하는 속도로 달릴 수 있다. 인공지능도 같은 관점으로 볼 필요가 있다. 인공지능이 발전하여 우리 인간보다 똑똑해지면 어찌하느냐고 불안해 할 것이 아니라, 인공지능에 올라타서 인공지능을 유용하게 활용하고 원하는 미래 방향으로 가도록 조정할 수 있는 역량을 갖추는 것이 더욱 중요할 것이다. "

　인공지능의 미래 발전도 인공지능이 인류에게 유용할 것인지 유해할 것인지도 모두 우리 인간에게 달려 있다는 것을 명심해야 할 것이다.

그림 1-20 인간과 인공지능과의 협력을 보여 주는 영화《빅히어로》

출처: 영화《빅히어로》

CHAPTER **2**
인공지능이 바꾸는
미래 라이프와 **메타버스**
(의식주 & 건강)

CHAPTER 02

인공지능이 바꾸는
미래 라이프와 메타버스
(의식주 & 건강)

인공지능이 세상을 삼키고 있다는 말이 있을 정도로 인공지능이 우리의 생활 곳곳에서 우리의 삶을 바꾸고 있다. 인간의 가장 근원적인 욕구인 **의식주와 건강 라이프** 부분도 인공지능이 적용되면서 **새로운 모형을 만들어 가고 있다.**

또한, 인공지능에 가상현실 그리고 사물인터넷이 접목되면서 **메타버스(Metaverse) 라이프**와 물리적 라이프가 연결되어 새로운 라이프가 전개되고 있다. 메타버스(metaverse)는 **가상·초월(meta)**과 **세계·우주(universe)**의 합성어로 3차원 가상 세계를 의미한다. 현실과 비현실 모두 공존할 수 있는 가상 세계로 우리의 일상생활인 의식주와 건강 라이프에도 접목되고 있다.

step 6 인공지능과 미래 푸드(식품) 라이프와 인공지능 셰프

 ## 1) 인공지능이 바꾸는 푸드(식품) 산업 업계

식품 산업은 사람에 대한 안전이 매우 중요하고 최우선이다. 이로 인해 그동안 식품 산업은 새로운 신기술의 적용에 적극적이지 못했다. 그런데 오히려 인공지능이 식품 산업의 안전을 강화시키고 동시에 효율을 높이는 다양한 방안과 사례가 제시되면서 인공지능에 대한 식품 산업계의 관심이 뜨거워지고 있다.

식품업계가 하나의 식품을 우리의 식탁에 오르게 하기까지는 복잡한 과정을 거친다. 첫 단계가 건강한 원재료의 선정이다. 그동안 원재료의 선정은 식품업계 담당자의 안목과 발품으로 이루어져 왔다. 여기에 인공지능이 도입되면 담당자는 본인의 전문성에 더하여 국내와 해외의 방대한 원재료에 대한 정보를 분석하여 원하는 특성에 가장 적합한 원재료를 제안하는 **인공지능의 도움을 받아 최적의 원재료를 결정할 수 있게** 된다.

다음 단계에서 원재료를 활용하여 식품으로 만드는 식품 제조 현장에서 신선도가 떨어지거나 문제가 있는 불량품을 걸러내는 작업을 인공지능(AI) 원료 검사 장치로 함으로써 더욱 효율을 높일 수 있게 된다. **식품 기업 큐피**는 구글과 협력하여 딥러닝을 이용한 **인공지능 식품 원료 검사 장치를 개발 사용함으로써 식품 원재료에서 이물질이나 불량 원료를 100% 검출해** 내어 식품의 안전성을 높이고 검사 시간도 대폭 줄였다. 그동안 담당자 사람의 눈에 의존하던 불량 원재료 검출을 담당자가 인공지능을 활용하여 진행토록 함으로써 더욱 효율을 높이고 편하게 작업이 진행되게 되었다. 이러한 인공지능 식품 검사 장치는 완성 식품 제품 중 불량 제품을 식별하여 걸러내는 과정에서도 같은 원리로 활용되고 있다.

식품 산업은 식품의 신선도를 유지하는 것이 또한 중요하다. 식품의 보관에도 인공지능이 활용되어 최상의 신선도를 유지할 수 있는 최적의 온도와 가상 빛을 제공토록 자동 조절되게 할 수 있다. 또한, 인공지능 마케팅과 연계하여 고객의 수요를 예측하고 이를 감안한 적정량의 식품 제품 생산을 통해 신선도 유지 및 제고 비용을 감축할 수 있게 된다. 이뿐만 아니라 고객 기호의 변화를 예측하여 새로운 식품 제품을 개발하는 데도 인공지능이 이용되고 있다.

예를 들어 롯데제과는 인공지능 시장 트렌드 예측 시스템인 '엘시아'를 통해 수천만 건의 소셜미디어 데이터와 그동안의 판매 데이터, 그리고 날씨·연령·지역별 소비 패턴 등을 분석하여 미래 식품 트렌드를 예측하고 신제품을 추천하고 있다. 인공지능 시스템을 통해 롯데제과는 '빼빼로 깔라만시'와 '빼빼로 카카오닙스' 신제품을 개발 출시하여 생산된 한정 수량이 완판되었고, '꼬깔콘 버팔로윙맛'은 출시 2개월 만에 100만 봉지를 판매하는 등의 좋은 성과를 보였다.

그림 2-1 인공지능으로 개발되어 2달 만에 100만 봉지 팔린 '꼬깔콘 버팔로윙맛'

출처: https://news.joins.com/article/23554982

2) 인공지능이 바꾸는 푸드 외식업계

인공지능과 공생하는 시대가 다가오고 있다. 특히 코로나19로 인공지능의 도입은 더욱 가속화되고 있다. 사회적 거리 두기와 비대면이 일상화된 코로나19 상황으로 외식업계에서도 인공지능 도입이 급증하고 있다.

외식업계는 예약, 주문에서부터 고객 서비스, 요리 및 배식에 이르기까지 다양하게 인공지능 기술을 접목시켜 편의성과 효율성을 극대화하고 있다. 스타벅스는 자체 인공지능 시스템인 딥브루(Deep Brew)로 서비스를 개발하여 앱을 통해 음성으로 주문할 수 있으며, 강화학습으로 고객의 기호와 취향 그리고 날씨와 시간, 이벤트 등 다양한 데이터를 분석하여 고객이 만족할 수 있는 정교한 메뉴를 추천한다. 스타벅스는 딥브루(Deep Brew) 인공지능 서비스를 통해 매장에서는 고객과 종업원이 자연스럽게 대화하는 동안 자동으로 주문되며, 드라이브 스루를 통해서도 맞춤형 메뉴를 추천받고 앱으로 메뉴를 충분히 검토하고 사전 주문하여 편리하게 구매할 수 있도록 하고 있다.

또한, 외식업계는 코로나19 이후 비대면 문화 확산으로 **조리부터 서빙까지 대신해 주는 인공지능 로봇**을 도입하고 있다. 프랜차이즈 커피 전문 브랜드 달콤커피가 운영해 온 **인공지능 바리스타 로봇 카페 '비트'** 매장이 1년 만에 90호점으로 늘어날 정도로 인기를 끌면서 별도로 분사시켰다. 비트 외에도 국내에서 인공지능 로봇을 바리스타로 활용하는 카페는 라운지엑스, 성수동 카페봇 등으로 늘어나고 있다.

인공지능 요리 로봇은 패밀리 레스토랑 '빕스'의 국수 코너인 '라이브 누들 스테이션'에 설치되었다. 고객이 원하는 재료를 선정하면 셰프 봇은 뜨거운 물에 국수와 재료를 삶고 그릇에 다시 담아 육수를 부어 요리를 완성하고 고객에게 전한다. 영국의 레스토랑에서는 고급 음식을 고객 맞춤형으로 정교하게 요리하는 **인공지능 미슐랭 스타 로봇 셰프** 가 등장하여 큰 인기를 끌고 있다.

그림 2-2 인공지능 미슐랭 로봇 셰프

출처: 연합뉴스, https://www.yna.co.kr/view/MYH20180715003800038

그리고 우아한형제에서 제작한 **식당용 자율주행 서빙 로봇 '딜리플레이트'**가 출시 1년 만에 전국 8개도 6대 광역시 186개 식당에 241대 도입될 만큼 인기리에 확산되고 있다. 인공지능 서빙 로봇으로 일손을 줄이게 되었고 고객의 호기심과 만족도도 높아지고 더욱이 코로나19로 언택트가 선호되면서 빠르게 확산되고 있다.

그림 2-3 인공지능 서빙 로봇

한편 세계 최초 AI 로봇 식당을 나라 로보틱스(Nala Robotics)가 2021년 4월 미국 일리노이주에 개점하였다. 이 레스토랑의 주방은 AI 기반의 로봇인 나라(Nala) 셰프 가 요리하고 서빙도 인공지능 로봇이 하며 주문도 인공지능 전용 앱으로 받는 세계 최초로 사람 직원 없이 인공지능 로봇으로 운영되는 레스토랑이다.

출처: https://www.aitimes.kr/news/articleView.
html?idxno=17541

인공지능 로봇 셰프 나라는 AI와 머신러닝으로 수백만 개의 다양한 요리 레시피를 지속해서 학습하고 생성한다. 미슐랭 셰프 레시피와 피자, 파스타, 볶음밥 등 세계 각국의 요리 레시피를 이미 마스터했다. 버튼 터치만으로 새로운 요리 레시피를 입력할 수 있고 전 세계의 요리를 제공한다. 레시피는 유명 셰프 들의 인증된 요리법을 사용하므로 맛도 보장한다.

그리고 음식 주문은 개별 고객의 기호와 요구사항에 맞게 정확하게 만들어진다. 고객이 원하는 디테일한 요구사항을 적을 수 있게끔 고객들은 전용 나라 앱으로 주문한다. 예를 들어 "짜지 않게", "우유 알레르기 있음", "약간 맵게" 등 고객이 개별로 요청하는 식단에 따라 레시피를 수정하여 요리한다. 레스토랑은 추가 인건비 부담 없이 연중무휴로 24시간 동일한 서비스를 제공한다.

그림 2-4 세계 최초의 인공지능 로봇 운영 레스토랑 나라(NARA)

출처: https://714493.smushcdn.com/1156533/wp-content/uploads/2021/01/
robotic-restaurant-1536x864.jpg?lossy=1&strip=1&webp=1

인공지능 기술이 발전하면서 활용 영역도 넓어져 인공지능을 통한 외식 서비스는 보다 정확하고 효율적이게 되며 코로나19로 인한 언택트 선호 문화로 외식업계의 인공지능 기술 도입은 향후 더욱 늘어날 것으로 전망된다.

3) 인공지능이 바꾸는 홈 식사 라이프

"오늘은 뭘 먹지?" 주부는 매끼 식사 메뉴 선택의 고민에 빠진다. 더구나 가족 중 환자나 음식 알레르기가 있으면 더욱 고민이 깊다. 인공지능 셰프 레시피가 이러한 고민을 말끔하게 해결해 준다.

IBM의 셰프 왓슨과 국내의 키친넷은 100만 개 이상의 레시피를 학습하여 맞춤형 식단을 제공할 수 있는 인공지능 셰프 레시피이다. 인공지능 셰프 레시피는 방대한 식단과 원재료를 분석하고 학습해 **최적의 맛을 내는 조합의 음식 레시피**를 매일 추천하고 고객의 특성을 고려한 특별 레시피를 제안하기도 한다. 예를 들어 비만·고혈압을 앓고 있는 고객의 기호와 취향을 파악하고 저지방·저염·고단백 식재료로 맛과 향은 그대로지만 영양가는 훨씬 높은 **맞춤형 식단**을 제공한다.

그리고 MIT 컴퓨터과학 및 인공지능연구소(CSAIL) 연구원들이 개발한 **픽투레시피(Pic2Recipe)**라는 인공지능 시스템은 **음식 사진을 보여 주면 정확한 식재료**를

그림 2-5 음식 사진으로 재료와 요리법을 알려 주는 인공지능 레시피 서비스

출처: http://blockchainai.kr/up_fd/news/32593/bimg_thumb/2017929812332685.jpg

식별해 내고 최적의 조리법인 레시피를 제안한다. 예를 들어 맛있게 먹은 고급 레스토랑의 음식을 사진으로 담아 픽투레시피 인공지능에 입력하면 재료와 레시피를 알려 주고 이를 활용하여 가정에서 만들어 온 가족이 함께 즐길 수 있게 되는 것이다.

또한, 국내 서비스인 레시핏은 개별 가정의 **냉장고와 연동한 식단**을 제공해 주는 **인공지능 레시피**이다. 레시핏은 냉장고 품목과 연동해 냉장고 재료를 분석해 부족한 영양분 재료를 알려주기도 하고, 현재의 냉장고 재료를 활용하여 만들 수 있는 식단을 매일 제공해 준다.

그리고 국내 통신사들이 제공하는 인공지능 스피커에도 고객이 요청하는 레시피를 음성으로 제공하는 서비스를 제공하고 있고, 가전사들도 냉장고와 주방 시스템을 인공지능과 연동하여 가정 식사 라이프를 바꾸어 가고 있다.

소득 수준이 오르면서 맛있고 영양가 높은 식사에 대한 관심도 높아지고 코로나19로 인해 가족이 함께 가정에서 지내는 시간이 늘어나면서 주부의 식단에 대한 고민이 많아지고 있고 또한 혼밥족도 늘어 자칫 영양이 부족할 수도 있는 것을 인공지능 레시피가 맞춤형으로 해결해 주고 있다.

 4) 메타버스 라이프 증가와 메타버스에서 즐기는 온 가족 식사

코로나19로 가족들 간의 외식도 4인 이하로 제한되고 핵가족의 심화와 바쁜 일상으로 온 가족이 예전처럼 함께 한 곳에 모여 식사 모임 하기가 쉽지 않다. 이에 **디지털 세상에서 현실 세계가 구현되는 메타버스(Metaverse)**로 틈틈이 온 가족이 가상의 레스토랑에 함께 모여 가상의 식사를 하며 서로 대화하고 즐거운 시간을 가지는 서비스가 증가될 것이다. 가상과 현실이 접목되는 메타버스 서비스가 증가하고 있고 이러한 메타버스에서 가족들은 실제 함께하고 있는 듯한 현실감으로 식사를 나누고 대화를 나누며 가족들 간의 친밀감을 강화할 수 있게 된다.

　메타버스가 실제 서비스로 구현된 최초의 대표적인 서비스는 2003년 등장한 '세컨드 라이프'(www.secondlife.com)였다. 세컨드 라이프는 가상 세계 시뮬레이션 게임으로 이용자들은 가상 세계에서 실제 현실처럼 자신을 대리하는 아바타를 통해 다양한 활동을 하고 교감하였다. 그러나 세컨드 라이프는 스마트폰, 태블릿 PC 등의 모바일 시대가 도래하면서 당시에는 저사양의 기기가 많은 모바일 시장에 비해 높은 사양을 요구하는 3D 가상현실 서비스를 모바일에서 구현하는 서비스가 제공되지 못하면서 2010년 한국 서비스는 철수하였다. 하지만 이후 세컨드 라이프는 인공지능을 접목하여 업그레이하면서 메타버스의 원조로서 현재 9개 언어 버전으로 서비스를 제공하고 있다.

그림 2-6　최초의 메타버스 서비스 세컨드 라이프에서의 가족 식사

출처: https://www.dutchie.design/second-life-dining-room-table

코로나19 이후 메타버스 문화가 주류가 되면서 현실 세계를 대신한 가상 세계에서의 활동들이 더욱 늘어나고 있다. 에픽게임즈의 인기 온라인 게임 '포트나이트(FORTNITE)'에서는 방탄소년단(BTS)이 2020년 9월 싱글 곡 '다이너마이트'의 안무를 처음으로 공개하여 큰 인기를 얻었다.

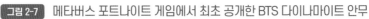

그림 2-7 │ 메타버스 포트나이트 게임에서 최초 공개한 BTS 다이나마이트 안무

출처: 빅히트 엔터테인먼트 & https://m.vingle.net/posts/3116744

국내에서는 네이버 자회사 네이버제트가 만든 '제페토(ZEPETO)'가 대표적인 메타버스 서비스이다. 제페토는 인공지능을 접목한 3D 아바타를 기반으로 누구나 가슴 속에 꿈꾸어 왔던 것을 만들어 낼 수 있는 가상 세계 플랫폼이다. 상상하는 것이 무엇이든, 제페토의 가상 공간 안에서 스스로 만들 수 있고 세상의 모든 사람과 함께 즐길 수 있도록 모바일 앱과 크리에이터, 빌더들의 플랫폼을 제공하고 있다. 제페토는 인공지능 얼굴 인식·AR·3D 기술을 활용해 자신만의 개성 있는 3D 아바타를 생성하고 다양한 소셜 활동을 즐길 수 있게 제공한다. AR 아바타 의상을 직접 만들어 판매할 수도 있고 가상 상점에서 쇼핑할 수도 있다. 또한, 기존의 가상 식당을 이용하거나 제페토 스튜디오로 가상 식당 공간을 직접 만들고 가족이 함께 식사하며 서로 대화를 나눌 수도 있다.

그림 2-8 가족 식사 모임으로 활용 가능한 메타버스 제페토(http://zepeto.me)

step 7 인공지능과 미래 패션 라이프와 인공지능 패션 디자이너

패션 산업은 전 세계 시장 규모가 3조 달러에 육박하는 거대 산업이면서 새로운 유행을 만들어 가며 빠르게 변하고 개인마다 취향이 다른 산업 분야이다. 이러한 패션 산업에 인공지능이 접목되면서 패션 산업이 새롭게 바뀌고 있다.

1) 인공지능이 바꾸는 패션 산업 트렌드 예측

패션 산업은 유행에 민감하며 미래 패션 트렌드를 예측하여 이에 적합한 패션 제품을 출시하는 것이 승패를 좌우할 만큼 중요하다. 이로 인해 패션업계는 매년 그리고 시즌마다 변하는 패션 트렌드를 읽고 이를 반영한 제품을 출시하는 것을 가장 중요한 과업 중의 하나로 삼고 있다.

이러한 패션 트렌드 예측에 빅데이터를 기반으로 하는 인공지능이 적극 활용되고 있다. 프랑스 휴리테크(Heuritech)는 소셜미디어인 SNS와 블로그에 매일 올라오는 사진을 분석하여 **패션 트렌드를 예측하는 인공지능 시스템을** 운영하고 있고, 미국 **스티치픽스(Stitch Fix)**는 소비자의 취향과 트렌드를 분석해 최적의 패션 트렌드와 개인에게 적합한 **맞춤형 옷을** 골라 보내주는 데이터 기반의 인공지능 서비스를 제공하고 있다.

휴리테크는 머신러닝과 자체 개발 패션 예측 알고리즘을 활용한 컴퓨터 영상 기술을 통해 매일 소셜미디어 속의 300만 개 이상의 이미지를 분석한다. 이미지 분석으로 모양, 소재, 무늬, 색깔, 프린팅 방법, 스타일, 브랜드 등 2,000개 이상의 패션 요소를 포착하고 이를 지속적으로 분석하여 **인공지능을 통해 미래 패션 트렌드를** 1년가량 앞서 포착하고 있는데 정확성은 90% 정도라고 한다.

그림 2-9 인공지능으로 패션 트렌드를 예측하는 휴리테크(heuritech.com)

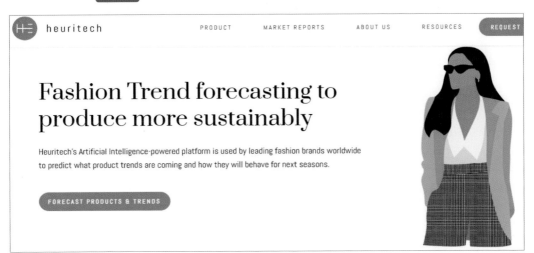

2) 인공지능이 바꾸는 패션 제조·유통의 변화

패션은 개인의 취향과 개성을 표현하는 라이프 스타일이다. 이에 패션은 유행 트렌드와 함께 소비자 개인의 취향과 개성을 담는 맞춤 제품일 때 만족도가 높다. 이로 인해 패션은 고대부터 오랫동안 장인 중심의 개인 맞춤으로 제작되어 왔다. 그러나 패션이 기업 위주로 산업화되면서 효율과 비용의 측면으로 개인 맞춤은 최소화되고 유행 트렌드 위주의 패션 제품이 판매되어 왔다. 아직도 장인이 만든 개인 맞춤을 선호하는 기호가는 비싼 가격임에도 이를 선호한다.

그림 2-10 인공지능 활용 개인 맞춤 주문형 패션 제품 생산과 유통 프로세스

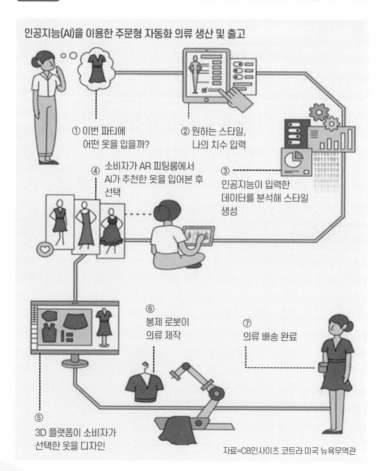

인공지능(AI)을 이용한 주문형 자동화 의류 생산 및 출고

① 이번 파티에 어떤 옷을 입을까?

② 원하는 스타일, 나의 치수 입력

③ 인공지능이 입력한 데이터를 분석해 스타일 생성

④ 소비자가 AR 피팅룸에서 AI가 추천한 옷을 입어본 후 선택

⑤ 3D 플랫폼이 소비자가 선택한 옷을 디자인

⑥ 봉제 로봇이 의류 제작

⑦ 의류 배송 완료

자료=CB인사이츠 코트라 미국 뉴욕무역관

그런데 인공지능이 패션에 도입되면 최신 패션 유행 트렌드와 개인 맞춤 패션 제품의 생산과 유통이 원활하게 가능해 진다. 최근에 급부상하고 있는 무신사 스탠다드 같은 패션 기업은 초기 단계이지만 인공지능을 접목한 최신 유행 트렌드와 고객 취향과 개성 맞춤 패션 제품을 제공하면서 큰 폭으로 성장하고 있다.

데이터 콘텐츠 조사기업 CB insights는 그림 2-10과 같은 인공지능을 활용한 개인 맞춤 주문형 패션 제품 생산과 유통 방식이 조만간 활성화될 것으로 전망하고 있다.

미국의 의류 쇼핑몰 '스티치픽스(Stitch Fix)'는 인공지능으로 개인 맞춤형 패션 제작 서비스를 제공하고 있고 인공지능으로 디자인도 한다. 스티치픽스(Stitch Fix)는 소비자들이 입력한 데이터만으로 고객 맞춤 패션 제품을 추천하고 배송해 준다. 인공지능이 고객의 데이터를 분석하여 좋아할 만한 옷 스타일을 선정하고 인공지능과 전문 스타일리스트가 이 중 5가지를 골라 고객에게 배송한다. 고객들은 옷을 입어 보고 마음에 들지 않으면 반품하면 되는데 고객 중 80%가 추천한 옷 중 한 벌을 구매하고, 80%의 고객은 첫 구매 후 90일 내 재구매를 할 만큼 만족도가 높다.

그림 2-11 인공지능 맞춤 패션 쇼핑몰 스티치픽스(stitchfix.com)

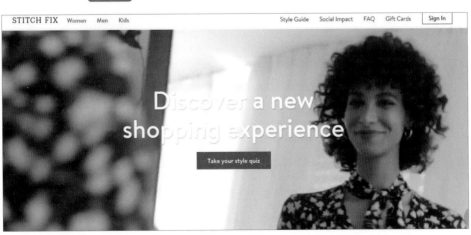

그리고 인공지능은 패션 기업의 디자이너 역할을 하기도 한다. 국내에서는 패션 기업 '한섬'의 영캐주얼 브랜드 'SJYP'는 인공지능 기술 기업 '디자이노블'과 협

력하여 인공지능이 디자인한 '디노 후드티'를 선보였다. 인공지능 디자이너는 이미지 처리 기술인 '합성곱 신경망(CNN, Convolutional Neural Networks)'을 응용한 스타일 변환 기술을 핵심으로 사용한다. 이미지를 스타일과 콘텐츠로 분류하고 색상·모양·패턴으로 인식·학습한다. 이를 기반으로 인공지능 디자이너는 새로운 스타일과 디자인을 제안한다.

또한, 국내 셔츠 전문 기업 트라이본즈는 인공지능 기반의 맞춤 셔츠 플랫폼 '셔츠 스펙터' 서비스를 통해 몸에 딱 맞는 맞춤형 셔츠를 추천하고 있다. 매장에 방문할 필요 없이 인공지능 사이징 측정법을 통해 3분 만에 개인 맞춤형 사이즈와 디자인을 선택해 주문을 마치고 7일 안에 제품을 받아볼 수 있다.

삼정KPMG의 분석에 따르면 "옷으로 '나'를 표현하는 소비자가 늘고 있고, 내가 가진 윤리적 의식과 가치관을 패션으로 보여 주는 MZ세대가 패션의 주요 소비층으로 부상했다."고 한다. 이로 인해 "그동안처럼 패션 기업이 공장에서 똑같이 대량으로 찍어낸 패션 제품은 어느 순간 팔리지 않을 것이다."라고 전망하고 있다. 이처럼 패션은 우리 모두의 라이프 스타일의 직접적인 표현이기 때문에 인공지능의 도입으로 패션 트렌드와 접목한 개인 맞춤 제품의 생산과 유통이 중요해질 것으로 예측된다.

 ### 3) 인공지능이 바꾸는 나의 패션 라이프

'오늘 입사 면접에는 무엇을 입고 갈까' 인공지능이 본인의 얼굴색과 어울리고 깔끔한 이미지를 주는 밝은 감색 정장에 파란색 계열의 넥타이를 권한다. 그리고 하늘색 셔츠에 검정 구두, 검정 테 안경으로 코디를 제안한다.

이처럼 사용자의 특성과 시간과 장소, 상황에 맞는 옷차림을 알려 주는 인공지능 패션 코디네이터 '패션 하우(Fashion HOW)'를 한국전자통신연구원이 개발하였다. 패션 하우에는 인간의 두뇌를 닮아 스스로 지식을 성장시키고 학습할 수 있는 '자율

성장 복합 지능' 기술이 장착되어 있어 이를 통해 인간이 알려 주지 않은 코디를 스스로 수행할 수 있게 된다.

또한, 오드컨셉의 '픽셀(PXL)'은 패션 이미지를 제시하면 상품 정보와 그에 맞는 코디까지 추천하는 인공지능 서비스를 제공하고 있다. 텍스트가 아닌 이미지와 사용자 특성을 파악해 추천 상품을 제시하는 AI 코디 서비스이다. 예를 들어 쇼핑몰에 접속한 소비자가 원하는 상의를 골라 이미지를 올리면, 오드컨셉의 코디 추천 플랫폼은 상의와 유사한 상품뿐 아니라 어울릴 만한 모자나 신발 등을 쇼핑몰에서 찾아 추천한다. 재질과 종류, 색깔까지 분석하여 제시해 준다.

또한, 미국의 메모미 랩스(Memomi Labs)는 패션 스타일리스트 인공지능(AI)과 증강현실(AR)을 결합해 사용자가 거울 앞에 서서 스마트폰 앱을 터치하면 고객이 입고 있는 옷의 색깔이나 사이즈를 바꿔 보여주는 인공지능 피팅 스타일용 메모리 미러(Memory Mirror)를 개발하여 제공하고 있다.

그림 2-12 인공지능과 증강현실을 결합한 패션 스타일 메모리 미러

출처:https://memorymirror.com/

Step 8 인공지능과 미래 주거 라이프와 인공지능 스마트 홈 플랫폼

인공지능이 점차 우리의 주거 공간인 집을 점령하고 있다. 특히 코로나19 이후 주거 공간인 집의 기능과 역할이 바뀌고 있고 이를 인공지능이 현실화시키고 있다. 인공지능으로 집은 이제 우리의 라이프 플랫폼으로 바뀌고 있다.

 ### 1) 인공지능이 바꾸는 주거 라이프 용도

집은 오랫동안 가장 편안한 휴식 공간의 역할을 해왔다. 근무 후 또는 수업 후 집으로 가족이 모여 함께 휴식하며 식사를 나누고 수면을 취하고 다시 근무지와 학교에 가기 위한 안식처의 역할을 해왔다. 그런데 코로나19로 인한 사회적 거리 두기로 외부 활동이 제한되고 재택근무와 원격교육이 일상화되면서 집이라는 주거 공간에게 새로운 역할을 담당할 것이 요구되었다. 더욱이 인공지능과 사물인 터넷이 사회와 주거 공간에 적용되고 연결되면서 주거 공간에서의 다양한 라이프가 가능하게 되었다.

집이 기존의 용도와 같이 가족과 함께하는 정서적 육체적 휴식 공간이기도 하지만 이제 나아가 업무 처리 공간이기도 하고, 강의와 학습 공간이기도 하고, 문화와 엔터테인먼트 향유 공간이기도 하고, 자기계발과 취미 생활 공간이기도 하고, 쇼핑 공간이기도 하고, 은행 업무 등 금융 거래 공간이기도 하고, 재테크 활동 공간이기도 하고, 스포츠와 건강 관리 헬스 공간이기도 하고, 사회적 소통과 친목의 공간이기도 하고, 병균과 미세먼지로부터 안전을 지켜 주는 공간이기도 하는 등 다목적 라이프 플랫폼으로 용도가 확대되고 바뀌게 되었다.

인공지능과 사물인터넷이 사회적 인프라가 되어 주거 공간에 연결되면서 이러한 집에서의 주거 라이프 용도가 다양화되고 바뀔 수 있게 하는 촉매제 역할을 담당하고 있다.

그림 2-13 주거 공간의 다양한 라이프 플랫폼 용도 이미지

 2) 인공지능이 바꾸는 주거 스마트 홈 라이프

'인공지능 스피커 미키안, 날씨가 추우니까 난방 온도 올려줘, 올드 팝송 틀어줘, 20분 이후 음악 꺼줘' 필자는 집필 중 주거 공간에서 인공지능 스피커에게 질문도 하고 다른 기기를 제어토록 요청도 하고 잠자리에 조용한 음악도 틀어 주었다가 잠들때 쯤 자동으로 꺼달라고 요청하기도 한다.

이처럼 우리의 주거 공간이 인공지능과 사물인터넷과 접목되면서 스마트 라이프 공간으로 바뀌고 있다. 인공지능이 홈 네트워크에 접목되어 음성이나 자율적으로 주거 공간의 다양한 기기를 편리하게 언제든지 제어할 수 있게 된다. 예를 들어 스마트폰 앱으로 사물인터넷과 연결된 다양한 디바이스를 직접 제어하고 TV, 컴퓨터, 공기청정기, 조명, 에어컨과 난방기, 세탁기, 로봇청소기, 가스 보일러 등도 제어

할 수 있다. 스마트폰과 홈모니터로 주거 공간 내외 CCTV를 실시간 확인할 수 있으며 음성으로 '외출'을 알리면 대기 전력과 전등, 방범 등이 외출 모드로 자동 전환되고 엘리베이터를 호출하며 로봇청소기는 우리가 외출 후 청소를 시작한다. 가정 컴퓨터 및 노트북과 자동 연결되는 대형 TV를 통해 음성으로 작동하면서 재택 근무와 화상 회의 및 원격 수업을 편리하게 할 수 있게 된다.

그리고 인공지능 모니터링을 통해 주거 공간 각종 기기의 이상 유무를 실시간으로 감지해 고장을 사전에 예측하고 공기 청정 환기 시스템과 보안 시스템도 자동 작동된다. 이처럼 우리의 주거 공간이 인공지능(AI)을 중심으로 사물인터넷(IoT)과 스마트 가전이 연계되어 편리하고 안전한 '스마트 라이프 홈 플랫폼'으로 변모하고 있다.

그림 2-14 인공지능 스마트 라이프 홈 플랫폼 사례: GS건설 자이아파트 (출처: GS건설)

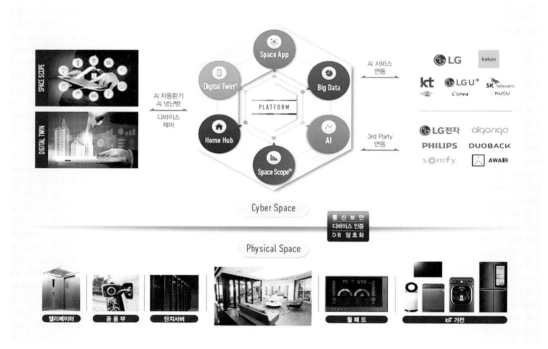

스마트 홈 네트워크와 스마트 가전이 인공지능 홈 플랫폼으로 연계되면서 우리의 주

거 공간에서의 삶이 보다 다양해지고 편리하고 안전하게 된다.

아침에 기상하여 '좋은 아침' 하고 말하면 조명과 TV가 켜진다. TV 화면을 통해 냉장고의 부족한 식재료를 확인할 수 있고 '오늘 아침 메뉴 추천해 줘' 하면 현재의 냉장고 식재료로 가능한 아침에 적합한 메뉴를 레시피와 함께 보여 준다. '경쾌한 음악 틀어 줘' 하면 인공지능 스피커가 작동하여 좋아하는 음악을 들으며 음식을 만들 수 있다. 필요하면 말 한마디로 세탁기도 작동시키고 청소기도 작동시킬 수 있다.

식사 후 컴퓨터와 자동 연결되는 TV 화면으로 회사 직원들과 오전 업무 화상회의를 서류 자료를 공유하며 진행할 수 있다. 또한, 자녀들이 비대면 원격교육을 받아야 하는 상황이면 대형 TV 화면으로 실시간 화상 원격교육을 받을 수 있다.

오후에 주부는 손뜨개질 취미 동호회 모임을 화상으로 하며 서로 뜨개질 방법을 알려주고 대화하면서 즐거운 시간을 가진다. 가족이 함께 외출하면서 '지금 모두 외출할게'라고 말하면 엘리베이트가 호출되고, 외출 후 로봇청소기가 작동하여 스스로 집안을 청소한다. 외출 중이라도 가스와 소등 상태 등을 스마트폰으로 점검할 수 있고 CCTV를 연결하여 내·외부를 수시로 체크할 수 있다.

외출 후 주거 공간 공동 현관에 들어서자 안면 인식을 통해 출입문이 자동으로 열리고 엘리베이터는 호출되어 이미 1층에서 대기하고 있다. 집으로 들어서는 순간에 맞춰 조명이 자동으로 켜지고 보일러는 외출 모드에서 난방 모드로 전환된다. 냉장고는 보관 중인 식재료를 안내하고, 저녁 메뉴와 레시피를 추천한다.

저녁 식사 후 영화를 보기 위해 소파에 앉아 TV에게 '영화 추천해 줘'라고 말을 건넨다. 그러면 집안의 커튼이 자동으로 처지고, TV가 켜지면서 오늘의 추천 영화를 안내받는다. 영화를 선택하자 조명이 스스로 밝기를 조절하고 음향 시스템이 영화 모드로 바뀌면서 영화관 같은 분위기에서 영화를 즐기게 된다.

잠자리에 들 때는 '인공지능 스피커, **조용한 음악 틀어 줘**, 20분 이후 취침 모드로 바꿔 줘'라고 말하면 수면에 적합한 음악이 나오면서 조명도 수면 조명으로 바뀌고 20분 후엔 음악과 조명이 완전히 꺼진다. 집안 온도도 수면에 적당하게 조정되면서 에너지도 최대한 절감된다.

이 외에도 인공지능이 장착된 주거 공간에서는 헬스 케어, 각종 기기 음성 제어 및 작동 예약, 주차 공간 안내, 공기 청정 시스템으로 실내 공기 최적화, 방별 온도를 최적화하는 에너지 세이빙, 자녀 안심 모니터링, 배달 음식 및 냉장고 부족 제품 자동 주문 등 다양한 서비스를 통해 스마트 라이프를 향유할 수 있게 된다.

그림 2-15 인공지능 TV 홈 보드 모니터링 사례 (출처: LG전자)

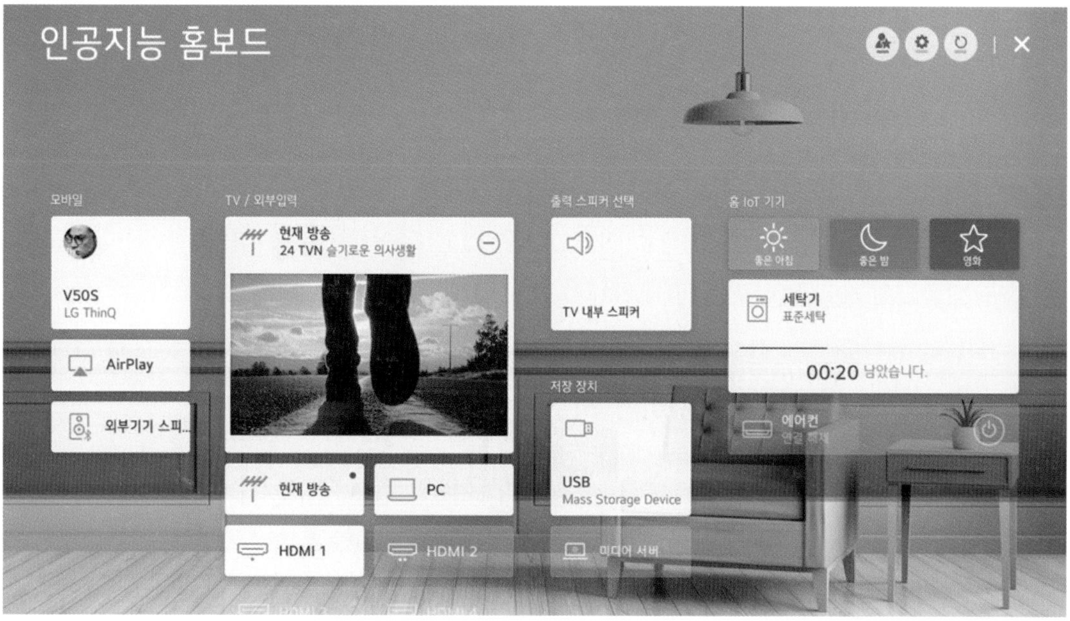

step 9 인공지능과 미래 헬스 케어 라이프와 인공지능 의사 간호사

인공지능이 우리의 건강 지킴이가 되고 있다. 갈수록 우리의 평균 수명이 늘어나면서 건강한 삶에 대한 관심이 더욱 높아지고 있고 한편에서는 전염병과 미세먼지와 같은 건강을 위협하는 환경이 가중됨에 따른 상시적인 건강관리 체계가 더욱 중요해지고 있다. 이에 따라 전 세계는 헬스케어를 주요한 미래 산업으로 보고 이를 적극 육성하고 있다.

 ### 1) 인공지능이 바꾸는 헬스 케어 산업

전 세계적인 고령화와 건강에 대한 관심 고조로 헬스케어 산업이 4차 산업혁명의 주요 산업으로 부각되고 있다. 글로벌 시장조사 기관 그랜드 뷰 리서치(Grand View Research)에 따르면, 디지털 헬스케어 시장 규모는 연평균 27.7%씩 고속 성장할 전망이다. 2015년 세계 헬스케어 산업 규모는 약 1.6조 달러였는데 2025년에는 약 2.7조 달러에 육박할 것으로 전망된다.

헬스케어에 인공지능이 접목되면서 질병을 진단 또는 예측함에 있어 인간의 지능인 학습 능력, 추론 능력, 지각 능력, 이해 능력 등을 활용해 수행할 수 있는 기술과 기기가 개발되고 있다. 인공지능 헬스케어의 장점은 첫째, 신속·정확한 정밀 진단 및 치료, 둘째, 일관성 있는 개인별 맞춤형 질병 예측 및 예방, 셋째, 시공간의 제약이 없는 실시간 측정 · 진료 등이 가능해진다는 것이다.

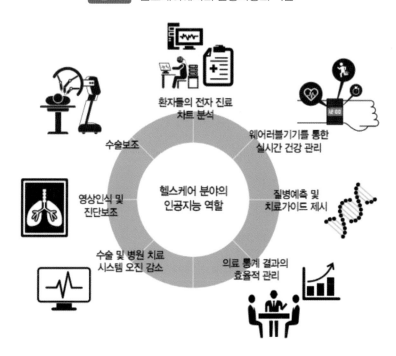

그림 2-16 헬스케어에서의 인공지능의 역할

출처: Cognitive Computing and Artificial Intelligence Systems in Healthcare, Frost & Sullivan, 2015

인공지능 관련 기술은 다양한 헬스케어 분야에 표 2-1과 같이 적용되고 있다.

도표 2-1 인공지능 기술의 헬스케어 분야 적용 현황

기업	적용 형태	적용 부문
딥러닝	스스로 학습하는 능력을 이용해 대량의 의료 영상 기록을 처리함으로써 의료진의 치료 결정에서의 불확실성 감소	진단영상, 헬스케어 IT
영상 처리	대규모 의료 영상을 빠르게 처리해 질환 형태, 음성/양성 판단 등에 적용	
자연어 처리	진료 기록과 같은 긴 서술형 문자 묶음들을 해석할 수 있도록 변화	의료기기, 헬스케어 IT
음성 인식	환자의 음성과 언어를 포착해 중요한 정보를 전자 기록함에 기록	
통계 분석	대용량 환자의 의료 데이터를 빠르게 조사하고 분석하여 환자 치료 결과를 예측 가능	의약품, 헬스케어 IT
빅데이터 분석	헬스케어 기관들이 보유한 방대한 환자 의료 데이터를 처리하고 환자와 치료 제공자들에게 맞춤형 권고를 제공	
예측 모델링	위험 질환 예측 등과 같은 진료 결과를 예측하는 데 수학 모델 적용	
로보틱스	수술 과정의 정밀함과 정확도를 높여 질 높은 치료를 제공	의료기기, 헬스케어 IT
디지털 개인 비서	환자의 상태를 알 수 있는 지표들을 지속적으로 모니터링하고 필요 상황에 간호사에게 알람을 줌으로써 골든타임 확보	
머신러닝	치료 결과에 영향을 미치는 데이터를 기반으로 패턴 예측 및 분석	헬스케어 IT

출처: KHIDI 보건산업 브리프, 2018

인공지능 헬스케어 세계 시장 규모는 연평균 40% 이상 성장해 2021년에 67억 달러를 상회하고 인공지능 기술로 헬스케어는 이제 진단을 넘어서 예방과 건강 관리 차원으로 영역을 넓혀가며 시장을 확대하고 있다.

인텔이 2020년 7월 미국의 헬스케어 분야 리더들을 대상으로 진행한 조사에 따르면 84%의 응답자가 임상 작업에 이미 인공지능을 도입했거나 도입할 예정이다. 응답자의 94%는 인공지능이 초기 진단 단계에서 의료진에게 예측 분석을 제공한다고 응답했고, 92%는 인공지능이 임상 결정 지원을 위해 활용될 것에 동의

했으며, 92%는 인공지능을 통해 여러 전문가들이 환자 진료 과정에서 협업하거나 개선할 수 있다고 생각하고 있었다.

향후 2년 내에 미국 내 약 35% 이상의 병원에서 인공지능 기술을 활용하게 될 것이고, 5년 내에 최소 50%의 병원에서 적용하게 될 것으로 전망되며, 인공지능 기술을 통해 의료 서비스의 성과는 30~40%가량 향상되고 치료 비용도 크게 줄어들 것으로 전망된다.

이에 세계 각국의 정부는 인공지능 헬스케어 성장을 위해 다양한 지원을 하고 있고 표 2-2와 같이 IBM, 구글, MS, 애플, 페이스북, 아마존 등 글로벌 IT 기업들은 인공지능 헬스케어 시장 주도권 확보를 위해 적극적인 연구 및 투자를 계속하고 있다.

도표 2-2 글로벌 IT 기업들의 인공지능 헬스케어 사업 투자

기업명	인공지능 헬스케어 투자 현황
IBM IBM.	• 2010년 헬스케어 부문에 1억 달러 투자하면서 본격적으로 헬스케어 시장에 참여 • 2015년 Wetson 헬스 부문 론칭 • 대표적인 헬스케어 데이터 분석회사 트루벤(Truven Health Analytics)을 26억 달러에 인수하면서 헬스케어 부분에 40억 달러 이상 투자(2016.3) • 이외 지속적으로 다양한 헬스케어 분야 스타트업을 인수: Phytel, Explory, Menge, Truven 인수를 통해 CT, MRI 등 300억 개의 헬스 데이터 및 이미지를 확보하고, 약 7,500개의 병원과의 협력 관계 구축
구글 Google	• 2013년 15억 달러를 투자해 칼리코(Calico)를 설립, IT 기술을 활용한 인간의 노화 방지, 궁극적으로 생명 연장을 위한 연구를 시작 • 2014년 구글 벤처스는 총 투자금액 중 36%에 달하는 자금을 생명과학 분야에 투자(바이오테크, 천년을 늙지 않고 살 수 있다=상업 상품=KOTRA 해외 시장 뉴스, 실리콘밸리 무역관 2015년 9월 작성) • 2015년에는 빌 게이츠와 공동으로 유전자 가위(크리스퍼/Crispr) 기술을 활용하는 에디타스 에디슨(Editas Medicine)에 투자(총 투자 금액이 1억 2,000만 달러에 달함. • 최근 칼리코는 바이오테크 기업인 C4 테라퓨틱스(Therapuetics)가 가진 기술력 활용을 위한 C4 테라퓨틱스와 5년 협력 계획을 밝힘. • 알파벳(구글 모회사) 신하 베릴리(Verili)는 스위스 제약회사 노바티스(Novartis)와 제휴를 맺고 공동 프로젝트를 진행했고, 그 외 헬스케어 분야 다양한 프로젝트 진행 중

애플	• 2014년 본격적으로 헬스케어 시장에 진출하면서 디지털 헬스케어 플랫폼 구축을 위한 연구 및 투자를 시작 • 2014년부터 2016년까지 매년 헬스키트(HealthKit), 리서치키트(ResearchKit), 케어키트(CareKit) 등 의학 플랫폼을 연달아 출시 • 건강 플랫폼 구축 사업을 위해 아이폰, 애플워치를 통해 헬스케어 기능을 점점 강화해 나가고 있으며, 사용자의 건강 관련 데이터를 통합적인 이미지로 보여 주는 방식으로 발전, 애플 헬스케어와 관련된 애플리케이션을 지속적으로 개발 중 • 애플은 2016년 초 헬스케어 데이터 수집 전문 스타트업인 글림스(Glimose)를 인수함. 2016년 애플이 영국계 다국적 제약회사 글락소스미스클라이(GSK)과 파트너십을 체결해 헬스케어 부분에 대한 지속적인 투자를 하면서 헬스케어 시장에 다양한 시도를 하고 있음.
페이스북	• 페이스북은 2014년 디지털 헬스케어 시장 진출을 선언하고 운동 기록 관련 애플리케이션 무브스(Moves)를 인수 • 2016년 9월 마크 주커버그 부부는 6억 달러(약 6,800억 원)를 투자해 챈 저커버그 바이오 허브를 설립, 향후 10년간 30억 달러(약 3조 3,432억 원)를 난치병 치료에 기부할 것을 밝힌 바 있음. • 향후 5년간 바이오허브는 인체세포 지도 제작 및 난치병 퇴치 연구를 위해 미국 버클리 캘리포니아주립대, 샌프란시스코 캘리포니아주립대, 스탠퍼드대 소속 연구진 47명에게 총 5,000만 달러(약 557억 2,000만 원)를 투자할 계획임.
아마존	• 2014년 아마존의 CEO가 설립한 베저스 익스피디션스(Bezes Expeditions)는 암 치료제 개발 스타트업 쥬노 테라퓨틱스(Juno Therapuetics)에 투자하고 성공적으로 상장하면서 의료 산업에 적극적으로 진출 • 2016년 베저스 익스피디션스는 노화 방지 치료법을 개발하고 있는 유니티 테크놀로지(Unity Technology)에 1억 2,700만 달러 투자 • 베저스 익스피디션스는 35개의 기업에 52회 투자를 했고 그중 3개 기업 상장에 성공 • 아마존이 인수한 유니티 테크놀로지는 스코틀랜드 유추얼 펀드 회사로부터 공동 투자를 받으며, 2016년 10대 바이오 기술 스타트업 명단에 이름을 올림. • 최근에는 클로우딩 컴퓨팅 지원을 강조해, 데이터 수집 및 처리 연구에 중점을 둠. 향후 유전체학, 생명과학, 의료 서비스 제공자 및 보험사가 주 고객사가 될 것으로 전망

출처: http://www.healthfocus.co.kr/news/articleView.html?idxno=71134

인공지능 헬스케어의 선두주자 IBM의 대표적인 인공지능 헬스케어 '왓슨헬스'는 빅데이터를 이용해 의학 정보를 스스로 학습해 각종 질병 진단의 정확성을 높이고 있다. IBM 왓슨헬스는 의사들의 피드백과 과학적 데이터를 기반으로 주요 시장의 특정 질병의 진단과 치료를 지원하는 데 맞춤화하고 있다. 왓슨헬스 온콜로 지는 전 세계 15개국에서 활용되고 있다.

구글헬스는 헬스케어 전문 자회사 칼리코(Calico) 및 베릴리(Verily)와 협력하고 '딥마인드 헬스(DeepMind Health)'와 통합하여 인공지능을 헬스케어와 접목하여 인간의 수명 연장과 노화 방지, 질병 퇴치 및 난치병 연구를 적극 추진하고 있다. 구글은 인공지능(AI) 기술을 발전시켜 의료 분야의 중요한 문제를 해결해 나가고 있다. 구글헬스는 딥러닝을 통해 안구 질환, 심혈관 위험 인자 및 빈혈의 징후를 식별하고 유방암 검진을 개선하고 탐지하는 새로운 인공지능 시스템을 개발했다.

애플은 2014년 6월 아이폰과 애플워치 등 모바일, 웨어러블 기기에 '헬스 킷 (HealthKit)'을 출시하여 이용자의 건강 정보를 측정할 수 있는 헬스케어 사업을 시작했다. 그후 애플은 의료기관, 의료 서비스 업체 등과 연계해 지속적으로 데이 터를 축적하여 헬스 앱으로 이용자들이 자신의 '의무 기록(medical records)'을 수 집할 수 있는 기능을 추가했다. 이처럼 오래전부터 애플은 **헬스킷-리서치킷-케어킷**을 통해 다양한 사용자 건강 데이터를 수집 관리하며 예방부터 진단, 관리까지 통 합되는 건강 플랫폼 구축과 헬스케어 기기를 적극 개발하고 있다.

마이크로소프트는 클라우드 컴퓨팅 플랫폼 애저(Azure)와 인공지능 기술을 바 탕으로 클라우드 기반 유전체 분석 서비스 '**마이크로소프트 지노믹스**(Microsoft Genomics)'를 통해 의료진이 방대한 유전체 데이터를 실시간으로 점검·분석하 도록 지원하고 있다. 마이크로소프트의 머신러닝, 클라우드 컴퓨팅 기술을 기반 으로 면역 체계를 분석해 암, 전염병, 자가면역 등의 질환을 조기 감지하고 효과 적으로 치료할 수 있도록 지원하고 있다. 또한, 마이크로포스트의 **헬스케어 봇**은 의료기관의 가상 의료 비서와 챗봇 운영을 돕는 서비스로서 증상 진단과 환자 인 계 등의 기능이 탑재되어 있다. 특히 코로나19와 관련한 증상 및 위험 요인, 행동 요령 등의 정보를 제공함으로써 의사, 간호사, 관리자 및 기타 의료 전문가들이 의료 활동에 집중하도록 돕고 있다.

아마존의 헬스케어 사업은 2016년 미 보스턴에 있는 한 지역 병원에 인공지능 플랫폼인 '알렉사'서비스를 공급하는 것에서 시작했다. 아마존은 2020년 8월 27일 건강 구독 서비스 브랜드 '헤일로(halo)'를 선보였다. 이용자는 아마존이 제공하는 **헤일로밴드**라는 웨어러블 기기를 차면, 이 기기와 연결된 아마존의 클라우딩 컴퓨터와 인공지능이 이용자의 행동 추적을 시작하고 아마존 머신러닝을 통해 고도화한 인공지능 알고리즘이 이를 토대로 건강 상태를 분석한다. 체지방을 효과적으로 낮추기 위해 운동이나 활동 등을 제안하고 수면 습관도 분석해 더 효율적이고 깊은 수면을 이뤄 효과적인 휴식을 만드는 서비스도 지원한다. 헤일로는 앱에 적용된 톤(Tone)으로 이용자의 말하는 속도, 박자, 리듬, 강약 등을 분석해 이용자의 감정도 분석해 준다.

그림 2-17 아마존 인공지능 헬스케어 헤이로 앱과 헤일로 밴드

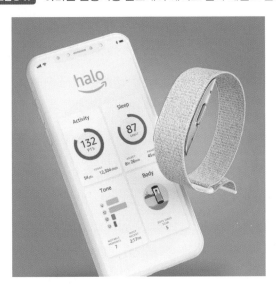

국내 인공지능 헬스케어 시장 규모는 2015년 17억 9,000만 원에서 2020년 256억 4,000만원 규모로 성장했다. 국내에서도 인공지능 헬스케어 연구개발에 높은 관심을 갖고 있으며 관련 스타트업도 증가하고 있어 향후 5년 내로 빠른 성장을 보일 것으로 전망된다. 국내는 대형 병원인 **서울대학병원, 서울 아산병원, 삼성서울병원** 등이 국내 스타트업과 협업해 인공지능 헬스케어 솔루션 개발에 적

극적이다.

하지만 국내 헬스케어 시장은 아직도 각종 규제와 관련 이익 단체의 반대로 본격 서비스를 하지 못하고 있다. 코로나 19와 같은 위기 상황에서 인공지능 헬스케어는 더욱 필요하고 힘을 발휘할 수 있다. 인류와 국민의 건강 증진을 위하여 국내 인공지능 헬스케어 산업이 발전하고 서비스가 빛을 발할 시기가 하루빨리 도래하길 기대한다.

 2) 인공지능이 바꾸는 헬스케어 라이프

인공지능 스피커의 경쾌한 음악 알람으로 아침에 일어나 인공지능 사물인터넷이 적용된 거울을 보며 피부 상태를 측정하고, 인공지능 변기에서 소변을 분석하여 기초 건강 상태를 알려 준다. 오늘 아침 기초 검진 결과 건강 상태는 양호한 편이나 비타민 A가 부족하니 보충하면 좋겠다고 스마트폰 인공지능 비서가 알려 준다. 아침 식사 전에 인근 공원을 빠른 걸음으로 산책하고 돌아오니 인공지능이 장착된 밴드와 신발과 스웨츠에서 심박수, 혈압, 심전도, 산소포화도, 호흡수가 측정되어 결과를 인공지능 비서가 알려 준다.

오늘은 재택 근무하는 날이라 근무 시간 전에 시간이 있어 인공지능 헬스 키트로 개인 유전자와 혈당 검사를 받으면 자동으로 주치의에게 전송되고 맞춤형 건강 상태 피드백을 요청한다. 잠시 후 주치의로부터 화상으로 연락이 와 상담을 받고 주의사항 및 처방전을 받아 인근 약국으로 보낸다. 향후 인공지능 헬스케어로 바뀌는 일상생활 장면이다. 헬스케어 라이프는 우리의 일상생활로 파고드는 인공지능을 가장 편하고 쉽게 받아들일 수 있는 분야이다.

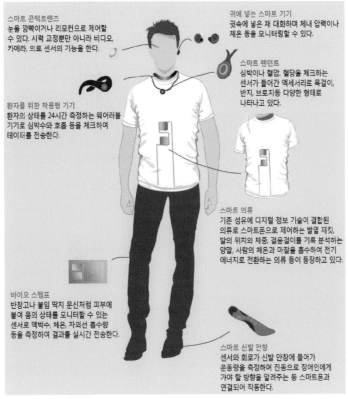

그림 2-18 인공지능 헬스케어 라이프 디바이스

스마트 콘텍트렌즈
눈을 깜빡이거나 리모컨으로 제어할 수 있다. 시력 교정뿐만 아니라 비디오, 카메라, 의료 센서의 기능을 한다.

귀에 넣는 스마트 기기
귓속에 넣은 채 대화하며 체내 압력이나 체온 등을 모니터링할 수 있다.

스마트 펜던트
심박이나 혈압, 혈당을 체크하는 센서가 들어간 엑세서리로 목걸이, 반지, 브로치등 다양한 형태로 나타나고 있다.

환자를 위한 착용형 기기
환자의 상태를 24시간 측정하는 웨어러블 기기로 심박수와 호흡 등을 체크하여 데이터를 전송한다.

스마트 의류
기존 섬유에 디지털 정보 기술이 결합된 의류로 스마트폰으로 제어하는 발열 재킷, 발의 위치와 체중, 걸음걸이를 기록 분석하는 양말, 사람의 체온과 마찰을 흡수하여 전기 에너지로 전환하는 의류 등이 등장하고 있다.

바이오 스탬프
반창고나 붙임 딱지 문신처럼 피부에 붙여 몸의 상태를 모니터할 수 있는 센서로 맥박수, 체온, 자외선 흡수량 등을 측정하여 결과를 실시간 전송한다.

스마트 신발 안창
센서와 회로가 신발 안창에 들어가 운동량을 측정하며 진동으로 장애인에게 가야 할 방향을 알려주는 등 스마트폰과 연결되어 작동한다.

출처: 100세 시대 헬스케어와 미래 직업, 한국과학창의재단

우리는 건강한 삶을 추구한다. 예전엔 아파야 병원에 가고 병에 걸려야 병원에 가서 치료를 받았다. 이로 인해 이미 심각하게 진행된 병이나 치료가 어려운 병은 우리의 목숨을 앗아갈 확률이 높았다. 이제 인공지능 헬스케어가 본격화되면서 우리의 헬스 라이프가 바뀌게 된다. 치료 이전에 예방, 아프기 전에 상시적인 진단, 특정 의사의 전문성을 넘어선 전 세계적인 임상 결과에 근거한 최적의 맞춤 치료, 치료 후에도 건강 사후관리, 일상적인 건강관리로 우리의 헬스케어 라이프가 바뀌고 있다. 이에 따라 표 2-3와 같이 인공지능 기술이 접목된 헬스케어 서비스와 제품이 지속적으로 개발되어 출시되고 있다.

도표 2-3 인공지능 헬스케어 요소와 서비스 및 제품

분류	상세 분류	설명	관련 제품 및 서비스
디바이스	재료	전기. 자기. 역학, 광학, 음향 열람 소자. 변환 소자. 시약	시약, 바이오센서
	정밀 부품	광센서, 압력센서, 초름파센서, 이미지 광학센서, 전자부품. 통신 부품	부품. 모듈(센서 모듈) MCU, RAM, 동신모듈
	제품	개인건강관리 기기	스마트 체온계, 혈압계, 혈당계. 산소포화도, 체지방계. 심전도계 등
		웨어러 기기	스마트 밴드, 워치. 벨트, 인솔. 반지 등
		의료기기(치료 재료)	병원 사용 의료기기 및 치료 재료
		의료장비	CT. MRI, 초음파. 내시경 등 영상 장비
데이터 (플랫폼)	의료 건강 관리 콘텐츠	[건감정보 제공 App] 일반적 의학 정보, 운동 정보, 영양 정보 동 건강 정보 제공 [맞춤형 건강관리 App] 개인 건강 정보를 수집하여 맞춤형 건강관리 제공	웰니스(휴식법, 요가, 뷰티팁 등) App
			영양관리 및 정보 제공 App
			의학적 정보(품, 질병, 복약 등) 제공 APP
			개인 건강 기록(PHR) App
			병원 예약, 실손보험청구 관리 App
			피트니스 또는 운동관리 App
	미들웨어, 플랫폼. 통신 네트워크	[의료정비관리 플랫폼/DB] 의료기관 의료 정보 통합 저장/관리 시스템 [개인 건강관리 플랫폼/DB] 강·의료 정보 통합 저장 관리	의료정보관리 플랫폼(EMR. EHR)
			개인 건강 정보관리 플랫폼
			임상의사결정지원시스템. 의료AI
서비스	진단 서비스	[진단 서비스] 유전자. 의료진단 서비스	체외진단 서비스
			유전자/유전체 분석 서비스
	건강관리 서비스	[건감관리 서비스] 하드웨어 기기의 건강 정보 및 의료 정보 분석, 건강관리 서비스 [원격진료 서비스] 원격으로 행해지는 의료 서비스 및 진단	개인건강검진 건강관리 서비스
			개인건강 기록(PHR) 관리 및 맞춤형 서비스
			만성질환관리 서비스
			노인건강관리 서비스
			건강관리 포털 서비스
			병원예약, 실손보험청구서비스
			원격상담. 원격모니터링 서비스

출처: 스마트 헬스케어와 의료 AI, 중소기업기술정보진흥원, 2018

인공지능이 헬스케어에 접목되면서 치료 방식과 서비스도 바뀌고 있다. 인공지능 헬스케어를 통해 개인 맞춤형 치료는 물론이고 치료도 의약품뿐만 아니라 디지털 치료제도 활용되게 되었다. 특히 알츠하이머, 파킨슨, 다발성 경화증, 주의력 결핍 과다행동장애, 자폐증, 외상후 스트레스 장애, 우울증, 약물 중동 등에는 이미 치료를 목적으로 개발된 소프트웨어 의료기기인 디지털 치료제가 활용되고 있다. 이외에도 당뇨, 조현병, 천식, 만성폐질환, 불면증, 근육통, 암 치료에도 디지털 치료제가 '대체 치료제' 또는 '보완 치료제'로 개발되고 활용될 예정이다. 그리고 이미 닥터 왓슨 같은 인공지능 의사가 출현한 것같이 인공지능 간호사, 인공지능 재활 치료사, 인공지능 약사도 등장하여 우리의 일상생활 헬스케어 라이프를 건강하게 지켜주는 도우미 역할을 할 것이다.

미국의 인공지능 의료 기업 '센스리(Sensely)'는 병원 퇴원 후 집에서도 지속적인 치료 간호가 필요한 환자를 위해 인공지능 간호사 '몰리(Molly)'를 개발하여 서비스 하고 있다. 몰리는 인공지능 아바타로 고급 음성 인식 기능을 갖추고 환자와 음성 대화를 통해 간호 서비스를 제공한다. 몰리는 집에서 스마트폰이나 태블릿, 스마트TV로 접속하여 시간에 맞춰 환자에게 "혈압 측정 시간입니다."라고 알려준다. 환자는 혈압 측정기로 혈압을 측정하고 데이터는 블루투스로 스마트폰에 전송된다. 몰리는 이 정보를 "병원에 보내겠습니다."라고 설명하고 병원으로 데이터를 전송한다. 몰리는 인공지능 기술로 사람처럼 움직이고 말하면서 환자들에게 심적 위안을 주는 역할도 하게 된다. 실제로 환자들은 몰리에게 개인적인 고민을 털어 놓기도 하고 고마운 감정을 가지기도 하는 것으로 나타났다.

그림 2-19 인공지능 간호사 몰리(Molly)

출처: https://www.sensely.com

3) 메타버스에 올라타는 인공지능 의료 헬스케어

인공지능 의료 헬스케어도 교육부터 임상까지 '메타버스'에 올라타고 있다. 사례로 2021년 5월 29일 분당서울대병원 스마트 수술실에서 가상으로 폐암 수술이 시행되었다. 이를 3차원 가상현실로 중계하여 영국과 싱가포르 등 해외 의료인 200여 명이 참관하며 실시간으로 수술 과정을 보고 토론이 진행되었다.

이는 '메타버스(Metaverse)'가 구현된 의료 현장의 모습이다. 메타버스는 가상을 의미하는 '메타(meta)'와 현실 세계를 의미하는 '유니버스(universe)'의 합성어로 3차원 가상 세계를 의미한다. 인공지능과 접목된 VR 및 증강현실(AR, Augmented Reality), 혼합현실(MR, Mixed Reality)을 아우르는 확장현실(XR, eXtended Reality)이 핵심 기술이다. 참석자들은 각자 연구실에서 HMD(Head Mounted Display)를 착용하거나 노트북으로 가상 환경에서 수술을 체험하였다. 최근 플랫폼 업그레이드를 통해 HMD뿐만 아니라 노트북으로도 360도 환경이 구현되었다.

그림 2-20 분당서울대병원의 가상 스마트 폐암 수술 장면

출처: https://www.docdocdoc.co.kr/news/articleView.html?idxno=2011099

　본 메타버스 가상 폐암 수술 의료인 참가자들은 **인공지능 기술**이 접목된 **가상 수술 플랫폼**에 본인의 아바타를 설정한 후 가상의 강의실에 입장하여 폐암 수술 기법과 가상 융합 기술 트렌드를 주제로 한 강의를 수강했다. 또 가상 환경 속에서 수술 과정을 참관하며 실시간으로 토의를 이어갔다. 수술은 분당서울대병원 스마트 수술실에서 중계되었다. 수술실에는 360도-8K-3D카메라가 구축되어 있어 집도의와 수술 간호사 모습, 수술실 내 환경을 원하는 대로 볼 수 있었다. 또 3D XR 이머시브 사운드 기술을 활용해 고품질 음성 대화도 가능했다. 참석자들은 실제 수술실에서 참관하는 것 같은 현실감이 높았다고 했다.

그림 2-21 스마트 가상 수술 참가자들의 아바타 참여 모습

출처: https://www.docdocdoc.co.kr/news/articleView.html?idxno=2011099

의료 헬스케어 교육에도 메타버스가 활용되고 있다. 에듀테크 전문 기업 뉴베이스는 3차원 시뮬레이션 헬스케어 가상 실습실 '뷰라보(Vulabo)'를 도입했다. 뷰라보는 초단기간 집중 진행되는 '마이크로 러닝(Micro Learning)' 체계로 실습 중 감염이나 의료 사고 위험에 노출되지 않도록 3D 시뮬레이션 기반 게임 형식의 콘텐츠로 교육이 진행되고 있다.

현재 세브란스병원, 국립중앙의료원, 전북대학교 등 전국 200여 개 의료시설·교육기관에서 사용되고 있으며 3D 기반 중증도 분류와 개인보호복 착·탈의 시뮬레이션 교육을 시작으로 간호, 응급 구조 등 과목으로 서비스를 제공하고 있다.

뷰라보는 그동안 단순하게 문자로만 쓰였던 환자 정보를 인공지능과 가상·증강현실(AR·VR) 기술로 구현, 3차원(3D) 가상 환자를 만들어 낸다. 교육 시나리오에 따라 시뮬레이션 게임을 하듯이 3D 환자의 증상을 보면서 몰입감 있는 의료 실습을 할 수 있다. 의료 교육에 가장 적합한 시뮬레이션을 활용한 문제 기반 학습(Simulation-PBL) 방식인 것이다. 학습자는 중증도 분류, 응급처치, 대응 시간 등

학습 데이터를 분석한 '스마트 피드백'을 받을 수 있다. 뷰라보는 메타버스 가상 의료 실습실을 통해 기본적인 응급처치 훈련부터 개인보호구 착탈의, 신경계 사정, 재난 중증도 분류, 투약 시뮬레이션 등 **의료 현장에 필수적인 실습 훈련이 가능하다.**

그림 2-22 메타버스 의료 헬스케어 3차원 가상 실습 교육 '뷰라뷰'

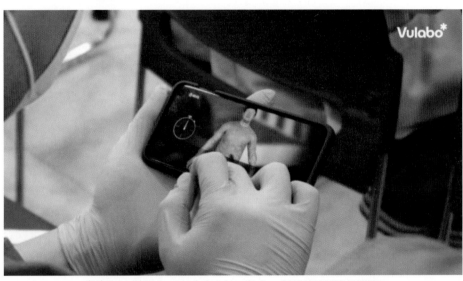

출처: https://news.mt.co.kr/mtview.php?no=2021032112364890281

향후에는 의료 헬스케어 교육을 넘어서 **인공지능 메타버스로** 진료·건강관리, 디지털 치료제 검증 등을 실현할 수 있는 '**가상의 메타버스 종합병원**'도 구축 가능할 것이다. 인공지능을 중심으로 빅데이터·5G 등 첨단 기술을 확장현실(XR) 기술과 융합하여 현실의 종합병원과 같은 '가상의 메타버스 종합병원'이 구축되어 시공간을 초월하는 헬스케어 메타버스 서비스를 제공하게 될 것이다.

한편 일산차병원이 2021년 6월 개원 1주년을 맞아 국내 병원계 최초로 인공지능 3차원 가상공간인 제페토에 **메타버스 가상 일산차병원**을 개원하였다. 가상 일산차병원은 7층 이벤트홀, 산과, 초음파실, 6층의 분만실, 지하 1층의 행정 사무실 등을 메타버스 플랫폼 제페토에 구현하여 코로나로 인해 병원 방문이 어려운 직원 가족들과 고객 등을 대상으로 병원 내 가상공간 체험 기회를 제공하고 이벤트

행사를 진행하고 있다.

이처럼 인공지능 의료 헬스케어 메타버스 서비스는 의료계의 실습 교육, 환자의 진단과 처방, 그리고 예방 등 다양한 의료 서비스를 실시간 의사와 환자가 상호 소통하며 현실과 같은 현존감으로 가상 환경에서 제공할 수 있게 된다.

그림 2-23 국내 최초의 메타버스 가상병원인 일산차병원 (제페토 내에 설치)

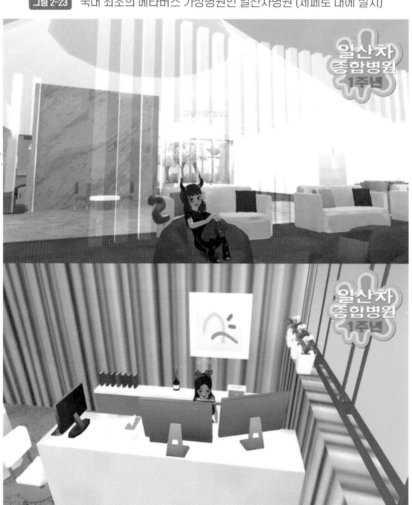

출처: http://www.bosa.co.kr/news/articleView.html?idxno=2153042

CHAPTER **3**

인공지능이 바꾸는
미래 비즈니스

CHAPTER 03

인공지능이 바꾸는 미래 비즈니스

인공지능은 4차 산업혁명을 이끄는 핵심 동력이다. 4차 산업혁명으로 급변하는 비즈니스에 인공지능이 적용되면서 새로운 혁신이 만들어지고 있다. 인공지능을 잘 활용하는 것은 비즈니스 성공의 필수 요소가 되고 있다.

step 10 인공지능과 미래 유통 비즈니스

 1) 인공지능이 바꾸는 미래 유통 산업

비즈니스 영역에서 유통 분야는 이미 인공지능이 적용되면서 시장이 급변하고 있고 성장세가 급증하고 있는 분야이다. 세계적인 컨설팅사인 **맥킨지(McKinsey)**는 19개 주요 산업에 대한 인공지능의 영향 평가에서 **유통산업이 인공지능의 경제적 영향력을 가장 높게**

받는 것으로 평가하고 있고, 시장조사 기관인 마켓앤마켓(Markets&Markets)에 따르면, 전 세계 유통 산업은 2018년 16.8억 달러에서 2025년 192억 달러로 41.6% 성장할 것으로 전망되고 있다.

유통 산업에 인공지능(AI)을 중심으로 사물인터넷(IoT: Internet of Things), 증강현실(AR)·가상현실(VR), 로보틱스 등 4차 산업혁명의 기반 기술들이 접목되면서 유통 서비스의 초지능·초실감·초연결화가 실현되고 그림 3-1과 같이 다양한 패러다임으로 변화되고 있다.

도표 3-1 인공지능으로 바뀌는 유통 밸류체인 패러다임 변화

출처: 유통4.0시대, 리테일 패러다임의 변화, 삼정 KPMG

2) 인공지능이 바꾸는 유통 서비스 비즈니스

인공지능 기술이 백화점, 대형 마트, 편의점, 홈쇼핑, 온라인·모바일 쇼핑 등의 유통업계에 접목되면서 서비스가 새롭게 변모하고 있다.

롯데백화점은 콜센터 고객 상담 업무에 인공지능 **'AI 콜봇'**을 채용하여 24시간 상담을 음성으로 제공하고 있다. 이로 인해 예전에는 영업 시간 외에는 상담 업무가 불가능했던 것이 24시간 가능해졌다. 또한, 롯데백화점은 온·오프라인 매장에서의 고객 거래 및 상품 검색 같은 소비자 행동 데이터 등 총 17개의 고객 연관 시스템으로 인공지능이 분석한 데이터를 고객 서비스에 활용하고 있다. 예를 들면 고객이 유모차를 대여하면 **인공지능 플랫폼**이 **'고객 활동 예측'**을 수행하고 분석 데이터를 즉각 유아동 매장에 연동시켜 해당 고객에게 유아 제품 매장에서 진행 중인 이벤트 안내 문자 서비스를 제공한다.

미국의 **아마존**이 운영하는 무인(無人) 슈퍼마켓 **'아마존 고'**에는 계산대가 없다. 고객이 선반에서 원하는 제품들을 쇼핑하여 매장을 나가면 자동으로 결제된다. 아마존 고는 인공지능 시스템으로 고객 분석을 통한 맞춤 서비스와 고객에게 편리한 쇼핑 서비스를 제공하려는 목적으로 매장을 오픈하였다.

국내에서도 2018년부터 야간 **'무인 편의점'**을 선보이기 시작해 이마트24와 GS25 및 CU가 계산대 없는 미래형 편의점을 운영하고 있다. 인공지능 시스템인 선반 무게 인식, 안면 인식 결제 시스템과 스마트 스캐너가 적용된 무인 미래형 편의점은 고객이 별도의 결제 과정을 거치지 않고 물건을 고른 후 출입문을 나가면 인공지능 결제 시스템이 물건을 자동 결제하고 모바일 영수증을 발급한다. 고객이 점포로 진입하면 딥러닝 카메라 34대가 고객 행동을 인식하고 친절 서비스를 맡은 영상 인식 스피커가 작동한다. 고객이 특정 장소에 있거나 특정 행동을 할 때 인공지능 음성이 스피커를 통해 안내한다. 국내에 무인 편의점이 도입된 지 2년 만에 **GS25** 150곳, **이마트24** 113곳, **CU**는 170곳으로 늘었고 업계는 무인 편의점 도입을 더욱 확대할 계획이다.

그림 3-1 인공지능 기술이 적용된 무인 편의점 GS25 매장 사례

출처: https://magazine.hankyung.com/business/article/202007285458b

코로나19로 더욱 활성화되고 있는 국내 온라인·모바일 쇼핑몰들도 인공지능을 활용하여 서비스를 고도화하고 있다. **쿠팡·롯데쇼핑·이베이코리아·인터파크** 등은 **인공지능 챗봇** 성능을 고도화하여 고객 데이터 분석, 상품 추천, 물류, 배송, 이상 거래 탐지 등에 인공지능 기술을 적용하고 있다.

로켓배송으로 유명한 **쿠팡**은 인공지능 머신러닝 기술을 적용하여 분석한 계절·세일·지역 등 주문 패턴 데이터를 활용해 고객이 주문하기 전에 **주문량을 예측**해 전국 센터에 상품을 구비해 놓는다. 또 인공지능은 고객이 상품을 주문한 순간부터 어떤 상품을 어떻게 출고할지, 출고된 상품을 어떤 배송 트럭에 배정할지, **쿠팡 배송차의 이동 동선**까지 안내해 준다. 또한, 인공지능은 머신러닝으로 고객의 구매 패턴 데이터를 학습하여 고객이 깨닫기도 전에 필요한 **상품을 맞춤 추천**한다. 그리고 쿠팡은 인공지능을 '**부정거래 탐지 시스템(FDS)**'에 적용하여 이상 거래를 신속하고 정확하게 분석하여 활용하고 있다.

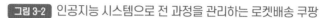

그림 3-2 인공지능 시스템으로 전 과정을 관리하는 로켓배송 쿠팡

출처: http://m.ddaily.co.kr/m/m_article/?no=201406

　'한국판 아마존'을 슬로건으로 내세운 롯데쇼핑은 백화점·마트 등 유통 7개 계열사의 쇼핑몰을 통합한 온라인·모바일 쇼핑 플랫폼 '롯데온(on)'에 인공지능을 적용하고 있다. 고객 1명을 위한 쇼핑 플랫폼 구축을 추구하며 인공지능 기술을 활용하여 고객 개개인이 자신의 취향에 맞는 상품을 쉽고 빠르게 구매할 수 있도록 최적화한 쇼핑 서비스를 제공하고자 한다. 롯데온은 인공지능으로 온·오프라인 구매 데이터를 통합 분석하고 학습하여 고객이 검색하지 않아도 **고객이 원하는 상품이 자동으로 추천되는 '검색창이 없는 온라인 쇼핑 플랫폼'** 서비스를 지향하고 있다.

　이베이코리아는 G마켓과 옥션의 물류 센터 관리를 위한 자동화 시스템에 인공지능을 활용하고 있다. 인공지능 기술 도입으로 배송 서비스에 판매 상품의 입·출고, 재고 현황을 손쉽게 파악해 물류 운영을 효율화하고 서비스를 고도화하고 있다. 또한, 인공지능 기술을 고객의 빅데이터 분석과 클라우드를 통한 고객 맞춤 서비스, 이상 거래 감지 등 다양한 영역에 활용하고 있다.

　　인터파크는 인공지능 챗봇 '톡집사'로 특화된 서비스를 제공하고 있다. '톡집사'는 자연어 처리 기법, 머신러닝 학습 자동화 등 인공지능 기술을 적용하여 일상적인 언어를 이해하고 추론 능력을 바탕으로 고객의 의도를 분석해 맞춤형 답변을 제공한다. 특히 톡집사는 수많은 질문 시나리오를 스스로 학습하여 답변 정확도를 계속 높여 나가고 있다. 고객은 톡집사를 통해 원하는 키워드로 바로 안내를 받을 수 있고 대화와 전문적 상담으로 추천을 받을 수도 있다. 예를 들면 '고양이가 최근 체중이 부쩍 늘었는데 어떡하면 좋을까요?', '고양이에게 적합한 운동은 어떤 게 있나요?', '살찐 고양이에게 적합한 간식 좀 추천해 주세요.'와 같이 대화나 전문적인 상담을 통해 추천받을 수도 있다.

그림 3-3 인터파크의 인공지능 챗봇 서비스 '톡집사'

출처: 인터파크

이처럼 유통업계는 오프라인과 온라인에 관계없이 인공지능을 적용한 서비스가 더욱 강화되고 있고 이를 통해 고객 맞춤 서비스 및 물류·배송·재고 관리의 효율을 혁신적으로 제고하고 있다.

3) 인공지능이 바꾸는 미래 언택트 배달 유통: 인공지능 배달 드론과 로봇

코로나19로 4차 산업혁명이 가속화되고 언택트(Untact)가 일상이자 필수적인 행동 양식이 되고 있다. 예전엔 디지털에 익숙하지 않은 계층에게도 이제 언택트 쇼핑과 언택트 소비 등 언택트 라이프가 일상화되었다.

이러한 언택트 라이프 확산으로 온라인·모바일 쇼핑도 급증하고 장보기와 식사도 스마트폰 앱을 통해 새벽 배송, 당일 배송을 통해 클릭 한 번이면 원하는 메뉴의 식사가 집 앞까지 배달된다. 식사뿐만이 아니라 커피 및 디저트들도 모바일 앱을 통해 배달 서비스를 더욱 강화하고 있다. 이로 인해 택배 등 배달 유통의 수요가 급증하고 있다.

이러한 배달 유통의 급증은 향후에도 계속될 것으로 전망된다. 맥킨지는 매년 배달되어야 하는 물품 수가 향후 10년 동안 미국에서만 250억 개 이상 증가할 것으로 예상하고 있다. 이로 인해 기존의 인적 배달 형태로는 계속되는 인건비 상승과 노동력 부족에 대응할 수 없게 된다. 이에 인공지능이 접목된 배달 서비스 로봇과 배달 드론이 개발되어 서비스되기 시작했다,

도미노피자는 드론과 자율 주행 로봇을 이용한 배달 서비스를 진행할 예정이다. 스마트폰 앱에서 주문하면 배달 드론 '도미 에어'가 지리정보시스템(GIS)으로 위치를 파악하고 근처 매장과 수령 장소를 인식해 보온 박스로 피자를 배달한다. 원격 관제 시스템으로 안전하게 노선을 변경할 수 있다. 도미노피자의 자율 주행 배달 로봇 '도미 런'은 지리 정보와 배달 동선을 학습하는 머신러닝을 통해 길거리에서 장

애물을 피해 이동한다. 주행 시 음악이 나오며 위험이 감지되면 음성으로 안내한다. 스마트폰 앱을 통해 주문 장소에서 수령을 인증하면 피자를 받아볼 수 있다.

미국 최대 화물 운송 업체인 UPS의 드론 사업 자회사 '플라이트 포워드'는 미국 대형 약국 체인인 CVS와 협업하여 **처방 약을 드론으로 배송하는 서비스**를 제공하고 있다. UPS는 드론으로 약 25kg 이상의 소화물도 장거리 배송할 수 있다. 현재 UPS가 운용 중인 배송용 드론은 1,500대 이상으로 처방 약 드론 배송 서비스를 하고 있다. 해당 지역 배달원이 직접 의약품을

그림 3-4 인공지능 배달 드론으로 도미노 피자를 배달하는 '도미 에어'
출처: https://www.irobotnews.com/news/articleView.html?idxno=23216

배송할 때 몇 시간이 걸리지만, 배달 드론으로 수 분 내 배달이 가능해졌다.

구글의 모회사 알파벳의 드론 자회사 '윙'도 드론 배송을 시작하여 미국·호주·핀란드 등에서 드론 배송 서비스를 하고 있는데, 코로나19로 윙의 드론 배송 횟수가 500%나 늘었다. 배송 품목도 일상용품과 커피, 빵, 우유, 달걀, 화장지 등 다양하다. 이외에도 세계 최대의 쇼핑몰 '아마존'과 세계 최대 차량 공유업체 '우버'도 인공지능 배달 드론 서비스를 제공할 계획이다.

편의점 GS25는 스마트폰 앱으로 주문하면 인공지능(AI) 로봇 '딜리오'가 건물 내 집 앞까지 배송해 주는 서비스를 제공하고 있다. 딜리오 로봇엔 몸통이 달린 3칸의 서랍에 최대 15kg까지 물건을 실을 수 있다. 목적지에 도착한 로봇은 고객 휴대폰으로 직접 전화를 걸어 상품이 도착했음을 알리고 상품 수령 시 입력해야 하는 비밀번호를 문자 메시지로 발송한다. 고객은 로봇에 장착된 모니터에 비밀번호를 입력하고 자동 잠금 장치 서랍을 개방한 후 상품을 최종 수령한다. 지하 1층부터 엘리베이터를 타고 자유롭게 이동하며, 건물 내 목적지까지 최대 5분이면 배달을 완료한다.

그림 3-5 편의점 인공지능 배달 로봇인 GS25의 '딜리오'

출처: GS리테일

배달의 민족도 자율 주행 배달 로봇 '딜리드라이브'를 개발하여 서비스 계획 중이다. 실내외 자율 주행 기술을 탑재했고 최대 25L(30kg)까지 실을 수 있다. 딜리드라이브는 건물 출입구를 자유롭게 드나들 수 있고, 위치 추정 센서와 장애물 감지 센서를 통해 주변 상황이 변해도 안정적으로 작동한다. 바퀴 6개에 서스펜션을 적용해 불규칙한 노면이나 높은 턱을 지날 때도 로봇에 담긴 음식이 흔들리지 않는다.

글로벌 기업들도 일치감치 배달 로봇 가능성을 보고 시장에 뛰어들어 테스트 및 상용화 제품을 내놓고 있다.

미국의 로비 테크놀로지스는 지난 2016년 1세대 인공지능 배달 로봇을 선보인 후 업그레이드된 '로비2'를 출시했다. 적외선 카메라와 페드 라이트를 장착해 어두운 곳에서도 운행 가능하며 강한 햇빛이나 비가 내리는 날씨에도 운행 가능하다. 특히 가파른 언덕이 많은 지역에서도 운행이 가능하도록 만들어졌다.

아마존은 배달용 인공지능 자율 주행 로봇인 '아마존 스카우트(Amazon Scout)'로 고객에게 택배를 배달하는 서비스를 제공할 계획이다. '아마존 스카우트(Amazon

Scout)'는 바퀴가 6개인 소형 자율 주행 로봇으로, 보행자나 반려동물을 피해 자율 주행이 가능하다. 또 택배 배송지에 도착을 하면 고객을 인식해 덮개가 자동으로 열린다.

세계적인 물류 택배회사인 **페덱스(FedEx Corp.)**는 **인공지능 자율 주행 배달 로봇**인 **페덱스 세임데이 봇**(FedEx SameDay Bot)을 개발하였고 곧 서비스할 계획이다. 페덱스 세임데이 봇은 작은 패키지를 고객의 집이나 사업체로 안전하게 배달해 준다. 이 봇은 다중 카메라 등 보행자 안전을 기하는 기술에 더해 머신러닝 알고리즘을 탑재하고 있다. 이 때문에 장애물을 감지하고 피할 수 있으며, 안전한 길을 미리 알아보고 도로안전 규칙도 준수할 수 있다. 또한, 비포장도로나 도로 턱을 넘고 집에까지 배달할 수 있도록 계단까지 오를 수 있는 기능을 갖추고 있다.

그림 3-6 페덱스(FedEx)의 인공지능 배달 로봇

출처: http://www.klnews.co.kr/news/userArticlePhoto.html

또한, 미국의 세계적인 **자동차 회사 포드(Ford)**는 자사의 **자율 주행 택배 자동차**가 목적지에 도착하면 차에 타고 있던 **2족 보행 배달 로봇 '디지트'**가 물품을 들고 수령인 문 앞까지 배달하는 서비스를 제공할 예정이다. 디지트는 최대 18kg의 물품을 배송할 수 있으며 카메라와 라이더(LiDAR) 센서가 장착되어 보행 중 장애물과 계

단 유무 등을 파악한다. 또 디지트에 달린 두 팔은 물건을 집어 올리는 것은 물론 초인종을 누르고 몸의 균형을 유지하거나 넘어졌을 때 짚고 일어서는 등 다양한 기능을 수행할 수 있다. 디지트가 물품을 문 앞에 내려놓으면 수령인의 스마트폰으로 택배가 도착했다는 문자가 발송된다.

그림 3-7 계단까지 오를수 있는 포드 자동차의 인공지능 배달 로봇 '디지트'

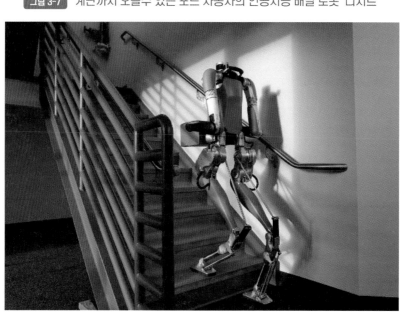

출처: 포드 포스트

인공지능이 접목되면서 배달 유통 서비스도 고도화되고 첨단화되고 있다. 주문 접수, 분류, 배송 관리, 물품 전달까지의 전 과정이 인공지능 시스템으로 총괄되고 향후에는 인공지능 드론과 인공지능 배달 로봇으로 주문 상품을 언택트로 전달받는 것이 일상화되는 시점이 다가오고 있다.

step 11 인공지능과 미래 금융 비즈니스

 1) 인공지능이 바꾸는 미래 핀테크 산업

핀테크(Fintech)란 금융(Finance)과 기술(Technology)의 합성어로 금융과 첨단 기술이 만나 복잡하고 어려웠던 금융 시스템을 기존에 없던 혁신적 유형의 방법으로 편리하게 서비스를 제공하는 산업이다. **핀테크의 종류로 인터넷 기반 전문 은행**(K뱅크, 카가오뱅크 등), **간편 결제**(페이팔, 카카오페이, 삼성 페이 등), **P2P**(개인 대 개인) **대출, 디지털 화폐, 크라우드 펀딩**(대중 지분 투자), **금융 정보 분석, 자산 관리** 등의 서비스가 있다.

핀테크에 인공지능 기술이 접목되면서 더욱 정교해지고 다양화되고 있다. 인공지능 핀테크의 가장 큰 특징은 '**자율 지능 금융 서비스화**'이다. 인공지능이 도입되면서 사람의 개입 없이 사람보다 더 똑똑하게 핀테크 서비스가 스스로 생각하고 결정을 내릴 수 있게 된다. 인공지능 핀테크로 전문가 인건비에 비해 금융 서비스의 비용이 감소되어 인공지능 핀테크 서비스가 훨씬 저렴하게 제공된다. 또한, 더욱 많은 사람에게 품질 좋은 핀테크 서비스를 제공할 수 있게 된다. 그리고 무엇보다 정확성이 높아진다. 인공지능 핀테크의 금융 분석 정확성은 갈수록 정교해지고 있다. 금융 분석 전문가 개인 차원의 분석보다 정확성이 훨씬 뛰어날 수밖에 없다. 더구나 고객 개개인에게 최적의 맞춤 금융 서비스가 제공될 수 있게 된다.

도표 3-2 핀테크 종류와 국내 대표 기업

구 분	내 용	대표 기업
간편 송금, 결제	공인인증서, OTP 등 복잡한 인증 절차 없이 간편하게 송금. 결제	카카오페이, 삼성페이, 페이팔
크라우드 펀딩	창의 기업이 온라인 플랫폼을 이용해 다수의 투자자로부터 자금 조달	크라우디, 와디즈, 텀블벅
P2P 대출	기업, 개인이 금융기관의 중개 없이 온라인 플랫폼으로 대출 계약	렌딧
인터넷 전문은행	기존 대형 은행과 차별화된 온라인 채널 등 통한 디지털 은행	카카오뱅크, K뱅크
자산관리	알고리즘. 빅데이터 분석 등을 통한 자산 포트폴리오, 자문, 운용	뱅크샐러드
레그테크	금융 규제 사항에 대해 효율적 대응	에임스
인슈테크	신기술을 이용해 보험 가입 및 관리	보맵

출처: 중앙시사매거진, https://jmagazine.joins.com/economist/view/329792

인공지능 핀테크는 다양한 영역에서 활용될 수 있다. 예를 들어 운전자의 운전 행위 패턴을 파악하여 자동차 사고 발생 가능성 예측을 기반으로 **보험 가격을 책정**할 수도 있게 된다. 대출도 기존의 금융 거래 외에 소셜미디어 댓글과 현금 거래, 주변의 평판까지 종합적으로 분석하여 보다 정확한 신용도를 기준으로 대출 여부를 즉시적으로 결정해 줄 수도 있다. 또한, 고객의 카드 사용 특성을 인공지능 시스템이 분석하여 스마트 지출 분석과 이상 지출 감지 등 소비자의 소비 행동을 진단하여 적합한 서비스를 제안해 줄 수도 있다.

이미 핀테크는 인공지능을 기반으로 더욱 정교하고 편리한 금융 서비스를 제공하고 있다. IBM 왓슨은 싱가포르 개발은행과 씨티은행에서 대출 신용도 평가를 제공하고 있고 호주 뉴질랜드은행의 투자 자문 서비스에도 적용되고 있다. 국내 기업들도 이러한 트렌드에 발맞추어 인공지능을 금융 서비스에 적용하고 있다. 예를 들어 하나은행은 3D AI 금융비서 서비스, **HAI뱅킹**이라는 인공지능 핀테크 서비스를 제공하여 **3D** 아바타 금융비서와 고객이 서로 대화하면서 간편하게 계좌 이체, 상품 가입 및 추천, 환전 및 해외 송금 등 서비스를 제공한다. 특히 마인즈랩의 인공지능 시각 지능 기술로 휴대폰 카메라 촬영만으로 고지서 자동 납부가 가능하게 되어 보다 빠르고 정확한 금융 업무 처리를 실현하고 있다.

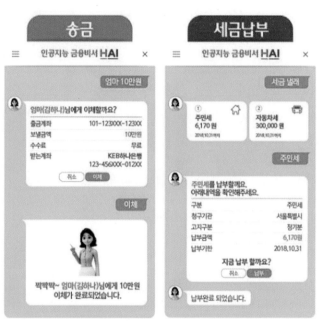

그림 3-8 하나은행의 핀테크 인공지능 HAI뱅킹 서비스 사례

출처: http://news.bizwatch.co.kr/article/finance/2018/12/31/0021

2) 인공지능이 바꾸는 미래 로보어드바이저 중심 금융

몇 년 전 세계 금융의 중심 월가(Wall Street)가 발칵 뒤집혔다. 인공지능 로보어드바이저 '켄쇼'가 금융 데이터 분석 시스템으로 모건스탠리의 가장 유능한 애널리스트 15명이 4주간 작업해야 하는 양의 업무를 단 5분 만에 끝냈기 때문이다. 켄쇼는 계속하여 영국 브렉시트 이후의 파운드화 변동, 도널드 트럼프 미국 대통령의 당선 직후 환율 예측, 북한 미사일 실험에 따른 시장 변동 등 세계적으로 큰 사건이 있을 때마

다 정확한 투자 결과를 예측하였다. 당시 켄쇼의 등장은 금융 산업에 큰 혁신이었다. 인공지능 로보어드바이저 서비스로 전문가 인력 비용을 절감시키고 보다 정확한 투자 분석과 신뢰도 높은 투자 결과가 산출되고 있다.

　로보어드바이저(RoboAdvisor)는 로봇(Robot)과 투자 자문을 의미하는 어드바이저(Advisor)의 합성어로 인공지능(AI), 빅데이터 알고리즘 등의 기술에 기반하여 고객의 투자 성향 등을 반영하여 자동으로 고객 자산의 포트폴리오를 구성하고 리밸런싱(재구성)하며 고객의 자산 운용을 자문하고 관리해 주는 서비스이다. 현재 서비스되고 있는 로보어드바이저는 알아서 고객 맞춤으로 펀드를 운용하는 펀드형, 고객에게 투자 제안을 하고 고객이 최종 결정하게 하는 자문형, 현장 방문 시 더 상세한 종목 비중과 수익률을 소개해 주는 일임형으로 나누어진다.

도표 3-3 인공지능 기반 로보어드바이저의 자산관리

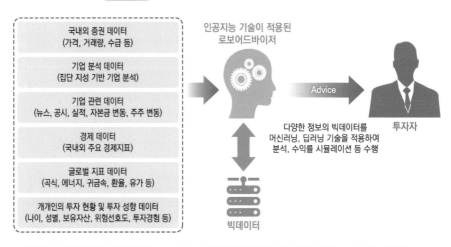

출처: 국내외 로보어드바이저(RoboAdvisor) 동향 및 현황 분석, 국내외 로보어드바이저, 이근영, 2016

　전 세계적으로는 2023년에 로보어드바이저 시장 규모가 2조 5,523억 달러가 될 것으로 전망되고 있다. 국내 로보어드바이저 서비스는 2016년 도입되어 3년 만에 9개 시중은행, 19개 증권사, 2개 자산운용사, 5개 투자자문사가 도입하였다. 국내 로보어드바이저는 펀드, 연금 등의 금융 상품 판매 채널 로보어드바이저, 또는 주식

종목 추천 및 매매 타이밍 자문을 제공하는 투자 자문형 로보어드바이저, 증권사의 자산관리 상품 중 하나인 랩어카운트(WRAP Account)를 관리하거나 국내외 주식 및 상장지수투자신탁(ETF)으로 투자 자산을 관리하는 **투자일임형 로보어드바이저**로 나누어진다. 2019년 10월 말 기준 국내 인공지능 로보어드바이저 펀드 전문 회사의 평균 수익률은 8.45%를 기록하여 펀드매니저가 직접 운용한 국내 주식형 펀드 수익률 평균 1.93%보다 월등한 우위를 보여 주었다.

국내 주요 로보어드바이저가 관리하는 자산 운용 규모가 2020년 총 1조 7,000억 원으로 짧은 기간에 급성장하였다. KEB하나은행에 따르면, 국내의 로보어드바이저 운용 자산 규모는 지속 성장하여 2025년엔 30조 원에 달할 것으로 전망되고 있다.

그림 3-9 국내 인공지능 기반 로보어드바이저 운용 자산 규모 전망

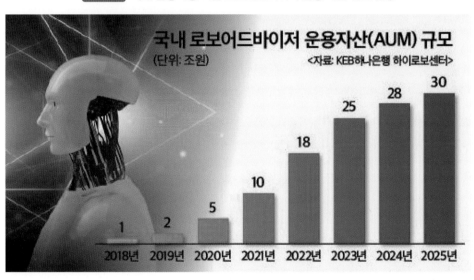

출처: https://www.newstomato.com/ReadNews.aspx?no=893246

이제 인공지능은 금융업계의 뜨거운 감자이다. 금융업계의 전문가는 인공지능을 잘 이해하고 잘 활용할 수 있는 자가 승자가 된다. 자신의 전문적 식견과 감으로 투자하고 자문하던 시대는 저물고 있는 것이다. 인공지능을 지배하는 자가 금융업계를 지배할 것이란 말이 나오고 있다.

Step 12 인공지능과 미래 IT 비즈니스

 1) 인공지능이 바꾸는 미래 IT 업계 - 인공지능 중심으로 IT업계 지각 변동

글로벌 IT 기업들은 인공지능 시대를 예감하고 인공지능 중심으로 사업을 재편하고 있다. IT 업계는 4차 산업혁명과 코로나19 이후 인공지능의 영향력과 활용도는 더욱 높아질 것으로 예측하고 인공지능 기술의 상용화에 박차를 가하고 있다. 전세계의 글로벌 IT 기업들은 인공지능 분야에서 선두주자가 되기 위해 서로 치열한 경쟁을 벌이고 있다

(1) 구글 Google

구글은 세계에서 가장 인공지능 분야를 앞서가는 기업이다. 인공지능 바둑기사 알파고도 구글이 인수한 딥마인드의 작품이었다. 구글은 2015년 지주회사 알파벳(Alphabet Inc.)을 설립하여 이를 중심으로 전환하면서 동시에 기존의 '모바일 퍼스트' 사업 전략을 '인공지능(AI) 퍼스트'로 전환하였고, 구글의 모든 서비스에 인공지능을 적용하여 서비스 가치를 더욱 높이고 있다.

알파벳은 산하 계열사를 '구글'과 '신사업(other bets)' 부문으로 나눴다. 구글 부문은 인공지능을 검색 및 광고 서비스에 적용하고, 신사업 부문은 인공지능을 활용하여 새로운 사업을 발굴하는 역할을 하고 있다. 인공지능 기반 자율 주행 전문기업 '웨이모(Waymo)', 인공지능 자율 주행 드론 사업기업 '윙(Wing)', 머신러닝을 활용한 생명공학 기업 '칼리코(Calico)', 알파고로 유명한 '딥마인드(DeepMind)', 인공지능 기술로 악플을 감지하는 '직소(Jigsaw)', 인공지능 건강 헬스케어 기업 '베릴리(Verily)' 등 인공지능 기반의 신사업들이 계속 확장되고 있다.

구글은 인공지능의 저변 확대를 지향하며 일반인들이 인공지능을 이해하기 쉽

도록 옥스퍼드 인터넷 연구소(OII; Oxford Internet Institute)와 함께 《인공지능의 A to Z(The A-Z of AI)》라는 인공지능 가이드를 발간하였다.

그림 3-10 구글의 인공지능 가이드(the A-Z of AI) 사례

출처: https://blog.google/technology/ai/five-things-a-to-z-ai/

《인공지능 A to Z》는 일상생활에서 접하는 인공지능의 의미와 작동 방식, 인공지능이 무엇을 변화시키는지 등에 대해 소개하는 일반인 대상 가이드북이다. A-Z까지의 핵심 개념은 다음과 같다.

① A 인공지능(Artificial Intelligence)

인공지능 AI의 핵심은 배우고 적용하는 컴퓨터 프로그래밍으로 지적인 인간의 행동을 모방하도록 가르치는 컴퓨터 시스템이다.

② B 편견(Bias)

불완전한 데이터는 인공지능 AI를 편견으로 이끌 수 있다.

③ C 기후(Climate)

인공지능 AI는 지구 기후 문제에 대처하는 데 이용되고 있다.

④ D 데이터세트(Datasets)

데이터세트는 AI 훈련을 위해 사용되는 대규모 디지털 정보 모음이다.

⑤ E 윤리(Ethics)

윤리는 인공지능 AI의 구축 및 활용 방법을 규정하는 지침이다.

⑥ F 거짓(Fakes)

인공지능 AI는 초현실적인 '딥페이크' 기술로 이미지와 음성, 음악, 비디오 등을 만드는 새로운 방법을 찾아냈다. 이를 부적절하게 사용하면 사회에 해로울 수 있는 잘못된 정보를 만들어 낼 수 있다.

⑦ G 생산적 대립 신경망(GANs)

서로 경쟁하면서 배우는 두 개의 인공지능 AI 시스템을 말한다.

GAN(Generative adversarial network)은 하나의 인공지능 시스템이 단독으로 작동하는 것보다 더 빨리 작업을 수행하도록 훈련된 쌍으로 된 인공지능 AI 시스템이다. 예를 들어 피카소의 예술적 스타일에 영감을 받은 이미지를 만들어 내려 할 때 한 개의 인공지능 AI 시스템은 피카소의 작품을 모방하려고 시도하고, 또 다른 인공지능 AI 시스템은 이러한 피카소 모방 시도를 판단한다. 이처럼 그림을 모방하는 AI는 피카소 스타일의 수천 개 이미지를 만들며 지식을 축적하고, 다른 AI 시스템은 이 작품들이 피카소의 스타일과 얼마나 유사한지 판단하고 등급을 매긴다. 이러한 수많은 과정을 인공지능 시스템 스스로 반복하며 피카소와 거의 같은 수준의 그림을 디자인하게 된다.

그림 3-11 5억 원에 낙찰된 인공지능 작품 '에드먼드 벨라미의 초상화'

출처: 동아사이언스 http://m.dongascience.donga.com/news.php?idx=24666

⑧ H 휴먼 인 더 루프(Human-in-the-loop)

휴먼 인 더 루프는 AI 시스템을 훈련, 테스트 또는 개선하여 보다 신뢰할 수 있는 결과를 도출하도록 돕는다.

⑨ I 이미지 인식(Image Recognition)

인공지능 AI가 우리 주변 세계의 물체를 인식하고 분류할 수 있게 하는 기술이다.

⑩ J 저널리즘(Journalism)

언론사 뉴스룸에서 실시간으로 기사 데이터 볼륨을 처리할 수 있는 인공지능 AI 시스템이 유용하게 사용된다.

⑪ K 지식(Knowledge)

인공지능 AI 시스템은 인간과 근본적으로 다른 방식으로 지식을 습득한다.

⑫ L 학습(Learning)

인공지능 AI 설계팀이 기계학습 시스템을 훈련시키기 위해 사용하는 가장 일반적인 두 가지 기법은 지도학습 및 비지도학습이다.

⑬ M 머신러닝(Machine Learning)

머신러닝 즉 기계학습은 인공지능 AI 시스템이 일련의 해답을 미리 프로그래밍하는 것이 아니라 자신만의 해결책을 제시할 수 있게 한다. 기존의 프로그래밍에서 컴퓨터에게 고양이를 그리는 법을 가르치고 싶다면, 그림 그리는 과정을 정밀하게 설명해야 한다. 그러나 기계학습을 이용하면 인공지능 AI 시스템에 수천 개의 고양이 스케치를 주입하고 컴퓨터가 스스로 분석해 그림 패턴을 찾도록 하여 스스로 고양이를 그리게 한다.

⑭ N 신경망(Neural Networks)

인공지능 AI는 인간의 뇌 신경망을 흉내 내어 더 복잡하고 세부적인 문제를 해결할 수 있다.

⑮ O 오픈소스(Open Source)

오픈소스란 코드나 프로그램 등이 누구와도 자유롭게 공유 가능한 것을 의미한다.

⑯ P 예측(Predictions)

인공지능 AI 예측 시스템은 이전의 취향을 바탕으로 당신이 좋아할 만한 영화나 비디오를 제안하거나, 이전의 기후 패턴을 조사해 일기 예보의 정확성을 높이는 것을 말한다. 예측 시스템은 오늘날 사회 어디에나 나타난다.

⑰ Q 양자컴퓨터(Quantum Computing)

양자컴퓨터는 기존의 컴퓨터와 전혀 다른 방식으로 정보를 처리한다. 기존의 컴퓨터는 정보를 0 또는 1(이진법)의 연속으로 처리하는 반면, 양자컴퓨터는 0 또는 1을 그리고 동시에 사용할 수 있다.

그림 3-12 구글 선다 피차이 (Sundar Pichai) CEO와 구글 양자컴퓨터

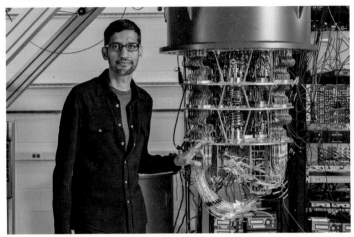

출처: 구글

⑱ R 로봇 공학(Robotics)

인공지능 AI는 로봇들이 새롭고 많은 일을 할 수 있게 해주고 있다.

⑲ S 음성 인식(Speech Recognition)

음성 인식 시스템은 인간이 말하고 있는 것을 인식하도록 훈련된다.

⑳ T 튜링 테스트(Turing Test)

튜링 테스트는 인간이 기계와 대화하고 있다는 사실을 깨닫지 못한 채, 5분 동안 대화를 나눌 수 있다면 컴퓨터는 테스트를 통과한 것이다. 1950년 컴퓨터 과학자 앨런 튜링(Alan Turing)이 발명한 이 실험은 기계가 인간의 사고를 흉내 내는 것이 가능한지 물음으로써 현재 우리가 AI라고 부르는 것의 기초를 닦았다.

㉑ U 사용(Uses)

인공지능 AI는 연구실을 벗어나 일상생활로 빠르게 진입하고 있다.

㉒ V 가상 비서(Virtual Assistants)

가상 비서는 명령과 질문에 응답하는 AI의 보편적인 사용으로 인간의 비서를 디지털로 받아들이는 것이다.

㉓ W 왓슨(Watson)

2011년 IBM에서 개발한 인공지능 왓슨은 미국 퀴즈쇼 〈제퍼디!〉 게임에 도전하여 승리하였다. 인공지능 왓슨은 계속 그 영역을 확장하고 있다.

㉔ X 엑스레이(X-ray)

많은 방사선 전문의들은 X선을 연구하며, 사람들의 질병을 더 빠르고 정확하게 진단하기 위해 AI로 작동되는 도구를 사용하고 있다.

㉕ Y 당신(You)

기계에게 인간이 무엇을 의미하는지를 가르치는 것은 불가능하다. 전 세계의 모든 데이터를 AI 시스템에 제공할 수 있지만, 그것은 여전히 지구상의 모든 인간을 반영하지 못할 것이다. 인간은 기계가 사물을 이해하는 데 사용하는 2차원 데이터의 영역 밖에 있는 다차원적인 존재다.

㉖ Z 이진법(Zeros & Ones)

0s와 1s(이진법)는 컴퓨터의 기본 언어다. 바이너리 코드로 알려진 이것은 AI 시스템이 정보를 처리하는 수단이다. 컴퓨터가 하는 모든 것은 정보를 전송하기 위해 함께 배열될 수 있는 0s와 1s로 변환된다.

한편 구글은 인공지능 분야 세계 최고의 전문가를 영입하였다. 세계적인 싱귤래리티 미래학자 레이 커즈와일, 인공지능 AI 구루로 불리는 제프리 힌튼 토론토대 교수, 데미스 허사비스 딥마인드 대표 등을 영입하며 '인공지능 First'를 구현하며 인공지능 파워하우스(Powerhouse)으로 변모했다.

또한, 구글은 많은 사람이 AI에 접근할 수 있도록 진입 장벽을 낮추고 개발자나 사용자 모두가 AI의 혜택을 얻도록 API 사용 등을 오픈하고 있다. 그리고 구글 사내 머신러닝 전문 교육 프로그램을 외부로 확장한 'ASL(Adnvanced Solution Lab)'을 실시하고 있다.

(2) 마이크로소프트 MS

마이크로소프트는 'AI가 모든 것이다. 24시간 AI와 함께하는 삶을 만들겠다'며 인공지능 First 기업으로 변화하고 있다. MS에는 8,000여 명의 과학자와 엔지니어들이 인공지능 AI 기술을 개발하고 있고 MS의 소프트웨어와 하드웨어 모두에 인공지능 AI를 탑재하고 있다.

예를 들어 MS 인공지능 번역기는 스마트폰 앱으로 음성을 문자로 번역하고 동시에 이를 최대 100명까지 각기 다른 언어로 동시에 통·번역 서비스를 이용할 수 있다. 이 기능은 MS의 메신저인 '스카이프', 문서 작성 프로그램인 '오피스365' 등에도 탑재되었다.

MS의 챗봇은 '감정 인식' 기술까지 탑재되어 미국·중국·일본·인도·인도네시아에서 서비스하고 있는데 사용자의 단어와 문장부호, 띄어쓰기, 입력 속도 등을 분석해 사용자의 감정 상태를 파악하고 여기에 맞는 대답을 제공한다. 중국에서는 MS의 챗봇 '웨이롼샤오빙(微軟小冰)'이 중국 TV 쇼의 인공지능 AI 사회자로 활약하고, 예능 프로그램에서는 인공지능 AI 가수로도 활약하고 있다.

MS는 '인공지능 AI의 민주화'를 추구하고 있다. "MS에서 개발한 인공지능 AI 성과는 공개하여 모든 기업이 자유롭게 쓰고, 이를 통해 모두가 인공지능 AI의 혜택을 보도록 할 것이다."라고 MS의 나델라 CEO는 말하였다.

그 일환으로 MS는 인류에게 이익을 주는 것을 목표로 하는 인공지능 연구소인 오픈AI에 10억 달러를 투자하며 오픈AI의 가장 중요한 후원자가 되었다. 오픈AI는 이를 통해 누구나 인공지능을 다양한 용도로 활용할 수 있는 GTP-3가 개발되었다.

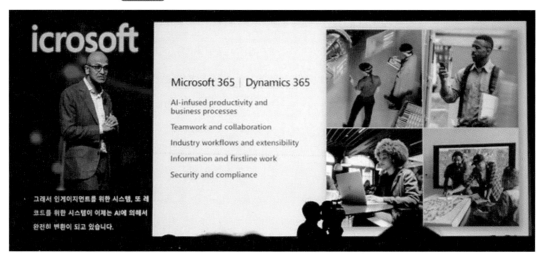

그림 3-13 MS 사티아 나델라 CEO 인공지능 국내 초청 강연 장면

출처: IT 조선.http://it.chosun.com/site/data/html_dir/2018/11/07/2018110701720.html

(3) 인텔 Intel

인텔도 인공지능 코어 프로세서에 집중하고 있다. 인공지능은 플랫폼에서 가장 중요한 자원이라고 인식하고 인텔의 로드맵과 혁신, 연구 개발, 엔지니어링, 개발자와의 파트너십 추진에 있어서 첫 번째 우선순위로 놓고 있다.

(4) 애플 Apple

전 세계 최대 IT 기술 제품 제조 기업인 애플은 이제 인공지능(AI) 기업이라고 스스로 자부하고 있다. 이미 인공지능 머신러닝은 애플이 생산하는 아이폰, 아이패드, 애플워치, 스마트 스피커 홈팟 등 모든 생산품에 탑재되어 있다. 또한 애플은 인공지능을 이용하여 애플 뮤직에서 노래를 추천하거나 아이클라우드에서 사진을 찾거나 지도를 사용하여 다음 목적지로 이동할 수 있도록 도와주는 등 다양한 인공지능 서비스를 제공하고 있다.

이처럼 애플은 가장 많은 인공지능의 활용 서비스를 소비자들에게 제공하고 있고 가장 많은 인공지능 부품을 사용하고 있는 기업이다. 예를 들어 아이폰으로 연속적으로 여러 장의 사진을 찍으면 인공지능 머신러닝 알고리즘이 각 이미지를 분석하여 각 이미지의 가장 좋은 부분으로 하나의 멋진 사진으로 합성하는 서비스를 제공한다. 또한, 애플은 아이폰에 번역, 음성 받아쓰기, 수면과 손씻기 같은 건강관리, 심박수 등의 인공지능 서비스를 포함시켰다.

한편 애플은 2010년부터 2020년까지 30곳의 인공지능 핵심 기술 기업과 수많은 인공지능 스타트업 기업을 인수하였다. 이를 통해 애플은 아이폰·아이패드·애플워치 등 **인공지능 디바이스** 경쟁력을 높이면서 서비스 사업 확장의 발판으로 삼고 있다.

특히 애플은 새로운 혁신 인공지능 사업으로 2014년 **'프로젝트 타이탄'**이란 **인공지능 자율 주행차 사업부**를 만든 이후 2025년부터 자체 설계한 전기차 배터리를 탑재한 자율 주행 차량을 생산할 계획이라고 2020년 12월에 밝혔다.

그림 3-14 애플의 인공지능 전기 자율 주행 자동차 I Car 콘셉트

출처: 조선일보,12.22

"아리아, 살려 줘!" 2020년 5월 80대 정 할머니는 새벽 4시경 복통과 함께 가슴이 답답해지는 통증을 느꼈다. 이웃에게 도움을 청하거나 전화하기조차 어려운 위급한 상황이었다. 정 할머니는 인공지능 스피커 '아리아'에게 도움을 요청했다. '아리아'는 즉시 119에 연락을 취하였고 출동한 119 구조대원 덕에 정 할머니는 신속하게 병원 치료를 받아 고비를 넘겼다.

어느덧 인공지능 IT 비즈니스 서비스는 우리의 삶 곳곳에 들어오고 있고 급속히 그 영역을 넓혀가고 있다. 한국정보화진흥원(NIA)에 의하면 도표 3-4와 같이 IT 관점 시대 특징이 1990년대는 PC 시대, 2000년대는 인터넷 시대, 2010년대는 모바일 시대로 변화해 왔고, 2020년대는 인공지능 시대라는 새로운 시대가 열리고 있다.

도표 3-4 IT 관점 시대 특징 구분

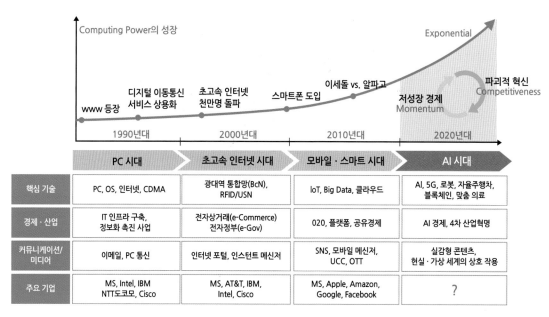

	PC 시대	초고속 인터넷 시대	모바일 · 스마트 시대	AI 시대
핵심 기술	PC, OS, 인터넷, CDMA	광대역 통합망(BcN), RFID/USN	IoT, Big Data, 클라우드	AI, 5G, 로봇, 자율주행차, 블록체인, 맞춤 의료
경제 · 산업	IT 인프라 구축, 정보화 촉진 사업	전자상거래(e-Commerce) 전자정부(e-Gov)	O2O, 플랫폼, 공유경제	AI 경제, 4차 산업혁명
커뮤니케이션/ 미디어	이메일, PC 통신	인터넷 포털, 인스턴트 메신저	SNS, 모바일 메신저, UCC, OTT	실감형 콘텐츠, 현실 · 가상 세계의 상호 작용
주요 기업	MS, Intel, IBM NTT도코모, Cisco	MS, AT&T, IBM, Intel, Cisco	MS, Apple, Amazon, Google, Facebook	?

출처: 한국정보화진흥원, 2020

인공지능의 활용으로 국내 2030년 기준 GDP가 2020년보다 최대 14%(약 15.7조 달러) 더 향상할 것으로 한국정보화진흥원은 전망하고 있다. 2020년부터 인공지능 시대가 개막되면서 IT 업계는 인공지능을 활용한 다양한 IT 비즈니스와 서비스를 개발하여 제공하려 하고 있다.

인공지능(AI) 기술이 꾸준히 발전하여 연구실에 실험용이었던 **인공지능 IT 서비스 비즈니스**가 속속 우리의 생활과 산업 곳곳에 등장하여 **우리의 집과 미디어, 유통, 공공기관, 학교 등으로 빠른 속도로 확산**되고 있다.

인공지능 IT 비즈니스 서비스의 중심에 스마트폰이 있다. 인공지능으로 스마트폰도 혁신되고 있다. **스마트폰에서 인공지능으로 구현되고 있는 서비스는 다음과 같다.**

(1) 음성 인공지능 비서

음성으로 문의하면 응답하고 요청하면 실행해 주는 서비스인 '스마트폰 인공지능 비서'는 2011년 애플이 아이폰에 시리(Siri)를 탑재하면서 알려지기 시작했다. 이듬해 구글이 '구글 나우'를, 2017년 아마존이 알렉사 앱을 출시하면서 서비스가 본격화되었다. 삼성 스마트폰에서도 2017년부터 인공지능 비서 '빅스비(Bixby)'를 장착하였다. 초기에는 음성 인식 오류가 잦았지만, 인공지능 기술 발전으로 매끄러운 자연어 처리뿐 아니라 이미지 인식까지 가능하게 되었다. 점차 스마트폰 인공지능 비서는 '감정이 실린 목소리'까지 낼 수 있고 상황을 인지하고 분위기를 맞추는 수준까지 이르고 있다. '음성 인공지능 비서'는 질의 응답이나 정보 검색뿐만 아니라 '스마트폰'의 다양한 기능들을 제어하고, 음악, 결제, 배달 등 생활 서비스 수행도 가능하다.

(2) 비전 인공지능 서비스

'비전 AI'는 고객의 인지 능력을 향상시켜 주는 기술이다. 스마트폰으로 사진을 찍으면 그 사진에서 원하는 정보를 찾고, 쇼핑 등 고객들이 일상적으로 활용하는 서비스까지 연계할 수 있게 된다. 말만 하면 주변 맛집을 찾는다거나, 날씨를 확인할 수 있고, 특정 장소에서 찍은 사진이나 누군가와 대화한 문자 메시지만 따로 골라서 볼 수도 있다.

그림 3-15 스마트폰 비전 인공지능 서비스 사례

비전 검색
카메라로 이미지를 비춰 상세 정보 검색

비전 쇼핑
이미지 내에 있는 상품의 쇼핑 정보 제공

스마트 캠
카메라 스스로 최적의 화질 위한 설정 선택

출처: https://live.lge.co.kr/smartphone_ai_tech/

(3) 스마트홈 인공지능 허브 서비스

스마트폰이 스마트홈 허브 역할을 하여 오픈 플랫폼으로 가전, TV, CCTV 및 생활기기 등과 연결되고 인공지능으로 제어할 수 있게 된다. 집 밖에서도 '스마트홈'을 즐기고 다양한 서비스와 개인화된 정보를 결합해 새로운 비즈니스 모델도 만들 수 있게 된다.

(4) 카메라 인공지능 서비스

카메라에 인공지능이 접목되면서 스마트폰이 세상을 보는 눈이 된다. 스마트폰 카메라 인공지능에서 찍는 상황을 파악해서 풍경이나 음식, 접사, 야경 등의 모드로 바꿔 준다거나, 좋은 구도를 제안해 주고 화질과 이미지를 자동 보정하여 피부를 보정, 화장, 배경 조정 등을 처리해 준다. 또한 카메라로 꽃을 비추면 꽃 이름을 알려주고 외국어 문서를 비춰 주면 번역해 주기도 한다. 또한 스마트폰 카메라가 보고 있는 상황을 음성으로 들을 수 있다. 예를 들어 테이블 위를 비추면 '컵', '포크', '화병'처럼 카메라로 보이는 물건 이름을 말해 주고, 계단이 있으면 조심하라고 알려준다.

(5) 인공지능 융합 서비스

'음성 AI'와 '비전 AI'는 자연스러운 상호 작용으로 고객의 인지 능력을 극대화하고 기존에 제공하던 기능들에 인공지능 기술이 융합되어 다양하고 진화된 품질과 서비스를 제공한다. 예를 들어 스마트폰으로 실시간 통역 기능이 가능하게 되고 인터넷에 연결되어 있지 않아도 스마트폰에서 번역을 지원해 준다.

그리고 미래의 스마트폰은 기술의 발달로 손에 들고 다니기(Hand-held) 편한 형태, 몸에 착용하고 다니는(Wearable) 형태, 그리고 우리 몸에 심어지는(Implanted) 형태까지 다양한 형태로 발전할 것으로 전망된다.

그리고 인공지능을 활용한 IT 서비스 비즈니스는 더욱 다양하게 개발되어 실생활에서 제공될 것이다. LG CNS는 도표 3-5와 같이 인공지능 10대 서비스를 제공할 수 있는 기술을 플랫폼화하여 서비스하고 있다. 이를 활용하면 챗봇 서비스, 인공지능 얼굴 인식, 인공지능 음성 콜센터 등 다양한 인공지능 접목 서비스를 제공할 수 있게 된다. 본 플랫폼으로 클라우드 기반 웹을 이용해 별도 인공지능 시스템 구축 없이 인공지능 서비스를 제공할 수 있게 된다. 인공지능 플랫폼 포털 사이트(ai.lgcns.com)에서 특정 인공지능 서비스를 간편하게 구매하고 사용한 만큼만 비용을 지급하면 기업이 기존에 보유하고 있던 시스템이나 애플리케이션에 특정 주소(URI, Uniform Resource Identifier)를 입력하면 구매한 인공지능 서비스가 작동된다. 구글에서도 인공지능 플랫폼 서비스를 제공하고 있는바 인공지능 IT 비즈니스 서비스도 구매하여 사용할 수 있게 되었다.

도표 3-5 LG CNS의 인공지능 10대 서비스 비즈니스 플랫폼

구분	서비스 명	내용
시각 AI	AI 상품 인식	정면, 측면 등 이미지 학습으로 상품을 인식
	AI 얼굴 인식	사진을 기반으로 사람의 얼굴을 인식
	AI 비전검사	이미지 학습, 인식으로 불량품 여부를 판단
언어 AI	AI 문서 유형 분류	정해진 기준대로 문서를 분류
	AI 챗봇	음성, 문자 질문에 응대가 가능한 양방향 채팅
	STT(Speech to Text)	음성을 인식해 문자로 변환
	TTS(Text to Speech)	문자를 인식해 음성으로 변환
	QA(Question Answering)	질문의 의도를 파악해 최적의 답변 제시
	AI 본택트 센터	볼 센터의 상담 기능을 AI로 자동화
복합 AI (시각+언어)	AI 출력물 문서 보안	출력된 문서의 보안 위험성을 AI로 평가

출처: LG CNS

신세계아이앤씨는 인공지능 유통 수요 예측 플랫폼 서비스를 제공한다. 인공지능이 날씨와 가격 등 수백 가지 변수를 분석하여 일자별, 상품별로 판매량을 예측해 자동으로 발주를 진행한다. 폐기와 결품을 방지할 뿐 아니라 재고관리 비용도 줄여준다.

카카오엔터프라이즈는 KBS와 협력해 재난방송용 인공지능 아나운서 서비스를 제공한다. 재난방송 시 인공지능이 문자 스크립트를 KBS 아나운서 목소리로 자동 변환해 음성으로 제공한다. 또한, LG전자와 음성으로 모든 TV 기능을 제어하도록 돕는 인공지능 서비스도 제공한다.

기존의 IT 서비스 비즈니스는 인공지능이 접목되어 혁신되고 고객에게 더욱 고도화되고 편리한 서비스를 제공할 수 있도록 급속히 바뀌고 있다. IT 서비스의 인공지능화는 선택이 아니라 필수가 되었다.

step 13 인공지능과 미래 스타트업 비즈니스

1) 인공지능이 바꾸는 미래 스타트업

전 세계는 인공지능을 중심으로 사물인터넷, 빅데이터, 핀테크, 로보틱스 등의 스타트업에 미래 가치를 두고 지원과 투자를 높이고 있다. 특히 인공지능을 미래의 성장 엔진으로 보고 인공지능 AI 스타트업에 세계적 관심이 집중되고 있다. 전 세계적으로 미래 산업 전반에 광범위한 파급 효과를 가져올 인공지능 기술이 미래 비즈니스의 핵심으로 부각되고 있어 주요 국가와 글로벌 기업들은 인공지능 스타트업에 대한 투자와 인수 합병(M&A)을 집중적으로 강화하고 있다.

미국 시장조사 기관인 CB 인사이츠(CB Insights)에 따르면, 전 세계적으로 인공지능 스타트업에 대한 투자는 매년 빠른 속도록 증가하고 있다. 2019년엔 약 266억 달러(약 31조 528억 원)의 자금을 유치한 것으로 나타나 전년 대비 약 45억 달러 증가하였다.

도표 3-6 전 세계 인공지능 스타트업 투자 규모 (출처: CB Insights)

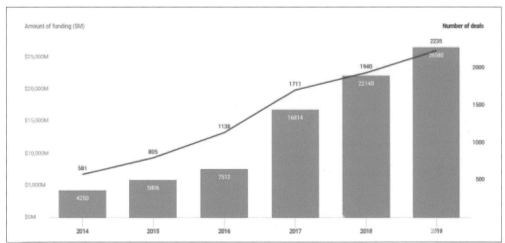

미래 산업의 메카인 미국도 지난 **5년간 인공지능(AI) 스타트업 기업에 대한 투자는
지속적으로 상승하고 있다.** 코로나19 대유행으로 전체적인 스타트업 투자는 주춤
하였으나 인공지능 스타트업에 대한 투자는 감소하지 않고 증가하였다. 전 세계
100대 스타트업의 65%가 미국에서 활동하고 있으며, 인공지능 머신러닝 기술 및
AI 서비스 스타트업이 전체의 36%를 차지하고 있다.

전 세계를 강타한 코로나19 위기 속에서도 미래 성장 엔진인 인공지능 AI 기술
력 및 인공지능 활용 비즈니스 아이디어를 기반으로 고속 성장을 기록하는 스타
트업들이 많이 등장하고 있다. 첨단 기술 전문 매체 Business Insider(BI)가 유력
벤처 캐피털리스트들을 대상으로 매년 주목할 만한 스타트업을 조사한 결과 인공
지능 스타트업의 비중이 계속 증가하고 있다.

도표 3-7 전 세계 주요 국가의 100대 스타트업 분야 현황

국가	기업 수	'19년 대비 신규 진입 수	투자유치 ($M)	주요 산업 분야(개)	
🇺🇸	65개	▼ 12개	$ 5,821	MIL AI 기술 및 서비스	21
				헬스케어	9
				유통 · 물류	7
				운송 · 교통	6
				공공행정-도시계획	4
				금융 · 부동산	4
				미디어 콘텐츠	3
				제조	2
				농식품	2
				에너지	2
				건설	2
				통신	2
				법률	1
🇨🇦	8개	▲ 7개	$ 91	ML-AI 기술 및 서비스	4
				헬스케어	2
				에너지	1
				교육	1
🇬🇧	8개	▲ 2개	$517	ML-AI 기술 및 서비스	4
				금융	3
				미디어 콘텐츠	1
🇨🇳	6개	–	$369	ML-AI 기술 및 서비스	3
				유통 · 물류	1
				운송 · 교통	1
				교육	1

출처: NIA,「IT & Future Strategy 보고서」, 2021

국내에서도 인공지능 AI 스타트업에 대한 투자가 매년 2배 이상씩 증가하고 있고 스타트업 창업도 꾸준히 증가하고 있다. 국내 벤처캐피털에 투자를 요청하는 스타트업의 20% 이상이 인공지능을 기반으로 하고 있으며 그 비중은 계속 늘어나고 있다.

한국지능정보사회진흥원의 〈IT & Future Strategy 보고서〉(2021)에 따르면 국내 인공지능 시장은 초기임에도 불구하고 머신러닝·딥러닝 기술을 중심으로 의료, 금융 분야에서 글로벌 시장 진출의 성과를 거두는 스타트업이 증가하고 있고 국내 인공지능 분야에 대한 벤처캐피탈(VC) 투자 비중도 증가하는 추세이다. 더욱이 정부의 벤처 투자 활성화, 규제 완화 등 AI 스타트업 집중 육성 정책에 힘입어 인공지능 스타트업 성장이 가속화될 것으로 전망하고 있다.

또한, 국내 코스닥 기업공개(IPO) 시장도 인공지능 스타트업 벤처기업이 중심이 되고 있다. 국내 기업공개(IPO) 시장의 인기 테마가 인공지능(AI)이 되고 있다. 인공지능은 산업 현장과 실생활에 바로 적용할 수 있을 정도로 이미 기술이 무르익고 있기 때문이다. 인공지능 기업들의 IPO 입성은 최근 8개 기업이 상장했다. 앞으로 상장하겠다고 밝힌 인공지능 기업도 계속 증가하고 있다.

도표 3-8 국내 인공지능 스타트업의 주요 서비스 분야 현황

산업	기업 수	주요 서비스	
융합기술 및 서비스	30개	자율 주행	9
		데이터	9
		IoT	3
		AR	2
		디바이스	2
		클라우드	2
		블록체인	1
		로봇	1
		신소재	1
의료 - 바이오·헬스케어	24개	의료	12
		헬스케어	7
		바이오	5
AI 플랫폼	18개	ML - AI 솔루션	11
		챗봇 개발	6
		추론 가속기	1
모바일 미디어	15개	미디어 콘텐츠	10
		모바일 앱	5
엔터프라이즈 솔루션	13개	고객지원	5
		번역 - 검색엔진	4
		인력매칭	3
		스마트오피스	1
금융	11개	로보어드바이저	4
		투자전략	4
		신용 - 자산평가	2
		민원상담	1
보안 안전	11개	보안 인증	8
		안전관리	3
유통 물류	9개	마케팅	4
		물류	3
		전자상거래	2

출처: NIA, 〈IT & Future Strategy 보고서〉, 2021

2) 인공지능 글로벌 스타트업 기업

전 세계는 코로나19로 인해 4차 산업혁명이 가속화되면서 인공지능을 중심으로한 스타트업이 더욱 활성화되고 중요시되고 있다. 글로벌 시장조사 기관인 **CB 인사이츠**는 투자 유치 규모 기준으로 도표 3-9와 같이 **글로벌 10대 인공지능 스타트업 기업을 선정하였다.** 선정된 글로벌 10대 스타트업 기업은 공히 1억 달러 이상의 대규모 투자를 유치하였다.

2020년 글로벌 10대 인공지능 스타트업 기업에는 미국 기업 8개와 영국 기업 2개가 선정되었다. 부문별로는 인공지능 자율 주행 2개, 인공지능 헬스케어 2개, 인공지능 사이버 보안 2개, 인공지능 솔루션 기업 2개, 인공지능 물류 기업 1개, 인공지능 핀테크 금융 1개로 다양한 산업군에서 인공지능 스타트업이 활성화되고 있다.

도표 3-9 투자 유치 규모로 본 글로벌 10대 인공지능 스타트업

순위	기업명	국가	분야	주요 비즈니스 사례
1	Aurora	미국	운송·교통	·차량 제조-물류-모빌리티 서비스 통합 자율 주행 플랫폼
2	GRAPHCORE	영국	AI 플랫폼	·ML 및 AI 연산을 가속화하는 지능형 처리장치(IPU)
3	Lemonade	미국	금융	·보험처리 전 과정을 간소화하는 AI 보험설계사
4	DataRobot	미국	AI 플랫폼	·누구나 쉽고 빠르게 구축하는 머신러닝 자동화 플랫폼
5	SentinelOne	미국	보안	·사이버 공격을 방어하는 차세대 통합 EDR 보안 솔루션
6	Butterfly Network	미국	헬스케어	·손쉽게 질병 진단이 가능한 휴대용 AI 초음파 기기
7	tu simple	미국	운송·교통	·완전 자율 주행 솔루션을 접목한 투심플 자율 주행 트럭
8	FAIRE	미국	유통·물류	·소매점 상품 판매를 예측하는 AI 상거래 서비스 플랫폼
9	RECURSION	미국	헬스케어	·임상 워크플로우를 지원하는 AI 신약 개발 플랫폼
10	snyk	영국	보안	·코드 취약점을 검사하는 오픈소스 보안 관리 솔루션

출처: NIA, 「IT & Future Strategy 보고서」, 2021, CB Insights, '2020 AI 100 Startups'

기업 가치 10억 달러(1조 원) 이상이고 창업한 지 10년 이하인 비상장 스타트업 기업을 지칭하는 유니콘 기업(Unicon)도 전 세계적으로 인공지능 스타트업 기업에서 증가하고 있다. CB 인사이츠가 선정한 **글로벌 10대 유니콘 기업**은 도표 3-10과 같다. 글로벌 유니콘 기업은 미국과 중국 중심으로 빠르게 성장하고 있다. 글로벌 10대 유비콘 기업에는 **미국이 5개, 중국이 5개**를 차지하였다. 특히 중국의 바이트댄스(Bytedance)는 기업 가치 750억 달러로 기업 가치 100억 달러 이상을 지칭하는 데카콘(Decacon)에 속하는 유일한 기업이다.

글로벌 10대 유비콘 기업의 분야는 인공지능 교통 3개, 인공지능 보안 3개, 인공지능 로봇 자동화 2개, 인공지능 농업 플랫폼 1개, 미디어·콘텐츠 1개로 분포되어 있다.

도표 3-10 기업 가치 기준으로 본 글로벌 10대 인공지능 유니콘 기업

순위	기업명	국가	분야	주요 비즈니스 사례
1	ByteDance	중국	미디어 콘텐츠	• AI 알고리즘이 추천하는 맞춤형 콘텐츠 플랫폼
2	sensetime	중국	보안	• 스마트시티의 보안을 위한 안면 영상 인식 솔루션
3	ARGO AI	미국	운송·교통	• 완전 통합형 자율 주행 운전 시스템 개발 솔루션
4	AUTOMATION ANYWHERE	미국	로봇자동화	• 업무 패턴을 스스로 학습하는 AI 기반 RPA 플랫폼
5	UiPath	미국	로봇자동화	• 인간과 로봇 간 협업을 지원하는 End-to-End RPA 플랫폼
6	FACE++	중국	보안	• 컴퓨터 비전 기반 안면 인식 오픈 소프트웨어 플랫폼
7	indigo	미국	농업	• 곡물 거래 및 수확량을 예측하는 AI 농업 플랫폼
8	CloudWalk	중국	보안	• 신체 특성으로 신분 인식이 가능한 AI 보안 솔루션
9	ZOOX	미국	운송·교통	• 자율 주행 제어 시스템과 공유형 택시 서비스 개발
10	Horizon Robotics	중국	운송·교통	• AI 추론 가속화를 위한 자율 주행 컴퓨팅 플랫폼

출처: NIA, 〈IT & Future Strategy 보고서〉, 2021, CB Insights, '2020 AI 100 Startups'

3) 인공지능 국내 스타트업 기업

국내에서도 2010년부터 스타트업 열풍이 불어 빠르게 성장하고 있다. 대한민국은 유니콘 기업 11개를 배출하였고 세계 5위의 스타트업 강국으로 자리매김하고 있다. 2016년 알파고 이후 국내에서도 인공지능 기술을 기반으로 한 스타트업들이 계속 늘어나고 있고 투자의 중심축이 인공지능 스타트업으로 옮겨지고 있다.

한국인공지능협회가 투자 유치 기준으로 선정한 국내 인공지능 스타트업 기업은 도표 3-11과 같다. **국내 10대 인공지능 스타트업 기업**은 인공지능 기술을 활용한 의료 분야가 3개로 가장 많고, 생산 자동화 머신러닝 솔루션, 번역 플랫폼, 클라우드, 맞춤형 교육, 법률 서비스 플랫폼, 데이터 처리 플랫폼, 자산운영 금융 솔루션 등 다양한 분야에서 선정되었다.

도표 3-11 투자 유치 기준의 국내 10대 인공지능 스타트업

순위	기업명	분야	주요 비즈니스 사례
1	LAON PEOPLE	머신비전	• 생산공정 혁신을 위한 AI 기반 머신비전 솔루션
2	JLK	의료	• 질병 진단을 보조하는 AI 기반 올인원 의료 플랫폼
3	Flitto	번역	• 집단지성을 활용한 모바일 기반 번역 플랫
4	MINDs Lab	클라우드	• 누구나 사용할 수 있는 API 기반 구독형 AI 서비스
5	VUNO	의료	• 의료 임상 효율화를 위한 AI 의료영상 분석 솔루션
6	Riiid	교육	• 맞춤형 학습 커리큘럼을 설계하는 AI 튜터 솔루션
7	Law & Company	법률	• 곡물 거래 및 수확량을 예측하는 AI 농업 플랫폼
8	noul	의료	• 15분 만에 혈액검사가 가능한 AI 의료 진단 키트
9	crowdworks	데이터	• 크라우드소싱 기반 AI 학습용 데이터 전처리 플랫폼
10	QRAFT	금융	• 자산 투자 전략을 세워 주는 AI 자산운용 솔루션

출처: NIA, 〈IT & Future Strategy 보고서〉, 2021, 인공지능협회 '2020 Korea AI Startups'

한국지능정보사회진흥원의 〈IT & Future Strategy 보고서〉에 따르면, 국내 인공지능 스타트업은 비즈니스별로는 인공지능 플랫폼이 31.4%로 가장 많은 비중을 차지하고 있고 헬스케어 16.3%, 보안 9.2%, 유통·물류 8.5% 그리고 금융 핀테크를 포함한 기타 다양한 영역이 포함되어 있다.

스타트업 비즈니스의 인공지능 기술은 영상, 이미지 등 시각 정보를 이해하고 분석해 활용하는 인공지능 시각 인식 기술이 29.4%로 1위였고, 자연어 처리와 통번역 등 사람 언어를 이해하고 모형화하여 활용하는 기술인 인공지능 언어 이해 기술이 25.5%로 2위를 점유했고, 입력 데이터를 기반으로 새로운 지식을 생성하고 이를 추론하는 인공지능 알고리즘과 관련된 '학습 및 추론' 기술이 23.5%로 3위를 기록했다.

대한민국 정부 차원에서도 인공지능 스타트업을 육성하기 위한 다양한 지원 정책을 실시하고 있다. 그중에서 중소기업부에서 **정부가 민간 투자와 함께 매칭하여 스타트업 기업에게 연구개발 자금을 투자하는 TIPS(Tech Incubator Program for Startup) 프로그램을 통해 인공지능 스타트업 기업들이 많이 선정되어 집중 육성**되고 있다. TIPS 프로그램에 선정된 스타트업 기업은 연구개발비 투자와 멘토링 및 창업 사업화 그리고 해외 마케팅 자금 등을 지원받게 되어 연구개발 및 사업화에 전념할 수 있게 된다.

2020년 **TIPS**에 선정된 스타트업 기업도 인공지능 관련 기업들이 많다. 예를 들어 MZ세대를 주 대상으로 국내 최초의 선구매 후결제 BNPL 플랫폼인 '소비의미학'을 운영하고 있는 **인공지능 핀테크 기업 오프널**(대표 박성훈)은 인공지능 머신러닝을 활용하여 금융/비금융 데이터를 다각화한 '씬파일러 특화 대안 신용평가 모델'을 고도화하고 금융 소외 계층을 위한 대안 신용평가 모델을 확보함으로써 금융 사각지대를 해소하고, 이들이 좀 더 건강한 소비 경험을 할 수 있도록 기술적인 기반을 제공하려는 인공지능 기반 핀테크 기업이다.

또한, 컬처 콘텐츠 AI 기업을 지향하는 **클레온**(대표 진승혁)은 AI 딥러닝 기술로 사진 1장과 1분의 음성 데이터만으로 영상 속 인물의 얼굴과 목소리를 바꾸거나 새롭게 만들 수 있는 '딥휴먼' 기술을 보유하고 이를 기반으로 누구나 쉽고 재미있게 영상 속 얼굴과 음성을 생성하고 변환하는 SNS 영상 공유 플랫폼 '카멜로'를 서비스하는 인공지능 기반 콘텐츠 기업이다.

그림 3-16 2020년 TIPS 프로그램 선정 스타트업 기업 사례

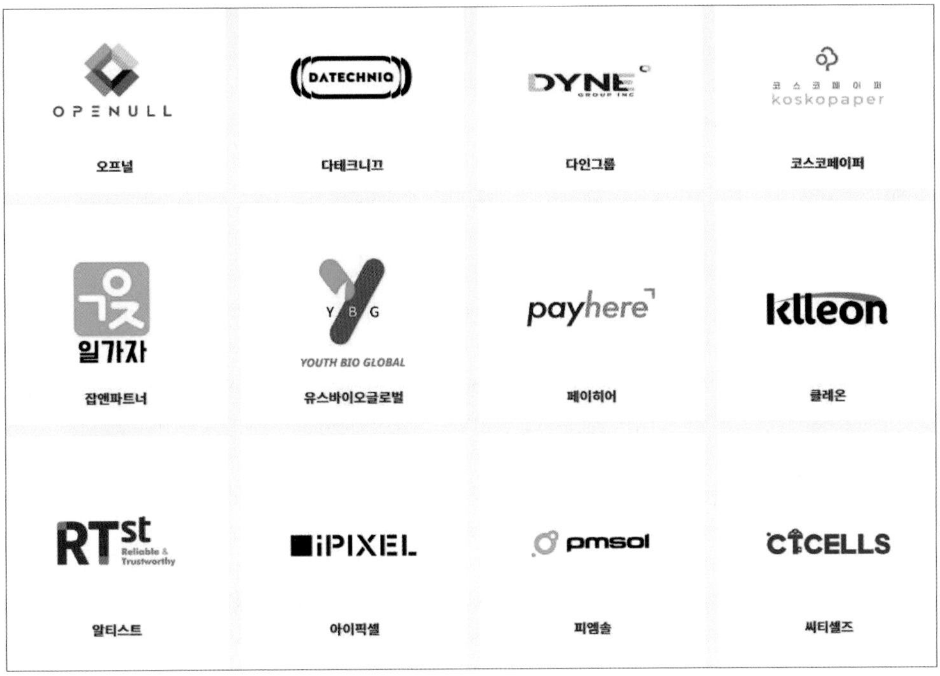

출처: http://www.jointips.or.kr

이처럼 국내 스타트업도 인공지능 중심으로 재편되고 있고 정부도 데이터와 인공지능 산업을 육성해 2023년까지 글로벌 선도 국가로 도약하는 계획을 가지고 약 30조 원 규모의 투자와 인공지능(AI) 유니콘 기업 10곳과 전문 인력 1만 명 육성을 목표로 인공지능 스타트업에 대한 다양한 지원을 통한 인공지능 스타트업 생태계 구축을 도모하고 있다.

CHAPTER **4**

인공지능이 바꾸는 미래 워크와 미래 직업

인공지능이 바꾸는
미래 워크와 미래 직업

인공지능은 모든 곳에 적용되어 새로운 패러다임을 만들고 있다. 인공지능은 우리 삶의 터전인 일터도 새롭게 변화시키고 있다. 인공지능은 업무 공간, 업무 형태, 업무 역할 등 일터의 모든 것을 바꾸고 있고 나아가 직업과 일자리도 급속히 바꾸고 있다.

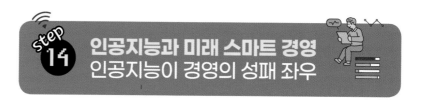

인공지능과 미래 스마트 경영
인공지능이 경영의 성패 좌우

 1) 인공지능이 바꾸는 미래 경영과 인공지능 채용 면접관

인공지능은 기업 경영의 곳곳에 적용되고 있다. 특히 글로벌 기업들은 특정 업무 영역에서 시작하여 전사적으로 인공지능을 도입하여 기업 경영의 효율을 높이고 경쟁력을 강화하고 있다. 포스코경영연구원은 글로벌 기업들의 인공지능 적용 미래 경영 Framework을 도

표 4-1과 같이 분석하고 있다.

도표 4-1 인공지능 적용 미래 경영 Framework

① AI 조직 환경 구축	② 기술, 솔루션 획득	③ 적용, 차별화	④ 성과 확산, 전사 전략

AI 문화·교육	**AI 코어 기술**	**기업 경영 적용**	**성과분석·확산, 전사AI 전략**
AI 친화적 문화 (리더십, 공감대)	머신러닝	고객 경험	적용사례 공유
AI 활용 교육	언어 인식	경영 지원 (HR, 재무, 전략)	ROI 분석 (비용, 수익)
	컴퓨터 비전	마케팅, 영업	차기 프로젝트 설계
		생산, 기술개발	전사 AI 전략, 목표 재정립
		...	내외부 이해관계자 소통

A주도 인력 구성, 데이터 정비	**AI 솔루션**	**차별화**	
데이터 Scientist (업무→데이터)	가상 비서 (Virtual Assistants)	고유 경쟁력 확보 위한 AI 활용	
데이터 수집·분석	대화형 (Converserticnal)		
프로젝트 설계 (문제정의, 목표 및 우선순위 설정)	예측 분석 (Predictive Analytics)		
	프로세스 자동화 (Process Automation)		
	임베디드 AI (Embedded AI)		

출처: 기업은 어떻게 AI를 도입하는가, 포스코경영연구원, 2019

포스트경영연구원은 인공지능 적용 미래 경영 프레임워크를 4가지 단계로 분석하였다. 첫 번째는 **인공지능 조직 환경 구축** 단계로 인공지능 도입에 대한 구성원의 공감대를 형성하고 AI와 데이터 경영 추진 주체를 확보한다. 두 번째는 인공지능 **핵심 기술과 솔루션 획득** 단계로 미래 경영 프로젝트 목적과 설계에 따라 적합한 인공지능 기술 및 솔루션을 선택하고, 보유 역량 및 상황에 맞는 인공지능 기술 획득 방안을 수립하는 것이다. 세 번째는 **인공지능의 경영 적용과 차별화** 단계로 인공지능 적용 대상 업무별 특성 및 전략적 우선순위를 고려하여 인공지능 도입 전략 및 경쟁력 차별화를 추구한다. 네 번째는 인공지능 적용 경영 성과 확산 및 전사 전략 연계 단계로 인공지능 경영 적용의 성과 분석 및 성공 사례의 타 부문 확산을 통해 전사로 인공지능 적용을 확산하고 연계하여 차기 인공지능 경영 적용 프로젝트를 설계하는 것이다.

글로벌 기업들은 경영 활동에 있어 고객 경험 개선과 기업 경영 효율성 증대 및 비용 절감 그리고 신규 비즈니스 창출을 위한 인공지능 적용 경영 업무 분야를 도표 4-2와 같이 계속 넓혀 나가고 있다.

도표 4-2 인공지능 적용 경영 업무 영역

업무 영역	활용 예시
고객 서비스	챗봇, 가상 비서 등을 활용한 고객 편의 제공 등
HR	채용 면접관, 업무 평가, 적재적소 배치 등
재무, 회계	회계관리, 회계 감사, 재무관리 등
전략	경영 환경 분석, 사업 전략 수립, 경영 투자 전략 등
영업, 마케팅	고객 예측, 시장 수요 예측, 고객 맞춤 마케팅 등
생산	AI 로봇 자동화, 가상 생산 관리 등

출처: 기업은 어떻게 AI를 도입하는가, 포스코경영연구원, 2019

이처럼 기업 경영에 인공지능이 적용되는 업무 영역이 증가되면서 인공지능을 채용과 인사관리에도 활용하는 기업이 급증하고 있다. 어느덧 인공지능이 신입 사원을 뽑고 인사관리를 통해 업무를 배치하고 업무 역량을 평가하고 적재적소에 업무를 배치하는 시대가 되고 있다.

인공지능 AI가 채용 면접관 역할을 하는 기업이 계속 증가하고 있다. 한국경제연구원에 따르면, 매출액 상위 500대 국내 기업 중 22.1%가 신입 사원 채용에 있어서 인공지능 AI를 이미 활용하고 있다. 해외에서도 이미 구글, IBM, 유니레버, 소프트뱅크를 포함한 유수의 기업들이 이미 인공지능 AI를 채용 면접관으로 활용하고 있다.

인공지능 AI 면접관은 지원자의 지원 서류를 통해 지원자를 1차 평가를 한다. 지원자의 지원서를 통해 역량과 내용의 진위 파악 및 부정 채용자 필터링까지 한다. 이후 인공지능 AI 면접관은 지원자와 원격 화상 영상으로 질의 응답하며 지원자의 표정, 감정, 음성, 사용 어휘, 언어 행동과 경향, 맥박과 뇌파 등 생체 데이터까지 실시간으로 분석하여 업무 적합도와 성격 특성까지 파악하여 복합적으로 적합한 후보를 선별한다.

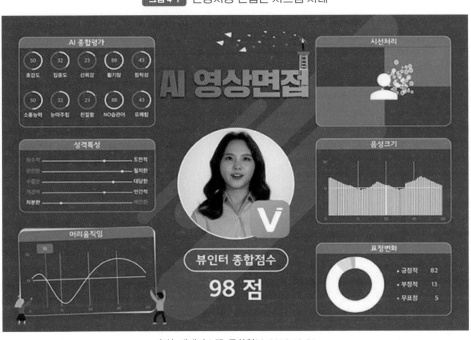

그림 4-1 인공지능 면접관 시스템 사례

출처: 제네시스랩, 문화일보, 2019.12.31

　인공지능은 직원들의 인사관리 업무에도 적용되고 있다. 어느덧 많은 기업이 직원들의 업무 성과와 성향과 유형 및 업무 경력, 근무 기간과 직원 출퇴근 거리까지 감안하여 적재적소의 근무지와 업무 배치를 인공지능 인사 담당관에게 맡기고 있다. 기업들은 공정하고 투명한 인사를 위해 인공지능 인사 담당관 활용을 확대하고 있다.

　또한, 경영 활동의 중요한 부문인 회계 및 재무 분야에도 인공지능의 활용이 늘어나고 있다. 인공지능은 이미 경영 회계 및 재무의 디지털 혁신에 중요한 역할을 담당하고 있다. 인공지능 회계 재무 시스템은 반복적이고 기존의 인간의 시간이 많이 걸리는 작업을 대부분 대체하고 있고 회계의 정확성과 투명성을 더욱 높이고 재무관리의 효율을 높이는 데 매우 효과적임이 검증되어 많은 기업들이 도입하고 있다. 즉 회계와 재무 분야에 기계학습 및 딥러닝과 같은 인공지능 기술이 적용되어 회계 및 재무 전문가가 업무를 보다 정확하고 효율적으로 수행할 수 있도록 도와주고 있다.

최근에는 기업 경영의 핵심 분야인 **경영 전략 수립**에도 인공지능이 활용되고 있다. 전략을 수립함으로써 기업이 나아갈 방향과 미래 주력 사업 투자 등 중요한 의사결정을 하는 최고경영자에게 인공지능을 활용한 경영 환경 분석과 전략 제안 자문의 역할을 하는 사례가 늘어나고 있다.

영국 **프로우저 아이오**(PROWLER.io)는 기업 경영 인공지능 의사결정 플랫폼 '부크(VUKU)' 서비스를 제공하고 있다. 부크 인공지능 플랫폼을 사용하여 맞춤형 학습 시스템 및 의사결정 시스템으로 개별 기업 환경 맞춤형 서비스를 받을 수 있다. **학습 시스템**은 개별 기업 경영 의사결정을 안내하는 환경 및 정책을 지속적으로 학습하는 서비스를 제공한다. 또 **의사결정 시스템**은 개별 기업 맞춤형 경영 정책이나 경영 전략에서 최적의 의사결정을 구현할 수 있는 서비스가 제공된다.

그림 4-2 프로우저 아이오의 재무관리 등 인공지능 활용 경영 시스템

출처: 프로우저 아이오, 인공지능 신문, 2018.5.13

이처럼 복잡하고 역동적으로 급변하는 불확실한 경영 환경에서 인공지능 기술을 통해 자율적인 학습 및 빅데이터 분석으로 경영 전반에 최적의 의사결정을 가능하게 하고 효율적으로 경영하고 비즈니스를 성장시킬 수 있도록 **인공지능은 미래 경영의 핵심 역할**을 하게 된다.

 2) 인공지능이 바꾸는 미래 스마트워크 (Smart Work)

코로나19로 비대면 상황이 계속되고 인공지능을 중심으로 원격 화상을 포함한 스마트워크 솔루션이 제공되면서 기업과 기관에서의 스마트워크가 급속히 증가하고 있다. 스마트워크는 오래전부터 논의되고 간헐적으로 시행되고 있었으나 여러 가지 이유로 본격 도입이 되지 않고 있었다. 코로나19로 스마트워크를 실행해야 하는 환경이 조성되고 인공지능과 사물인터넷 기술의 발전으로 언제 어디서나 그리고 누구나 편하고 쉽게 스마트워크를 할 수 있도록 됨으로써 서서히 **스마트워크가 자연스러운 업무 형태 중의 하나로 자리를 잡아** 가고 있다.

스마트워크는 종래의 사무실 중심의 업무를 탈피하여, 언제 어디서나 편리하고 효율적으로 업무를 수행할 수 있도록 하는 미래 지향적인 새로운 방식의 업무 형태(New Way of Working)이다.

스마트워크의 장점은 개인이나 환경의 어떤 상황에서도 **업무의 연속성을 유지**하고, 스마트워크 업무가 가능한 어떤 현장에서도 **신속한 업무 처리**를 통해 업무 속도와 생산성을 향상하며, 원격 협업으로 물리적으로 멀리 있는 국내 및 해외 전문가와 언제나 **실시간으로 협업**하여 신속한 **의사결정과 문제 해결**을 할 수 있게 되고, 근무 시간과 형태의 유연화로 육아 여성, 장애인, 고령자 등 근로 취약 계층도 각자의 처소에서 편리하게 업무를 수행할 수 있게 되어 **고용 시장이 확대**된다는 점 등이다.

그림 4-3   스마트워크가 이루어 지는 다양한 장소

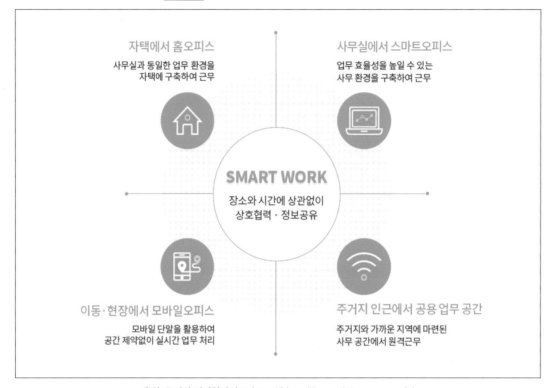

출처: 도리의 디지털라이프, http://blog.skby.net/AC-smart-work/

그리고 **인공지능 스마트워크 시스템**을 통해 다음 3가지를 이룰 수 있게 노력해야 한다. 첫째, 스마트워크 시스템으로 **업무의 상호 연결과 공유, 협업을 활성화**해야 한다. 스마트워크 시스템을 통해 팀워크와 프로젝트 업무를 진행하면서 직원들 간의 의견과 아이디어를 모으고 이를 인공지능의 도움을 받아 보다 정교하게 분석하여 체계화하고 발전시켜 나가도록 활용하는 지혜가 필요하다. 이를 통해 업무의 효율성과 생산성의 향상이 가능하게 된다.

둘째, 스마트워크 시스템으로 직원 **개개인의 능력 발휘를 통해 창의적 집단지성이 발현**되게 해야 한다. 급변하는 세상에서 새로운 문제들이 끊임없이 발생하고 이에는 새로운 해결책을 필요로 한다. 따라서 다양한 개성과 다양한 재능 및 생각이 모아지면 인공지능도 더욱 학습하게 되고 결국 모두에게 유익한 문제를 해결할 수

있는 방법이 도출될 수 있다. 이를 위해 스마트워크 시스템을 통해 직원 각 개인이 능동적으로 재능을 발휘할 수 있도록 기회와 보상 체계를 갖출 필요가 있다.

셋째, 스마트워크 시스템으로 직원 개인으로 하여금 **시간과 공간을 최적화시켜 일과 삶의 균형을 취하는 워라밸(Work Life Ballance)을 구현**할 수 있도록 해주어야 한다. 스마트워크는 직원 개개인의 자율적 업무 몰입과 창의적 아이디어를 최대한 도출할 수 있도록 스마트 인공지능 기술을 이용, 직원들의 효율적 업무관리나 자율적 시간관리를 통해 업무 성과를 공정하게 평가하고 동시에 삶을 즐길 수 있는 여유를 제공할 때 업무 효율이 극대화될 수 있다.

인공지능 스마트워크 솔루션은 협업 플랫폼, 원격 화상 회의, 회의 내용 분석, 업무와 시간관리, 업무 성과관리, 보안을 포함한 기능에 인공지능이 접목되면서 더욱 효율적 업무와 생산성 향상에 기여할 것으로 전망된다.

그림 4-4 인공지능 스마트워크 솔루션 사례

출처: 다우데이타, 디지털데일리, 2020.4.21

STEP 15
인공지능이 바꾸는 미래
스마트팩토리와 인공지능 맞춤 생산

스마트팩토리(Smart Factory)는 제조 전 과정을 정보통신 ICT로 자동화하고 고객 맞춤형 제품을 생산하는 지능형 공장이다. 글로벌 시장조사 기관인 마켓스앤마켓스에 의하면 스마트팩토리 시장 규모 매년 9.3% 이상 성장할 것이고 한국의 시장 규모는 2020년 78.3억 달러에서 연간 12.2% 이상 증가하여 2022년에는 127.6억 달러로 전망된다.

이러한 스마트팩토리에 인공지능이 접목되면서 날개를 달 것으로 전망되고 있다. 즉 인공지능 스마트팩토리는 전체 생산 공정에서 수집된 데이트에 대한 자율적 학습, 즉 딥러닝을 통해 안전/마케팅/설계/공정/포장/출하 전 과정을 최적화하면서 품질과 효율을 발전시켜 나가게 된다.

그림 4-5 생산 방식의 최적화를 구현하는 똑똑한 공장 스마트팩토리

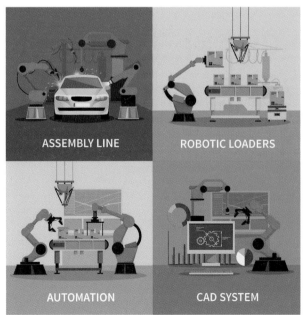

출처: 삼성 SDS (www.samsungsds.com)

인공지능 스마트팩토리가 구현되면 소비자들은 **개인 맞춤형 제품**을 합리적인 가격으로 구매할 수 있게 된다. 인공지능이 제품 수요와 연계된 다양한 빅데이터를 분석하고 학습하여 생산 규모를 예측하고 구매 고객들의 데이터를 분석해 **개별 고객 취향에 맞는 제품**을 생산할 수 있게 된다. 예를 들어 고객이 가전 매장에서 냉장고의 색상과 재질 등 원하는 스타일을 지정하면 해당 정보가 스마트팩토리에 전달되어 고객 맞춤형 냉장고를 4일 내에 생산하고 배송하게 된다.

인공지능 스마트팩토리는 숙련공들의 노하우와 생산 현장에서 발생하는 수많은 현상과 상황에 대한 빅데이트를 분석하고 스스로 학습하는 인공지능에 의해 **제품 공정상의 불량 제품 발생 확률도 낮추게** 된다.

그림 4-6 인공지능 스마트팩토리 작업 사례

출처: '스마트팩토리, 인공지능으로 날개를 달다', 포스코경영연구원

스마트팩토리는 다음 4가지를 구축해야 한다. 첫째, 생산 전에 가상으로 전체 생산 공정을 시뮬레이션하여 생산 공정과 생산량을 예측하게 한다. 둘째, 인공지능과 사물인터넷 기술을 활용해 스마트팩토리의 운영과 프로세스를 감독관이 원격으로 조정하거나, 인공지능 시스템이 스스로 제어해 생산 프로세스를 유연하게 변경하게 한다. 셋째, 자율 로봇과 드론 등을 가동해 생산 공정을 자동화한다. 넷째, 제품 공급망의 실시간 관리를 통해 재고 수준을 최적화하고, 고개의 주문을 동기화하여 생산에 반영한다.

인공지능이 스마트팩토리에 적용되면서 주요 분야에 혁신적 상승 효과를 가져올 전망이다. 즉 인공지능의 스스로 배우는 학습 역량, 탁월한 데이터 분석 역량, 스스로 관리 제어할 수 있는 조절 역량이 스마트팩토리를 새롭게 혁신시키고 있다.

도표 4-3 인공지능이 스마트팩토리에 가져올 혁신

스마트팩토리 주요 분야	인공지능을 통한 혁신 Breakthrough
설비 예방 정비	다양한 설비 데이터를 수집한 수 단순한 통계 분석보다 인공지능 분석을 적용함으로써 예방 정비 신회성 개선
공정 간 연계 제어	통계적 분석 기법으로 예측하기 힘든 공정 간 품질 결함도 인공지능 분석을 통해 예측할 수 있게 됨
전문가 공정 제어	전문가 공정 제어에 강화학습 기반의 인공지능을 적용하면서 과거 전문가 제어 시스템의 한계를 극복하고 전문가보다 나은 생산성 성과를 보여줄 것으로 전망
로봇 자동화	인공지능과 로봇의 융합을 통해 로봇 스스로 학습이 가능해짐으로써 다양한 작업에 대한 범용성 증가

출처: '스마트팩토리, 인공지능으로 날개를 달다', 포스코경영연구원

인공지능이 접목되면서 스마트팩토리는 새로운 혁신이 이루어지고 있다. 첫째, 설비 예방 정비가 가능해진다. 그동안 주요 설비의 고장 시점을 예측하는 것이 쉽지 않아 보수적인 유지 보수 작업에도 일부 설비의 갑작스런 고장은 막기 어려웠

다. 그런데 스마트팩토리에 시계열 분석에 효과적인 순환 신경망(RNN: Recurrent Neural Network) 기반의 인공지능 분석 기법이 적용되면서 통계적 인과관계가 분명하지 않은 설비 예방 정비에서도 신뢰성 있는 분석 결과를 보여 주어 사전 예방이 가능해 지고 있다.

둘째, **공정 간 연계 제어가 가능해진다.** 그동안 서로 떨어져 있는 생산 공정 간 연계 제어는 막대한 투자와 기술 부족으로 어려운 상황이었다. 인공지능 기술을 통한 빅데이터 분석과 생산 공정과 데이터 딥러닝 학습을 통해 공정 간 연계 제어가 가능해진다.

셋째, 전문가 시스템보다 나은 **공정 제어로 생산성이 향상**된다. 1990년대 도입된 전문가 공정 제어 시스템은 점차 복잡해 지는 공정 제어에 어려움을 격고 있었다. 인공지능의 강화학습을 통해 공정 제어 운영 모델을 스스로 정확하게 유추할 수 있게 되고 공정 환경의 변화에도 스스로 운영 모델을 수정하면서 최적의 제어를 할 수 있게 된다.

넷째, **로봇 자동화로 생산성**이 높아진다. 인공지능 알고리즘을 로봇에 적용하면서 스스로 학습하며 변화하는 환경에도 스스로 적응하여 최적의 작업 방법을 습득하여 제품의 품질을 향상시킬 수 있게 된다. 이로 인해 인공지능 로봇으로 대체 가능한 작업이 빠르게 증가되어 인간의 수작업을 대부분 대신하게 된다.

스마트팩토리는 제품 생산 공정에서 사람을 지속적으로 대신해 나간다. 스마트팩토리에서 센서나 로봇이 사람의 오감과 팔다리를 대신하고, 신경이 정보를 전달하듯 유무선 통신이 데이터를 이동시킨다. 인공지능이 사람의 두뇌에 해당하는 판단과 제어를 담당하게 된다. 인공지능 기술의 빠른 개발 속도와 잠재력을 고려하면 **인공지능 스마트팩토리 활용 전략이 향후 제조 기업의 성패를 좌우할 정도로 파급 효과가 클 것으로** 전망된다.

그림 4-7 독일 지멘스(Siemens)사의 스마트팩토리 내부 전경

출처: 지멘스 (www.siemens.com)

STEP 16 인공지능이 바꾸는 미래 스마트팜 - 농촌이 첨단기지로

인공지능이 농사하는 시대가 열리고 있다. 농업이 첨단 성장 산업으로 바뀌고 있다. 인공지능이 스마트팜(Smart Farm)에 적용되면서 농업이 새로운 모습으로 변모하고 있다.

인공지능 스마트팜(Smart Farm)으로 농사에 인공지능을 중심으로 정보통신 기술(ICT)이 접목되어 원격 및 자동으로 최적의 생육 환경을 만들고 제어할 수 있게 지능화된 똑똑한 농장으로 변모하고 있다. 스마트팜은 인공지능과 사물인터넷 기술을 이용하여 농작물 재배 시설의 온도·습도·햇볕 양·이산화탄소·토양 등을 측정 분석하고 계속 학습하며 분석과 학습 결과에 따라서 자동 제어 장치를 구동하여 적절한 상태로 변화시킨다. 그리고 농장주는 언제 어디서나 스마트폰 등을 통해 상태를 확인하고 원격 관리할 수 있게 된다. 인공지능 스마트팜으로 농업의 생산·유통·소비 전 과정에 걸쳐 생산성과 효율성 및 품질 향상 등과 같은 고부가가치를 창출시킬 수 있게 되고 있다.

그림 4-8 인공지능 스마트팜인 대한민국의 스마트팜 3세대 모델

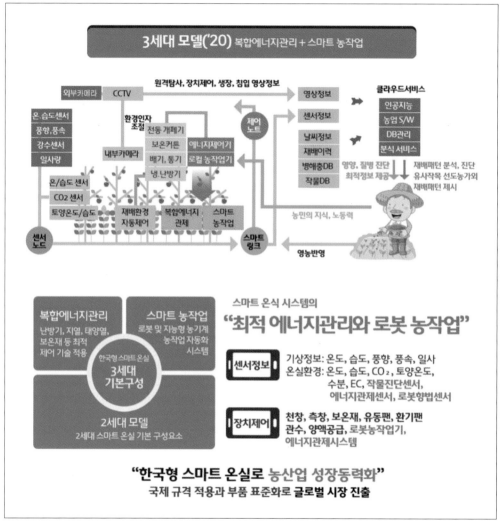

출처: 농림축산식품부 (www.mafra.go.kr)

인공지능 스마트팜으로 인공지능 머신러닝 기술과 AI 로봇, 사물인터넷 등 첨단기술이 융합되어 무인 자동화 농업이 가능해진다. 똑똑한 농장이 구현되어 온도·습도·햇빛양까지 작물이 가장 잘 자랄 수 있는 환경으로 알아서 조절해 준다. 과거엔 사람이 직접 농장에 나가 작물 상태를 본 뒤 물을 뿌리거나 비료를 줘야 했지만, 스마트팜에서는 대부분의 농사일은 사람 손을 떠나 기계가 자동으로 조절

한다. 나아가 인공지능 로봇이 열매 없는 가벼운 가지만 골라 잘라주고 잡초만 구분해 뽑아 준다. 인공지능 시스템이 농업 위성과 드론으로 수집한 영상을 기반으로 작물을 분류하고, 빅데이터를 분석하여 농산물 수급 예측과 관리를 통해 수확량과 시기까지 알려준다.

이로 인해 농촌의 모습이 바뀌게 될 것이다. 인공지능 스마트팜으로 **스마트 농장, 스마트 온실, 스마트 과수원, 스마트 축산**이 구현되어 이전의 농촌의 모습과 달리 인공지능, 사물인터넷, 빅데이터, 자율 주행 로봇, 자동 및 원격 제어 장치 등 첨단 과학기술이 망라된 곳으로 농촌이 바뀌게 된다.

그림 4-9 스마트 온실, 스마트 과수원, 스마트 축사

출처: 농림수산식품교육문화정보원 (www.epis.or.kr)

스마트팜의 가장 대표적 유형인 스마트 온실은 식물 공장이라고도 불리는데 햇빛, 물, 온도, 양분 등을 자동 조절해 농작물에게 최적의 생육 조건을 제공하고, 생산성을 높이는 자동화 시스템이다. 스마트 온실은 농촌에서 시작되지만 점차

도시에서도 구현되어 가고 있다. 예를 들어 서울 시내에도 서울 지하철 7호선 상도역 지하 1층에 자리한 '메트로팜'에도 스마트팜으로 식용 채소를 재배하고 있다. 향후 도심의 빌딩 내 공간을 활용해서 스마트 온실로 식용 식물 재배와 환경 정화 효과까지 거두는 곳이 더욱 늘어날 것이다.

　　한 **토마토 농업인**의 경험담에 의하면 **인공지능 스마트팜**으로 인공지능이 농사를 지으니까 해외여행을 마음 편하게 가고 궁금할 때마다 상황을 체크할 수 있었다고 한다. 더구나 스마트팜 도입 이후 인공지능이 사람의 눈에 보이지 않는 병충해도 잡아 주어 토마토 생산량은 전보다 78% 늘었고, 반면 1일 노동 시간은 2배 이상 줄었고 난방 에너지는 40% 이상 절감되었다고 한다.

그림 4-10 스마트팜의 기대 효과

출처: 삼성반도체 이야기, https://www.samsungsemiconstory.com/2444

인공지능과 미래 직업의 변화와 미래 유망 직업

step 17

1) 인공지능으로 바뀌는 기존 직업의 미래

많은 미래학자들이 인공지능 시대에 접어들면서 직업의 혁명적 변화를 예고하고 있다. 실제로 인공지능 기술은 빠른 속도로 발전하고 있고 직업과 일자리에 이미 영향을 미치고 있다. 세계경제포럼(WEF, World Economic Forum)의 〈직업의 미래(The Future of Jobs)〉 보고서에 의하면 전 세계적으로 2022년까지 약 7,500만여 개의 일자리가 사라지고 2025년에는 인공지능이 전체 직업 업무의 52% 이상을 담당하게 될 것으로 전망하고 있다.

우리나라에서도 2017년 한국고용정보원이 발간한 〈기술 변화에 따른 일자리 영향 연구〉 보고서에서는 인공지능과 로봇 기술의 발전으로 2025년이 되면 국내 직장인의 61%인 1,600만 명이 일자리를 잃을 수 있다고 전망하였다.

이 연구 결과 인공지능이 내 일자리를 위협한다고 답한 비중이 금융·보험업종이 81%나 되었고 화학업종 63.6%, 재료업종 61,4%, 기계업종 55.8%, 섬유 및 건설업종도 52.3%로 과반이 넘었다. 이처럼 이미 직장인 스스로도 인공지능 등 기술 혁신으로 자신의 일자리가 없어질 가능성이 있다는 것을 느끼고 있었다.

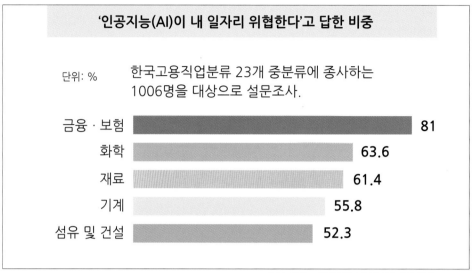

도표 4-4 인공지능이 나의 일자리 위협한다는 직업 분야 응답 결과

'인공지능(AI)이 내 일자리 위협한다'고 답한 비중

단위: %

한국고용직업분류 23개 중분류에 종사하는
1006명을 대상으로 설문조사.

직업 분야	비중
금융 · 보험	81
화학	63.6
재료	61.4
기계	55.8
섬유 및 건설	52.3

출처: 한국고용정보원, '한국직업전망연구', 2017

인공지능 시대에 사라질 위험에 처하게 될 직업은 쉽게 자동화가 가능한 규칙적이고 단순 반복적인 일뿐만 아니라 전문직이지만 인공지능이 딥러닝 등으로 사람보다 더욱 전문적인 서비스를 제공하고 효율성을 높일 수 있는 분야도 포함한다. 예를 들어 통신 서비스 사무원, 보험설계사, 인터넷 판매업자, 관세사, 무역 사무원, 택배업, 버스나 택시 기사, 경비업체나 주차요원, 약사, 회계사, 세무사, 변호사 등의 업무 중 많은 부분이 인공지능에 넘어가게 될 것으로 예측되고 있다.

도표 4-5 인공지능으로 인한 주요 직업들의 소멸 가능성

직업	가능성	직업	가능성	직업	가능성
텔레마케터	0.99	기계기술자	0.65	작가	0.03
화물, 창고 관련 업무 종사자	0.99	도서관 사서	0.65	법률가	0.03
시계 수선공	0.99	시장조사 전문가	0.61	산업 엔지니어	0.02
스포츠 경기 심판	0.98	마사지 치료사	0.54	기계 엔지니어	0.03
모델	0.98	치과조무사	0.51	프로듀서, 감독	0.02
캐시어(계산원)	0.97	법원 속기사	0.50	인테리어 디자이너	0.02
전화교환원	0.97	컴퓨터 프로그래머	0.48	패션 디자이너	0.02
리셉셔니스트(접수 담당자)	0.96	역사학자	0.44	사진작가	0.02
자동차 엔지니어	0.96	경제학자	0.43	재료 과학자	0.02
카지노 딜러	0.96	법원서기	0.41	환경 엔지니어	0.01
레스토랑 요리사	0.96	판사	0.40	우주항공 엔지니어	0.01
회계 감사	0.94	통 번역가	0.38	최고경영임원	0.01
웨이터, 웨이터리스	0.94	배우	0.37	홍보관련업무종사자	0.01
정육업자	0.93	지리학자	0.25	멀티미디어아티스트	0.01
소매업자	0.92	설문조사 전문가	0.23	음악감독 작곡가	0.01
보험판매원	0.92	금융전문가	0.23	생명과학자	0.01
교통감시요원	0.90	통계전문가	0.22	세일즈 메니저	0.01
제빵사	0.89	소방수	0.17	미생물학자	0.01
버스기사	0.89	댄서	0.13	간호사	0.009
택시기사	0.89	기자, 특파원	0.11	성직자	0.008
도배업자	0.87	경찰	0.09	중등교사	0.007
부동산 중개사	0.86	음악가, 가수	0.07	고고학자, 인류학자	0.007
핵 기술자	0.85	방송 뉴스 평론가	0.06	운동트레이너	0.007
경비보안요원	0.84	동물학자	0.06	큐레이터	0.006
주차요원	0.84	사회학자	0.05	컴퓨터시스템분석가	0.006
선원, 항해사	0.83	여행가이드	0.05	무대, 전시 디자이너	0.005
인쇄업 종사자	0.83	수학자	0.04	치과의사	0.004
타이피스트	0.81	농부, 목축업자	0.04	초등학교 교사	0.004
이발사	0.80	소프트웨어개발자	0.04	심리학자	0.004
목수	0.72	조각가 화가	0.04	외과, 내과의사	0.004
건설업 관련 종사자	0.71	우주비행사	0.04	영양사	0.003
세탁, 드라이크리닝 업무	0.71	정치학사	0.03	구강, 악안면술 외과의사	0.003

출처: 한국고용정보원, '4차 산업혁명시대 내 직업찾기', 2019

인공지능으로 일자리가 감소할 위기의 직업이 소멸될 가능성이 높은 기한은 콜센터 직원(5년), 생산 및 제조 관련 단순 종사자(5년), 출납 창구 사무원(5년),

증권 중개인(5년), 물품 이동장비 조작원(5년), 번역·통역가(10년), 치과기공사(10년), 의료 진단 전문가(10년) 등으로 예측되고 있다.

한편 인공지능 시대에도 없어지지 않을 직업도 많이 있다. 이러한 직업의 특성은 인공지능이나 기계가 하기엔 부족하거나 인공지능이 넘볼 수 없는 인간의 고유 영역인 정신 능력과 감성 능력 부문이다. 즉 상상력, 창의력, 의지력, 사랑, 따스함, 감동력, 협업력, 인성 등 인간의 고유 가치가 중요한 직업 부문이다. 예를 들면 작가, 교사, 의사, 아티스트 등 창의성과 인간을 대상으로 하는 직업이 지속될 가능성이 높은 것으로 예측되고 있다.

그렇지만 지속 가능성이 높은 직업의 업무를 위해서는 인공지능을 활용하는 역량이 점차 높은 비중을 차지하게 된다. 예를 들어 의사도 환자와의 소통과 배려와 함께 인공지능으로 의료 데이터를 분석 활용하여 진단하는 역량, 비의료인과 협업하여 인공지능 의료기를 개발 발전시키는 역량, 새로운 인공지능 의료 기술을 끊임없이 배워나가는 학습 역량과 태도 등이 중요하게 된다.

인류가 인공지능과 함께 세상을 살아야 할 시대가 오고 있는 것처럼 기존의 직업도 인공지능에 의해 없어지고 새롭게 변화하게 되는 것이다.

그림 4-11 인공지능 시대 사라질 직업 떠오르는 직업 이미지

출처: 하나은행, https://blog.hanabank.com/1445

2) 인공지능으로 떠오르는 신규 유망 직업

인공지능은 산업 전반에 새로운 패러다임 시프트를 일으키고 있다. 이로 인해 직업에 관련하여서도 기존 직업을 소멸케 하거나 변화시키기도 하지만 이전엔 없었던 새로운 직업을 생겨나게 하기도 한다.

인공지능과 같은 파괴적 기술로 직업은 그림 4-11과 같이 크게 4가지의 트렌드로 미래 유망 직업이 형성된다. 즉 인공지능 기술 발전으로 기존 직업이 고도화되고 부가가치를 높이는 형태, 수요 세분화 및 수요 증가에 대응하여 직업이 세분화되는 형태, 인공지능 기술을 중심으로 서로 다른 직무가 융합되는 형태, 인공지능 기술 발전을 기반으로 새롭게 형성되는 직업 형태가 미래 유망 직업으로 떠오르게 된다.

그림 4-12 인공지능 같은 파괴적 과학기술로 인한 유망 직업 트렌드

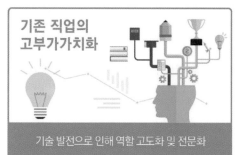

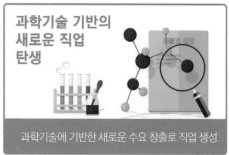

출처: '10년 후 대한민국, 미래 일자리의 길을 찾자', 과학기술정보통신부 미래준비위원회

이 중 **융합형 직업 형태**는 인공지능을 중심으로 빅데이터, 사물인터넷, 실감 영상 기술에 인문, 예술, 경영 등의 지식이 융합되어 새로운 직업을 등장시킨다. 예를 들어 도시 사람들이 신선하고 건강한 음식을 선호하는 기호를 인공지능 맞춤 기술을 통해 과수원과 농장에 직접 주문 생산하여 요리하여 제공하는 **요리사 농부**(agri-restaurateurs 또는 chef-farmers) 직업을 탄생시켰다. 또 다른 융합형 직업으로 일반 사용자들이 인공지능을 포함한 과학기술 관련 제품을 쉽게 이용할 수 있도록 사용자 설명서와 작동 도움말 기능 등을 만들고, 언론에 첨단 과학기술에 대한 설명을 기고하는 **테크니컬 작가**(Technical writer)가 새롭게 떠오르고 있다. 인공지능을 포함한 과학기술에 대한 지식과 글쓰기 소질이 융합된 직업이다. 또한, 인공지능 지식과 인문학적 지식을 결합한 **사용자 경험 디자이너**(user experience designer), **홀로그램 영상 전시기획가** 등을 예로 들 수 있다. 인공지능 로봇과 디지털 기기를 사용자 환경에 맞춘 최적화된 경험을 설계하는 '사용자 경험 디자이너'는 인간의 심리와 행동을 이해하는 심리적 지식과 인공지능 및 가상·증강현실 등 과학기술의 이해, 그리고 디자인에 대한 융합 지식이 필요하다. 그리고 첨단 영상인 홀로그램(hologram)을 전시기획에 사용하는 홀로그램 전시기획가는 인공지능으로 초실감을 구현 발전하는 홀로그램 기술에 대한 이해와 인문학적 소양이 바탕이 되는 전시기획 능력을 함께 갖추어야 한다.

그림 4-13 융합형 직업 형태의 사례

출처: '10년 후 대한민국, 미래 일자리의 길을 찾자', 과학기술정보통신부 미래준비위원회

인공지능 기술은 우리 사회의 모든 영역으로 확장하며 빠른 속도로 성장하고

있다. 이로 인해 미래의 직업은 인공지능과 결합하여 가치를 높이고 새로운 직업과 일자리가 계속 창출될 것이다. 인공지능을 중심으로 한 과학기술에 대한 이해와 인문학적 창의력이 더욱 중요해 지고 있는 것이다.

그리고 인공지능 기술 발전을 기반으로 한 새로운 직업과 일자리도 급속도로 늘어날 것이다. 세계경제포럼에 의하면, 2018년 인간과 인공지능 기계의 근무 시간 점유율은 각각 71%, 29%였다. 그러나 2022년에는 각각 58%, 42%로 점유율 격차가 크게 줄어들고, 2025년에는 각각 48%, 52%를 기록하며 점유율이 역전될 전망이다. 이처럼 인공지능의 수요는 매년 급증하게 되고 이로 인해 인공지능 전문가와 관련 직업과 일자리는 지속적으로 증가될 것이다.

인공지능 전문가 직업의 사례로는 인공지능 기계학습 알고리즘을 개발 응용하는 '머신러닝(ML) 엔지니어', 인공지능 아키텍트와 플랫폼을 분석 개발 운영하는 'AI 아키텍트 및 AI 플랫폼 엔지니어', 인공지능 최신 기술 동향을 탐색하고 다양한 AI 응용 분야에서 활용할 수 있는 AI 기반 기술을 개발하는 '인공지능 기술 연구원', 인공지능 솔루션을 설계, 개발 및 수립할 때 가능한 솔루션을 설계하기 위한 과정을 설계하는 '인공지능 엔지니어', 인공지능 로봇을 설계 개발하는 '로봇 엔지니어', 인공지능을 활용하여 빅데이트를 분석하는 'AI 빅데이터 분석가', 기업 운영을 간단하고 간소화할 수 있는 AI 방법론을 설계하는 'AI 단순화 전문가'와 AI 솔루션 최적화 업무를 맡을 'AI 최적화 엔지니어', 사람 음성을 인식하고 이해하는 솔루션을 개발하고 보급하는 'AI 음성 인식 SW 개발자', 기업 솔루션에 AI를 도입하기 위한 컨설팅 업무를 맡을 '인공지능 컨설턴트', 양자 정보 처리 분야에 기계학습 기술을 도입해 차세대 분석 솔루션을 연구하고 개발하는 '인공지능 양자 기계학습 분석가', 헬스케어 데이터 기반 개인 유전적 성질을 분석하고 솔루션을 개발하는 'AI 유전적 다양성 분석가' 딥러닝 기반 이미지 인식 관련 응용 솔루션을 개발하는 'AI 이미지 분석 전문가', 다양한 국가 언어를 분석해 목적에 부합하는 문맥으로 번역하는 'AI 자연어 분석 전문가', 인공지능 활용 가상화 공간에 서버를 구축하고 유지 및 보수하는 업무를 수행하는 'AI 가상화 엔지니어' AI 솔루션을 개발하여 적용할 회사, 비즈니스 모델, 비즈니스 프로세스 또는 제품 전략을 입안하는 'AI 비즈니스 전문가' 등 다양한 직업이 등장해 인공지능 전문 영역을 선도하고 있고 향후 더욱 다양하게 증가할 것으로 예측된다.

한편 인공지능 전문가의 수요는 급증하는데 실력을 갖춘 인재는 많지 않아 인공지능 전문가는 특급 대우를 받고 있다. 다른 영역에 비해 3~4배 이상의 연봉을 지급하더라도 인공지능 전문가를 영입하려는 기업들의 AI 전문 인력 쟁탈전이 치열하고 이러한 현상은 당분간 지속될 것이다.

도표 4-6 2022년 국내 인공지능 SW 전문가 수요와 공급 전망

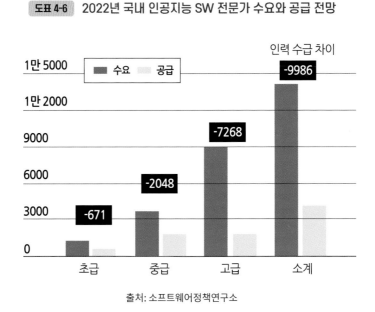

출처: 소프트웨어정책연구소

또한, 인공지능의 접목 영역이 다양한 IT 분야 및 경영과 비즈니스, 미디어, 콘텐츠, 서비스 영역으로 계속 확대되면서 각각의 영역에서 인공지능을 접목할 수 있는 분야별 인공지능 전문가 직업과 일자리도 계속 새롭게 생기고 늘어날 것이다. 한국고용정보원은 인공지능이 접목되면서 미래 유망 직업으로 부상하고 있는 35가지 직업을 도표 4-7과 같이 선정하였다.

도표 4-7 미래 유망 직업으로 선정된 35가지 직업

직업명	개요	관련기술
인공지능 전문가	인공지능 알고리즘(딥러닝)을 개발하거나 프로그램으로 구현하는 일을 한다.	인공지능
빅데이터 분석가	데이터를 분석하고 그 결과로부터 기업 혹은 공공기관 등에게 가치 있는 정보를 추출하는 일	빅데이터
소셜미디어 전문가	소셜 미디어를 활용하여 크리에이터, 홍보 및 마케팅, 고객과의 의사소통, 부정적 소문 및 이미지 관 피 등의 일.	미디어
감성인식기술 전문가	생체정보를 정확히 인식하는 감성 계측 기술, 수직적으로 해석하는 기기를 개발하는 일	인공지능, 로봇
클라우드컴퓨팅 보안개발자	클라우드 서비스(플랫폼, 스토리지, 네트워크 등) 이용을 위해 보안 기술을 개발하는 일을 한다.	클라우드
디지털장의사	인터넷에 남긴 기록들을 삭제하거나, 악성 댓글이나 루머, 고객 정보, 기록, 글, 사진 등 다양한 자료를 삭제해 주는 일.	미디어
O2O서비스 기획자	다양한 ICT 기술, 스마트폰 기술, 위치정보기술 등을 이용하여 온라인과 오프라인이 유기적으로 연계된 서비스를 기획하고 개발하는 일	스마트
클라우드 개발자	클라우드 서비스를 개발하고 안정적으로 클라우드 서비스가 제공될 수 있도록 관리하는 일	클라우드
사물인터넷기기 보안인증심사원	사물인터넷 기기 보안 기준에 따라 기기를 평가하여 인증 여부를 심사하는 일	사물 인터넷
자율주행자동차 개발자	교통 상황을 정확히 판단하여 운전자가 조작하지 않아도 스스로 주행하는 자동차를 개발하는 일	인공지능
유전학 상담 전문가	유전 질환을 이해하여 전문적인 정보를 제공하고 가장 적절한 대응 방법을 선택하도록 지원하는 일	생명과학
스마트팩토리 설계자	공장 상황을 분석하여 스스로 공정을 연계하고 제어하는 스마트팩토리를 설계하는 일	AI,로봇, 사물인터넷, 빅데이터
로보어드바이저 개발자	고객의 투자 성향 정보를 분석 알고리즘을 개발하고, 자산 운용을 자문 관리해 주는 자동화된 서비스를 개발 제공하는 일	인공지능
뇌-컴퓨터인터 페이스개발자	인간의 신체 동작을 뇌 신호를 탐지하고 이를 토대로 컴퓨터에 명령하고 컴퓨터가 반응하는 인터페이스 기술을 연구, 개발하는 일	인공지능
뉴로모픽 칩 개발자	인간의 신경망과 같은 기능하는 뉴로모픽칩을 개발, 연구하는 일	인공지능
데이터브로커	데이터를 수집해 이를 제3자와 고유하거나 가공하여 판매하거나 데이터 소유자와 데이터 고객을 연결하여 데이터 거래를 돕는 일	빅데이터 인공지능
로봇윤리학자	인간의 윤리적 기준에 반하는 로봇 기능이 있는지, 판매 및 사용 목적이 윤리적 기준에 반하는지 등 로봇의 설계, 제조, 판매, 사용 등에서의 윤리적 기준을 연구하고 적용하는 일	인공지능
블록체인시스템 개발자	은행과 같이 신뢰할 수 있는 기관 없이도 안전한 거래가 가능한 시스템 환경을 개발하거나 구축하는 일	블록체인
빅데이터플랫폼 개발자	빅데이터를 처리, 분석하고 지식을 추출하여 가치 있는 정보를 제공하는 IT 환경(시스템)을 설계, 기획, 구축하는 일	빅데이터 인공지능
공유결제 컨설턴트	공유 경제 비즈니스 모델을 개발하여 실행하거나, 비즈니스 모델에 관한 컨설팅과 강의 등의 일	AI,스마트
3D프린팅모델러	3D프린팅을 통해 3D 형상을 제작하기 위한 형상을 3D모델링으로 구현하여 프로그램화하는 일	3D프린터 인공지능
가상현실 전문가	가상현실에 대한 사용자의 요구, 사용 목적 등을 파악하고, 이에 따라 가상현실 콘텐츠와 시스템을 기획하고 개발하는 일	가상현실 미디어

출처: 한국고용정보원

3) 인공지능 시대에 유망한 인문·사회·경영·문화 분야 미래 직업

인공지능을 중심으로 한 4차 산업혁명의 가속화로 이공계 분야의 직업보다 인문·사회·경영·문화 분야의 직업에 더욱 많은 변화가 생긴다. 이 분야 기존의 많은 직업과 일자리가 똑똑해지는 컴퓨터와 기계에 의해 대체될 것으로 전망되고 있다. 그러나 또 한편으로 인간의 창의성, 감성, 인성을 기반으로 인공지능을 융합하면 인문·사회·경영·문화 분야에 수많은 직업과 일자리가 부상할 것이다. 이러한 관점에서 국제미래학회는 인문·사회·경영·문화 분야에서의 유망 직업을 다음과 같이 예측 선정하였다.

(1) 미래 경영·금융 분야 10대 유망 직업

경영·금융 분야의 10대 유망 직업으로 ① AI 빅데이터 분석가, ② 공유경제 컨설턴트, ③ 기업인수 합병 전문가, ④ 핀테크 전문가, ⑤ 도시재생 전문가, ⑥ 브레인 퀀트, ⑦ 대안화폐 전문가, ⑧ AI 외환 딜러, ⑨ AI 재무 컨설턴트, ⑩ 공정무역 전문가가 선정되었다.

AI 빅데이터 분석가는 인공지능을 활용하여 대량의 데이터 속에서 미래 트렌드를 읽어내고 부가가치 높은 결과물을 도출하며, 대량의 빅데이터를 관리하고 분석하여 사람들의 행동 패턴이나 미래 시장과 경제 상황 등을 예측한다. AI 빅데이터 분석가는 대기업, 금융기관, IT 기업 및 글로벌 기업에서 인공지능 빅데이터 전문가로 활동하며 인공지능과 빅데이터 활용 지식을 통해 비즈니스 미래 전략 수립, 미래 시장 예측, 소비자 구매 행동 요인 분석, 시장 상황 예측, 비즈니스 핵심 전략 요인 분석 등을 수행한다.

도표 4-8   AI 빅데이터 분석 전문가 교육과정

- Computational Thinking 기반 문제 해결 능력 배양
- 다양한 형태의 빅데이터를 수집하고 원하는 형태로
  처리할 수 있는 능력 배양
- 빅데이터 시각화를 통해 정보를 명확하고
  효과적으로 전달할 수 있는 능력 확보

**빅데이터
프로그래밍
역량 개발**

**빅데이터 분석
및 AI 구현
역량 개발**

**AI빅데이터
프로젝트
수행능력 확보**

- 머신러닝/딥러닝/통계분석 핵심 이론의 이해
- 최신의 분석 기술을 응용하여 비즈니스 기회를
  포착할 수 있는 역량 개발

- End-to-End 빅데이터 프로젝트 수행 경험 확보
- 문제를 정의하고 이슈 사항을 도출하여 데이터 분석
  목표 및 프로젝트 계획을 수립하는 능력 확보

출처: AI 빅데이터 MBA 과정, 국민대학교

공유경제 컨설턴트는 어떤 물건을 여러 사람이 공유해 사용하는 공유경제의 주체로 소비에 대한 개념을 바꿔주면서 공유 가치가 있는 사람, 물건 등 소비 비즈니스 모델을 설계한다.

기업인수 합병 전문가는 기업인수, 매각, 합병, 지배 구조 전략 등의 니즈를 가지고 있는 기업체를 발굴 제안 및 자문 업무를 한다.

핀테크 전문가는 인공지능, 모바일, 빅데이터, 사물인터넷 등의 첨단 정보 기술을 기반으로 한 금융 서비스를 개발하고 서비스 제공 업무를 한다.

도시재생 전문가는 쇠퇴하고 낙후된 도시 지역을 되살리기 위한 도시 재생 계획을 세우고 도시의 지형과 각종 시설을 조사하여 도시를 가장 효율적이고 편리하며 환경을 고려한 재생 계획을 수립하는 업무를 한다.

브레인 퀀트는 인공지능을 활용하여 펀드 운용 프로그램을 개발하고 이를 이용해 수익을 창출하는 업무를 수행하여 주식과 기업에 대한 계량적 분석과 인공지능 통계 및 분석 모델을 설계한다.

대안화폐 전문가는 세계의 금융 정보를 수집 분석하여 국제 금융시장에서 화폐 거래를 통해 이익 창출 역할과 기존 화폐를 대체할 화폐를 찾아 거래에 사용하도록 지원하는 역할을 한다.

AI 외환 딜러는 인공지능을 활용하여 외환시장의 추이를 분석하여 달러, 엔화, 마르크화 등 국제 금융시장에서 통용되는 외환과 파생상품을 싼 시점에 사들여서 비쌀 때 팔아 그 차액을 극대화하는 외환 트레이딩 업무를 수행한다.

AI 재무 컨설턴트는 인공지능 분석과 고객 상담을 통해 고객의 현 재무 상태를 분석하여 재무 목표 수립을 도와주고, 재무 목표를 달성할 수 있도록 인공지능 분석을 통해 최적의 상품을 제안하고 실행을 위한 자문 서비스를 제공한다.

공정무역 전문가는 저개발 국가의 생산자와 그들의 제품을 구입하는 소비자 사이에서 교역을 돕는 공정무역 정책을 알리고 윤리적 소비를 인식시키는 캠페인 기획하고 실행한다.

그림 4-14 공정무역 마크

(2) 미래 인문·사회 분야 10대 유망 직업

인공지능 시대 미래 인문·사회 분야 10대 유망 직업은 ① 오피스 프로듀서, ② 스마트 마케터, ③ 쇼핑 큐레이터, ④ 미래지도사, ⑤ 국제회의·컨벤션 기획자, ⑥ 에듀 툴킷 디자이너, ⑦ 정신 건강 상담 전문가, ⑧ 애완동물 행동 상담원, ⑨ 스토리텔링 작가, ⑩ 미디어 크리에이터가 선정되었다.

오피스 프로듀서는 스마트워크를 위한 환경을 구축해 주는 직업으로 인공지능 스마트워크 장비와 사무용품과 가구 사무용기기 등을 공간에 맞게 배치 인테리어 업무를 한다.

　　스마트 마케터는 스마트 미디어와 인공지능과 디지털 마케팅 기술을 활용하여 빅데이터 분석을 통해 고객 맞춤형으로 고객의 소비 행동을 예측하고 구매를 유도할 수 있는 마케팅 전략을 기획하고 실행하는 업무를 수행한다.

　　쇼핑 큐레이터는 온·오프 미디어를 통한 상품 기획자로 소비자들에게 판매할 상품을 감별하고 선정해서 언제 어디서나 고객의 취향에 맞는 제품을 다양한 큐레이터를 통해 상품을 추천하여 고객이 살 수 있게 하는 업무를 수행한다.

　　미래지도사는 미래사회 특성, 4차 산업혁명 특성, 미래 과학기술 변화, 미래 산업 및 미래 비즈니스 그리고 미래 직업의 변화를 안내하고 지도한다. 또한, 학생들과 일반인들을 대상으로 미래 진로와 미래 생애 설계 및 실천 계획을 입안하도록 지도한다.

그림 4-15 　미래지도사 안내

출처: 국제미래학회 (www.gfuturestudy.org)

　　국제회의·컨벤션 기획자는 국제행사 기획 제안서를 만들어 제출하며, 행사 홍보, 연사 관리, 회의장 관리와 행사 진행 인력을 관리하여 국제 행사가 원활하게 진행되도록 하는 역할을 수행한다.

에듀 툴깃 디자이너는 게임과 공부를 동시에 할 수 있는 교육용 도구를 만들어내는 디자이너와 같은 업무를 수행하며 인공지능 IT 기술을 이용하여 교육 프로그램을 기획하고 디자인한다.

정신 건강 상담 전문가는 일상생활에서 심리적인 어려움이나 갈등 고민 등 문제를 해결할 수 있도록 돕는 역할을 하며 인터넷 게임, 도박, 쇼핑 중독, 폭식 등에 대한 예방, 상담, 교육을 진행하고 해결하는 역활을 수행한다.

애완동물 행동 상담원은 애완동물을 다루는 방법과 다양한 문제 행동 교정 방법을 조언해 주는 업무를 하며, 애완동물의 문제 원인을 분석하여 교정 프로그램을 설계 행동 교정을 진행한다.

스토리텔링 작가는 웹드라마, 게임, 인터랙티브 방송, 영화, VR·AR·MR·홀로그램, 미디어콘텐츠 등의 극본·시나리오가 되는 스토리텔링을 창작하는 작가이다. 인공지능이 발전하면서 수용자 맞춤형·양방향·선택형 스토리텔링을 구성할 수 있는 창작자이다.

미디어 크리에이터는 언택트·스마트·인공지능이 접목되는 1인 소셜미디어를 통해 자신의 방송을 기획·연출·제작·송출·마케팅하여 영향력을 갖추는 창작자이다.

(3) 미래 문화 산업 분야 유망 직업

미래 문화 산업 분야의 유망 직업은 게임, 공연, 광고, 디자인, 영화, 음악, 만화·캐릭터, 방송 산업 영역별로 다음과 같이 다양한 직업이 선정되었다.

1	게임	게임 VR/AR 프로그래머, VR/AR 게임기획 전문가 맞춤형 게임기획 전문가
2	공연	문화예술디지털 아키비스트, 무대영상 기술자 조명 프로그래머, 어린이 문화 콘텐츠 기획자
3	광고	디지털미디어데이터 분석가, 체험마케팅 기획자 데이터 마케팅 전문가, 광고소비자감성 분석가, 인공지능광고 전문가
4	디자인	데이터 시각화 디자이너, 공공 디자이너 경관 디자이너, 디자인/창의 컨설턴트
5	영화	CFX 아티스트, 영화 유통 전문가, 수출저작권 에이전트, 첨단영상 제작자
6	음악	A&R 기획자, 예술회계사, 음악사업 관리자, 음악퍼블리셔
7	만화/캐릭터	웹툰큐레이터(MD), 캐릭터라이센싱 사업기획자 셀러브리티 IP상품 기획자
8	방송	공연 방송 기술자, 방송프로그램포맷 개발자. UHD 방송 기술자 미디어 컨퍼런스 관리자

4) 인공지능으로 바뀌는 미래 직업과 일자리 변화에의 대처 방안

세계경제포럼(WEF)은 2020년 〈일자리의 미래〉 보고서에서 코로나19의 여파로 인공지능에 의한 자동화가 가속화되고 직업 환경에 본질적인 변화가 나타날 것으로 전망하였다. 2025년까지 전 세계적으로 행정, 회계, 제조업을 포함 대부분의 분야에서 총 8,500만 개의 일자리가 인공지능으로 대체될 것이라고 내다봤다. 한편 세계경제포럼(WEF)은 2025년까지 인공지능(AI), 데이터 분석, 콘텐츠 영역 그리고 인공지능을 접목한 분야에서 9,700만 개의 새로운 일자리가 새로 생겨날 것으로 예측했다.

또한, 미국 컨설팅 업체 **프라이스워터하우스쿠퍼스(PWC)**는 2017년 일자리 연구 보고서에서 2017년부터 2037년 사이 20년 동안에 인공지능과 로봇으로 인해 미국에서 약 700만 개의 일자리가 사라질 것으로 예측했다. 하지만 인공지능과 로봇으로 인해 미국내 720만 개의 일자리가 새롭게 생길 것으로 전망했다. 즉 인공지능과 로봇 덕에 결과적으로 20만 개 일자리가 더 늘어나리란 전망이다.

이처럼 관점을 어디에 두느냐에 따라 미래 직업과 일자리는 앞이 깜깜하게 보일 수도 있고 빛이 보이는 희망이 될 수도 있다. 미래 직업과 일자리 변화에 대처하는 가장 기본적인 방법은 인공지능 활용 역량을 포함한 미래 기본 역량을 갖추고 희망 직업의 업무 형태의 미래 변화를 파악하여 필요한 미래 업무 역량을 갖추는 것이다.

인공지능 시대에 인류는 인공지능과 함께 공존하게 된다. 이에 인간의 직무에 더욱 필요하게 되는 창의력, 공감 능력, 협업 역량, 소통 역량과 인성을 갖추고 인공지능을 이해하고 이를 직무와 직종에서 활용할 수 있는 역량을 갖추어야 한다. 이를 기반으로 새롭게 변화하는 희망 직업과 일자리의 전문 업무 역량을 함양해야 한다. 이를 통해 취업 및 창업 그리고 창직 등을 통해 미래에도 인재로서 역할을 할 수 있게 된다. 인공지능 시대 새로운 아이디어를 통해 무한대의 새로운 일자리가 창직될 수 있다. 누구나 새로운 일자리의 창안자가 되고 새로운 기회를 잡을 수 있게 된다.

그림 4-16 국제미래학회 주최 미래직업 창업 창직 대회

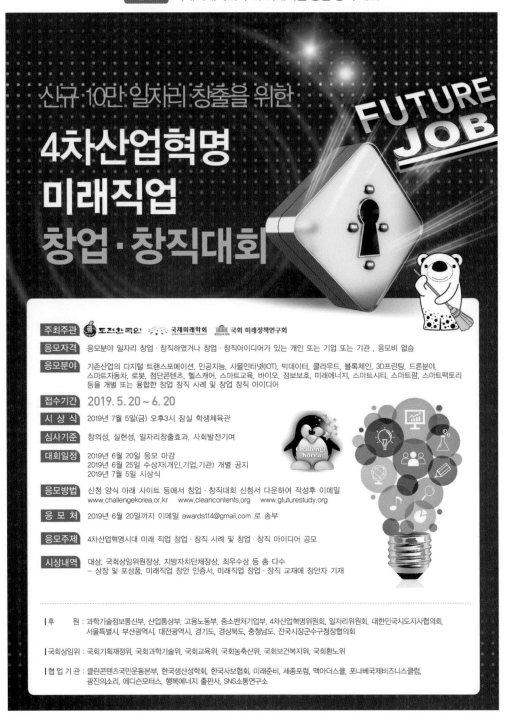

출처: 국제미래학회 (www.gfuturestudy.org)

CHAPTER **5**

인공지능이 바꾸는
미래 미디어

인공지능이 바꾸는 미래 미디어

"미디어는 인간의 확장이다."라는 세계적인 미디어학자 **마샬 맥루한**의 말처럼 미디어는 인간의 오감과 뇌의 영역까지 확장해 왔다. 인간을 닮은 지능을 지향하는 인공지능과 미디어는 자연스럽게 교차되게 된다. 인공지능이 미디어에 접목되면서 우리의 삶 속에 인공지능이 더욱 밀착되고 있다.

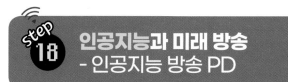

step 18 인공지능과 미래 방송 - 인공지능 방송 PD

 1) 인공지능이 바꾸는 방송 제작 프로세스

인공지능 PD의 연출에 의해 인공지능 사회자가 인공지능이 작성한 방송 시나리오 대본으로 인공지능 연예인 출연자와 인터뷰한다. 인공지능이 장착된 방송 카메라와 인공지능 조명이 각도에 따라 자동으로 바뀌며 출연자를 가장 돋보이게 최적의 화질로 촬영한다. **인공지능 영상 편집기가** 가장 적합한 커트를 실시간으로 최적의 화질과 음질로 보정하고 편집하여 방송 영상을 제작한 후 **인공지능 송출기가** 다수의 수신 플랫폼과 수신 디바이스에 각각 적합하게 변환하여 송출한다.

　미래에 구현될 수도 있는 방송 제작 시스템의 모습이다. 방송은 아날로그 영역에서 디지털로 넘어온 이후 다양한 기술이 접목되면서 변화하고 있다. 촬영 카메라, 조명, 분장, 방송 세트장, 영상 편집, 방송 송출 시스템 등 전 영역이 급속도로 아날로그에서 디지털로 이미 바뀌었다. 이제 **인공지능 기술이 방송의 전 영역에 접목되는 시점이 시작되었다.** 기존의 방송 시스템뿐만 아니라 인간만의 고유 영역이라 여겨왔던 시나리오 대본 작성, 방송 출연자, 편집 연출 분야에도 인공지능이 접목되면서 새로운 방송 제작 환경이 만들어지고 있다.

그림 5-1 MBN 인공지능 김주하 앵커의 뉴스 진행 장면

출처: MBN 인터넷

　MBN은 2020년 9월 21일부터 하루 2회 이상 MBN 인터넷에서 종합뉴스 예고부터 당일의 주요 뉴스 소식까지 김주하 인공지능(AI) 앵커를 활용한 뉴스를 보도하고

있다. 방송을 본 시청자들은 김주하 AI 앵커의 말 뉘앙스, 제스처, 표정에서 **실제 김주하 앵커와 차이를 느끼지 못했다.**

이는 인공지능 딥러닝 기반의 실시간 영상 합성 기술을 활용하여 실제 인물과 동일하게 표현하는 AI 인물 영상을 제작하여 방송하였다. 방송 뉴스 기사 스크립트를 입력하면 AI 딥러닝이 학습한 실제 김주하 앵커의 음성과 영상으로 변환하고 뉴스 성격에 맞게 표정, 제스처와 억양을 표현하여 방송한다. 이를 활용하여 기존의 방송 뉴스 영상의 수준을 유지하면서도 촬영을 위한 시간, 인원, 비용 등의 자원을 대폭 절약하고 있다.

국내에서는 MBN뿐 아니라 **YTN 플러스**도 '**AI 아나운서**'를 개발하여 선보일 예정이고, **KBS**도 현직 기자 목소리를 학습해 재난 속보를 빠르게 전달할 수 있는 '**재난 방송 AI 아나운서**' 서비스를 준비하고 있다.

해외에서도 인공지능이 출연하는 방송이 점차 늘어나고 있다. 중국은 세계 최초로 2018년 인공지능 아나운서가 **WIC 인터넷대회 방송에 등장**하여 진행하였다. 2019년엔 **중국 최대 방송 프로그램인 CCTV 춘절 방송 축제에 인공지능 MC가 등장**하여 진행하였다. 이후에도 중국은 인공지능 가수, 인공지능 앵커 등 다양한 영역으로 인공지능 방송 출연자가 확대되고 있다. 미국과 영국 그리고 일본에서도 **인공지능 방송 출연자가 선보이고 있다.**

그림 5-2 중국 CCTV의 춘절 방송 축제에 등장한 인공지능 MC 4(왼쪽 4명) (출처: CCTV)

한편 방송의 뼈대가 되는 시나리오를 작성하는 인공지능도 등장하였다. 인공지능이 대본을 쓰고 콘텐츠를 제작할 수도 있다. 영화감독 **오스카 샤프**와 인공지능 연구자 **로스 굿윈**이 공동으로 개발한 인공지능 시나리오 작가 벤자민(Benjamin)이 2016년 최초로 쓴 〈**시나리오 선스프링**(Sunspring)〉이 단편 영화로 제작되어 방송되기도 하였다.

그림 5-3 인공지능 벤자민이 시나리오를 쓴 단편 영화 〈선스프링〉 장면

출처: 미디어오늘(http://www.mediatoday.co.kr)

그리고 인공지능(AI)이 발전하면서 방송 제작 시스템에도 인공지능 머신러닝 기술들이 접목되어 방송 콘텐츠 제작부터 개인 맞춤형 방송 콘텐츠 생성까지 인공지능이 활용되고 있다.

예를 들어 영국 최대의 방송사인 **BBC**는 '**인공지능 미디어 프로덕션**(AI in Media Production)'으로 **AI 자동 편집 모델 에드(Ed)**를 활용하고 있다. 에드는 광각으로 촬영된 고해상도 이미지에서 적합한 카메라 앵글을 찾고 이에 맞춰 자동화된 최적의 샷 프레임 추출과 샷 선택으로 영상을 편집한다.

또한, **인공지능 방송 송출 시스템**을 활용하여 서비스되는 플랫폼과 시청자의 수신 환경에 최적의 방송 콘텐츠 품질로 자동 변환되어 송출케 하여 동일한 네트워크 환경에서 시청자들은 이전보다 더 깨끗한 화질의 영상과 음성을 감상할 수 있게 된다.

이처럼 **인공지능이 방송 제작에 접목**되면서 시나리오 작성부터 촬영, 자료 검색 추출, 편집, 송출까지 방송 영상 제작의 일련의 과정을 총괄하는 인공지능 PD의 탄생도 머지않아 구현될 것으로 전망된다.

 2) 방송 제작을 바꾸는 인공지능 기술

인공지능 기술은 방송 출연자부터 제작까지 거의 모든 방송 제작 영역에 영향을 미치게 된다. 구체적으로 어떤 인공지능 기술이 방송 제작에서 활용될 수 있는지를 살펴보도록 하겠다.

(1) 인공지능 머신러닝을 통한 방송 시나리오 창작

뉴욕대의 영화학교 출신 **오스카 샤프**(Oscar Sharp)와 뉴욕대에서 인공지능 자연어 처리와 신경망을 연구한 **로스 굿윈**(Ross Goodwin)이 함께 의기투합하여 노력한 끝에 **시나리오 전문 인공지능 벤자민**(AI Benjamin)을 개발하였다.

그들은 AI 벤자민(AI Benjamin)이 **머신러닝 알고리즘**으로 시나리오 작업을 학습할 수 있도록 스타 트렉(Star Trek), 2001 스페이스 오디세이(2001: A Space Odyssey), 엑스파일(X-File) 등 수많은 유명 영화의 시나리오를 제공하였다. 이러한 학습 이후 2016년 세계 최초로 9분 분량의 인공지능 **SF 영화 시나리오 선스프링 시나리오**를 완성했고 오스카 샤프가 이를 영화로 만들어 세상에 선 보였다. 이후에도 벤자민은 더욱 완성도 높은 〈It's No Game〉이라는 단편 SF 영화 시나리오를 제작하는 등 점차 작품 수준이 향상되고 있다.

인공지능 벤자민의 시나리오 작업 학습은 개발자가 수만 개로 분류된 스토리를 입력하고 벤자민은 이 시나리오들을 단어 단위로 분해한 뒤 어떤 단어나 절들이 서로 함께 어울려 등장하는지를 분석한다. 또한, 벤자민은 시나리오를 각각 다른 인공지능 신경망(Neural Network)으로 개별 문단, 문단 간 조화, 전체 맥락 등 3가지 측면에서 분석하고 그 패턴을 학습하는 작업을 반복하면서 시나리오 구조와 시나리오 작법을 익힌다. 벤자민은 스스로 시나리오를 작성하고 또한 평가하는 작업을 반복하면서 점차 수준 높은 시나리오를 작성하게 된다.

또한, 2020년엔 미국 채프먼대학교(Chapman University) 4학년 학생 두 명이 **개방형 딥러닝 인공지능 GPT-3**를 활용해 **시나리오 대본**을 작성, 영화 〈방문판매원 (Solicitors)〉을 제작하기도 했다.

그림 5-4 인공지능이 작성한 시나리오로 만든 영화 〈방문판매원〉

출처: AI 타임즈 http://www.aitimes.com/news/articleView.html?idxno=132976

인공지능이 만들어 낸 시나리오에는 대사는 물론 배우에게 전달할 무대 지시도 포함되어 있다. 그리고 영화에 사용할 노래의 가사도 포함되기도 한다. 이처럼 인공지능 시나리오 작가를 통해 방송 제작에 필요한 새로운 시나리오 발상이나 기존 시나리오의 완성도를 높이는 데 도움을 받을 수 있다.

(2) 인공지능 음성 인식 · 음성 합성 기술

사람과 구별하기 힘들 만큼 유사한 인공 음성을 만들어 내는 **자연어 처리 기술 (NLP: Natural Language Processing)**과 딥러닝 언어 기술, 사람이 말하는 음성 및 오디오를 인공지능이 실시간 해석하여 문자로 전환하는 **음성 텍스트 변환 기술**(STT: Speech to Text), 다양한 언어의 텍스트를 원하는 사람의 목소리로 변환하는 **텍스트 음성 변환 기술**(TTS: Text to Speech)를 탑재하여 **AI 아나운서, AI 사회자, AI 가수 등 AI 방송 출연자**를 통해 재난방송 및 쇼 방송 등을 만드는 데 활용될 수 있다.

(3) 인공지능 이미지 인식 기술

인공지능 이미지 인식 기술은 **동영상이나 이미지 사진 자료에서 특정 객체를 식별하고 장면을 이해하는 기술**로 딥러닝 기술이 적용된다. 이미지 인식은 컴퓨터 비전 (Computer Vision) 기술 중 하나로 세 가지 태스크(Task)가 존재한다. 첫째는 이미지 내 특정 사물을 분류(Classification)하는 태스크이고, 둘째는 여러 사물을 도시에 검출(Detection)하는 태스크이며, 셋째는 사물들을 픽셀(Pixel) 단위로 식별하여 분할(Segmentation)하는 태스크이다.

실시간 방송에서 인공지능 이미지 인식 기술로 **특정 이미지나 동영상 자료를 검색 추출하여 사용할 수가 있고 하이라이트 방송 클립 영상을 자동 생성하여 유튜브와** SNS 등에 자동 스트리밍할 수 있게 된다.

그림 5-5 SBS의 인공지능 방송 클립 영상 자동 생성 송출 시스템

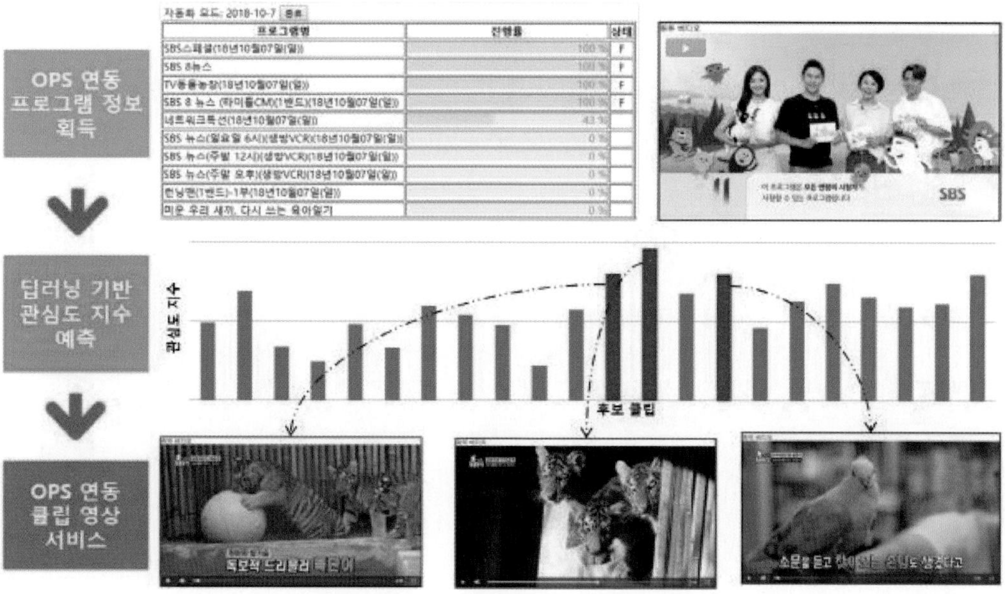

출처: https://zdnet.co.kr/view/?no=20181011112524

SBS의 인공지능 방송 클립 영상 제작 송출 시스템은 방송 하이라이트 클립 영상을 딥러닝 기반으로 인물 또는 객체 인식 기술을 수행해 자동 제작 송출함으로써 방송 클립 제작 비용과 시간을 획기적으로 낮추면서도 안정적인 품질을 획득할 수 있게 되었다.

(4) 인공지능 영상 편집 · 복원 기술

방송 영상의 편집과 복원에도 인공지능 기술이 접목되어 완성도를 높이는 역할을 한다. IBM의 왓슨과 BBC 방송사의 Ed 시스템 그리고 NHK 방송사의 인공지능 스마트 프로덕션 시스템 등 이미 인공지능이 방송 영상의 편집과 복원에 적용되고 있다.

예를 들어 IBM의 AI 플랫폼 왓슨(Watson)은 동시에 18경기가 진행된 메이저 테니스 대회 미국오픈(US Open)의 하이라이트 영상을 멋진 득점 장면, 군중의 환호, 테니스 선수의 움직임과 표정 등을 머신러닝으로 분석해 경기의 주요 장면을 극적으로 편집하여 순식간에 고품질의 하이라이트 영상을 스스로 만들었다. 또한 AI 왓슨(Watson)은 하이라이트 영상을 편집하면서, 동시에 이를 자동으로 메타

데이터화했다. 기존에는 사람이 방송 콘텐츠에 대한 메타 데이터를 입력했으나 스스로 학습하는 AI가 영상의 시각, 청각, 텍스트, 주인공의 표정 등을 식별하고 이를 통해 자동으로 메타 데이터를 구축함으로써 AI가 방송 영상 콘텐츠의 활용 가능성을 비약적으로 높이는 데도 기여하게 되었다.

그림 5-6 BM AI 플랫폼 왓슨(Watson)이 편집한 2017 US Open 하이라이트

출처: US Open 페이스북

또한, 인공지능 영상 복원 기술로 좋지 못한 화질을 깨끗하게 개선하거나 과거 흑백 영상을 컬러로 복원하여 방송 콘텐츠를 만들 수 있게 된다. 인공지능 딥러닝 기술인 초기 초해상화(Super Resolution) 기반의 '고해상도 기술'과 '생성적 적대 신경망 기술(GAN: Generative Adversarial Network)', '얼굴 인식 기술'을 적용하여 저해상도 영상과 사진을 고화질로 개선하고 고인의 모습도 복원하여 방송 영상으로 활용할 수 있게 된다.

인공지능의 생성적 적대 신경망(GAN) 기술을 기반으로 영상 복원과 홀로그램 기술 및 음성 합성 기술이 결합하여 이전의 가수와 연예인 등 유명인을 복원시킬 수 있게 된다. 실제로 국내 방송사들이 '가수 AI 복원' 방송을 하여 큰 관심을 끌었

다. Mnet 〈AI 프로젝트 다시 한번〉 방송에서 2008년 작고한 거북이의 리더 터틀맨(임성훈)이 인공지능 기술인 GAN(생성적 적대 신경망)으로 자연스럽고 생동감 있는 표정으로 복원되어 12년 만에 다른 멤버인 지이와 금비와 함께 완전체 혼성 그룹 거북이로 무대에 섰다. 이외에도 가수 신해철, 김현식, 김광석도 복원되어 방송을 통해 공연을 선보였다.

또한, MBC 다큐멘터리 〈너를 만났다 시즌2〉 방송에서는 인공지능 생성적 적대 신경망(GAN) 기술에 모션 캡처와 VR 기술, 보이스 컨버전(Voice Conversion) 기술을 적용해 고인이 되기 전 아내의 모습과 음성을 그대로 구현하여 남편과 다시 만나는 장면을 구현하여 감동을 주었다.

방송계에서 인공지능 기술을 통해 고인이 된 아티스트를 복원하는 시도는 계속되고 있다. 2021년 SBS도 신년 특집으로 〈세기의 대결! AI vs 인간〉은 첫 편에서 김범수의 '보고 싶다'를 부르는 김광석을 AI로 구현하였다.

그림 5-7 가수 터틀맨이 인공지능 기술로 복원되어 공연하는 완전체 거북이 (출처: Mnet)

STEP 19 인공지능이 바꾸는 미래 소셜미디어 SNS

SNS는 소셜네트워크 서비스(Social Networking Service)의 약어로 사용자 간의 자유로운 의사소통과 정보 공유, 그리고 인맥 확대 등을 통해 사회적 관계를 생성하고 강화해 주는 소셜미디어를 의미한다.

불특정 다수와 관계망을 형성하는 페이스북, 트위터, 인스타그램 등의 개방형 SNS와 지인들 위주로 관계망을 형성하는 밴드, 카카오스토리 등의 폐쇄형 SNS가 있다.

페이스북은 2004년 2월 4일에 마크 저커버그가 대학 동문들 간의 사회 관계망 구축을 위한 웹사이트 개설에서 출발하였다. 이후 페이스북은 2020년 기준 전 세계 27억 명이 사용할 만큼 SNS의 대표 주자가 되었다. **페이스북은 인공지능을 SNS의 미래로 보고 인공지능 연구본부(FAIR)를 설립하여 AI를 연구 개발하며 페이스북에 접목하고 있다.**

페이스북 AI 리서치(Facebook AI Research, FAIR)는 2020년 이전의 어떤 챗봇보다 뛰어나고 더 인간적인 느낌을 줄 수 있는 새로운 **인공지능(AI) 챗봇 '블렌더(Blender)'**를 발표하고 이를 향후 페이스북에 장착할 계획이다. 또한, 이미 서비스 한 적이 있는 **인공지능 비서도 대폭 개선 발전시켜** 향후 장착할 계획이다. 또한, 인공지능과 빅데이터 기술로 **사진 및 영상 자동 태깅, 개인 맞춤 사회 관계망 매칭 및 맞춤 콘텐츠 서비스가** 강화되고 있다. 여기에 페이스북에 인공지능 기술이 접목된 **맞춤형 쇼핑 서비스까지** 제공될 예정이다.

페이스북을 통해 본 미래의 SNS는 인공지능 기술이 핵심이 되어 우리의 개인 비서 역할을 하며 적재적소에 필요한 정보와 관계망을 연결해 주고 필요한 상품을 추천하여 즉석에서 구매하게 해 준다. 미래의 SNS는 우리 삶의 필수 서비스재가 될 가능성도 있다.

그림 5-8 페이스북 챗로봇 블렌드(Blender)

출처: 인공지능신문

미래의 소셜미디어 SNS가 어떻게 변화할 것인가를 미래 예측 기법인 퓨처스 휠을 통해 살펴보면 도표 5-8과 같다. SNS는 **연결, 참여, 개방, 공유, 커뮤니티, 대화, 효율, 파급의 특성이 강화되면서 개인 맞춤 강화, 자동화된 상호 작용, 뉴스와 소통 창구, 오감 인식, 시공간 제한 없는 서비스, 커머스 연계 등이 구현되는** 방향으로 미래에 변화될 것으로 예측되고 있다.

도표 5-1 퓨처스 휠로 예측한 소셜미디어(SNS)의 미래

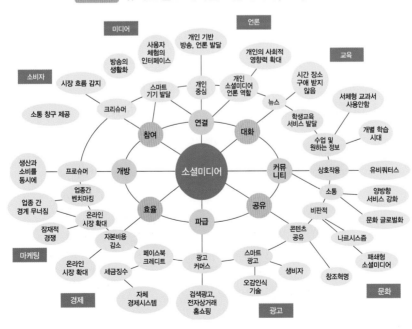

출처: '미디어와 마케팅의 미래', 안종배와 한세대 학생들

5. 인공지능이 바꾸는 미래 미디어　　**187**

소셜미디어 SNS는 인공지능(AI) 기술을 중심으로 비약적인 발전을 거듭할 것으로 전망된다. 페이스북과 트위터, 인스타그램 등 SNS는 인공지능 기술을 통해 더욱 정교화되고 개인화된 서비스를 제공하고 **개인 아바타 AI 인격체**가 SNS에 구현되어 자유롭게 대화가 가능한 서비스로 진화될 전망이다.

포르투갈의 대표 SNS인 **에터나인(ETER9)**은 이용자와 꼭 닮은 인공지능 아바타를 육성하는 서비스를 제공하고 있다. 이 서비스는 인공지능을 접목해 이용자의 모든 인터넷 활동 자료를 모아서 취미나 성격, 대인관계를 스스로 학습하고 시간이 지나면서 데이터양이 많아질수록 이용자와 비슷한 가상 인격체로 변화한다. 이용자가 희망하면 이용자 사망 이후에도 이 아바타는 활동을 계속 이어나갈 수 있다.

한편 세계적 한국 가수 그룹 BTS도 사용하는 인공지능 **3D 아바타 SNS인 제페토(Zepeto)**는 네이버Z에서 2018년 출시한 후 2년 만에 전 세계 1억 5,000만 명이 사용할 만큼 큰 인기를 끌고 있다. 제페토에 사용자의 얼굴을 촬영하거나 사진을 올리면 AI(인공지능) 머신러닝 기술이 사용자와 닮은 예쁜 얼굴을 3D로 자동으로 만들어 준다. 아바타가 마음에 들면 제페토 폴로어로 추가하여 친구를 늘리며 24시간, 무릉도원 등 세계 각지에 다양한 공간을 만들어 물리적 한계에 구애받지 않고 친구들과 온라인 활동을 할 수 있다. 다양한 가상 장소에서 친구들과 만나 소통하거나 상황극, 탈출극 등 놀이를 즐길 수도 있다.

그림 5-9 인공지능 3D 아바트 SNS 제페토에서의 필자 아바타 (양끝)

출처: 안종배 회장의 제페토 앱

향후 SNS는 인공지능 기술이 AR, VR 그리고 홀로그램에 적용되어 개인 맞춤형 실감 가상 공간을 구현하면서 **시공간을 초월한 사회적 교류의 공간**으로 확장되어 갈 것이다.

step 20 인공지능으로 바뀌는 넷플릭스와 OTT

어느날 혜성처럼 나타난 넷플릭스(NETFLIX)가 전 세계에 유료 인터넷 스트리밍 서비스인 OTT 서비스 열풍을 가져왔다. OTT 서비스(Over-the-top media service)는 인터넷망을 통해 방송 프로그램·영화·교육 등 각종 미디어 콘텐츠를 제공하는 서비스를 말한다. 디지털 TV 리서치에 의하면 2017년 전 세계 OTT 유료 구독자 수는 3억 6,600만 명이었고, 2019년에 5억 6,900만 명으로 증가하였으며 2023년엔 7억 7,700만 명이 될 것으로 전망되고 있다.

1997년 미국에서 DVD 대여 사업으로 출발한 넷플릭스는 방송과 영화 콘텐츠를 구매하여 2010년부터 유료 인터넷 스트리밍 구독 서비스를 시작하였다. 이후 2016년부터 세계적인 인기를 모은 '하우스업 카드(House of Cards)'를 위시하여 한국 봉준호 감독 영화 〈옥자〉 등 오리지널 콘텐츠를 제작 공급하고 인공지능을 활용한 고객 맞춤형 서비스 혁신으로 구독자가 급증하였다.

이러한 넷플릭스의 인기에 힘입어 해외에서는 OTT 서비스로 디즈니가 '**디즈니 플러스**', 아마존이 '**아마존 프라임 비디오**', 유튜브가 '**유튜브 프리미엄**', 미국 최대 통신사인 AT&T가 '**HBO Max**', 애플이 '**애플TV**'를 론칭하며 경쟁이 강화되고 있다.

그림 5-10 OTT의 최강자 넷플렉스의 오리지널 콘텐츠 '하우스업 카드'

출처: 넷플렉스(NETFLIX)

국내에서도 여러 개의 OTT 서비스가 일찍부터 시작되었으나 시장이 성장하지 못하고 정체되었다가 넷플릭스의 한국 시장 진출 이후 국내 사업자들이 합종연횡으로 뭉치며 새롭게 재편되었다. 2021년 국내 OTT 플랫폼에는 지상파 방송사와 SK텔레콤이 합작해 만든 **웨이브(WAVVE)**를 비롯해 CJ ENM과 JTBC가 만든 **티빙**, 쿠팡의 **쿠팡 플레이**, 네이버의 **네이버TV**, 카카오의 **카카오TV**, 프로그램스의 **왓챠**, KT의 **시즌** 등이 있다.

국내 OTT 시장도 2018년 30%, 2019년 34% 성장하였고 특히 2020년 코로나19로 인해 비대면 서비스가 급증하면서 46% 급증하였으며, OTT 시장 규모도 2021년 1조 원에 육박하고 있다. 반면에 국내에서의 넷플릭스 시장 점유율이 40% 이상 점하고 영향력도 더욱 커지고 있다. 넷플릭스를 통해 개봉하는 영화도 계속 증가하고 있고 넷플릭스 오리지널 방송 영상도 만들어지고 있으며, 국내 IPTV들은 넷플릭스와 제휴하고 있다. 넷플릭스의 가입자가 한국 진출 5년 만에 360만 명을 넘어 국내 OTT 1위를 점하고 있다. 넷플릭스는 한국 넷플릭스 오리지널 콘텐츠 제작에 그동안 7,700억 원을 투자했고 2021년에만 8,400억 원을 투자할 전망이다. 190개국의 양질의 방송 · 영화 콘텐츠를 언제 어디서나 **개인 맞춤형으로 서비스**하는 넷플릭스가 국내 방송과 영화시장의 핵으로 부상하고 있다.

그림 5-11 국내 OTT 시장 판도

출처: MoneyS 김은옥 기자, https://m.moneys.mt.co.kr/article.html?no=2021011018088096548

넷플릭스가 OTT시장을 석권하는 가장 큰 이유는 바로 인공지능 기술의 활용이다. 인공지능으로 OTT 서비스가 어떻게 바뀔 것인지를 미리 보여 주고 있다. 미래의 OTT 서비스는 언제 어디서나 어떤 디바이스를 통해서도 고객이 좋아하는 콘텐츠를 최상의 품질로 즐길 수 있게 한다.

고객 맞춤 서비스를 위한 인공지능 알고리즘은 고객이 OTT에 가입할 때부터 작동하여 고객이 좋아할 만한 콘텐츠를 추천하여 만족도를 높이고 최대한 OTT 서비스를 즐기게 해 준다. 고객에게 보여 주는 콘텐츠 안내 썸네일조차 인공지능이 고객의 취향에 따라 개인별로 다른 이미지를 보여 준다. 로맨스 취향의 고객과 액션물 취향의 고객에게 같은 콘텐츠를 추천하면서도 추천 썸네일은 각 고객 취향에 따라 인공지능이 자동으로 다른 이미지를 형성하여 작성하여 제공하는 것이다.

또한, 인공지능 기술로 각 고객의 수신 환경과 수신 디바이스에 따라 최적의 화면 사이즈와 품질로 자동 변환되어 콘텐츠를 스트리밍되게 한다. 이에 따라 OTT 서비스는 제조사 TV, 스마트폰, IPTV와 케이블방송 등을 통해서 Xbox나 플레이스테이션 같은 게임 콘솔에서도 제공되고, 달리는 자동차나 주방 냉장고의 패널을 통해서도 인터넷이 연결되면 최적의 화질로 제공된다. **인공지능이 적용된 어댑티브 비트레이트**(adaptive bit-rate) **기술**로 단말기기와 통신 환경에 맞춰 최대한 빨리 시작하고 화질을 자동 조절해 감으로써 영상이 버퍼링이나 끊김 없이 최고의 화질로 서비스되게 된다.

한편 한국을 포함하여 전 세계에서 넷플릭스는 타의 추종을 불허하는 OTT시장 점유율 1위를 달리고 있는데 핀란드에서만 **핀란드 토종 OTT 위앨에 아레나 서비스**가 72%의 점유율로 1위를 차지하고 있다. **위앨에 아레나의 성공 비결은 인공지능을 활용한 초개인화 맞춤 서비스**에 있다. 위앨에 아레나는 머신러닝을 통해 AI가 스스로 고객 맞춤으로 동영상 콘텐츠의 장면을 찍어 썸네일로 만들어 고객 개개인 사용자가 관심을 가질만한 초개인화 맞춤 서비스를 제공한다. 더구나 OTT 서비스 메인 화면까지 인공지능을 활용한 고객 최적화 알고리즘으로 개개인의 사용자마다 다른 초개인화 맞춤 메인 화면을 보여 준다.

이처럼 인공지능으로 우리는 언제 어디서나 OTT를 통해 최적의 방송과 영화를 즐길 수 있게 된다.

그림 5-12 핀란드 1위 OTT 위앨에 아레나의 고객별 맞춤 메인 화면

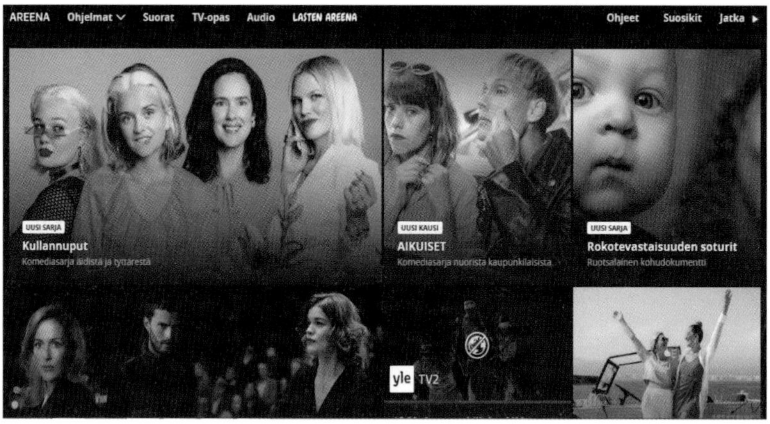

출처: 위앨에 아레나 사이트, https://areena.yle.fi/tv

    2005년 4월 23일 'Me at the zoo'(동물원에 있는 나)라는 제목으로 최초의 영상이 업로드되어 유튜브라는 서비스가 시작되었다. 유튜브(YouTube)는 제목부터 1인 개인을 의미하는 You와 방송을 의미하는 Tube의 합성어인 것처럼 처음부터 1인 미디어를 지향하였다. 유튜브는 창립 1년 후 가입자 수 1,000만 명인 2006년 10월에 16억 5,000만 달러(1조 9,000억 원)라는 당시에 누구나 말도 안 된다고 할 정도의 엄청난 가격으로 구글에 인수되었다. 그런데 2020년 유튜브의 가치는 1,700억 달러로 인수 가격의 100배를 넘고 연광고 매출로만 200억 달러(22조 원)을 벌어들이고 있다. 특히 유튜브는 스마트폰이 보급되면서 급속히 퍼져 나갔고 인공지능을 접목하여 서비스를 향상시키면서 전 세계에 개인 방송 미디어의 붐을 일으키며 현재 전 세계 20억 명 이상이 평균 월 30시간을 시청하는 1인 미디어의 독보적인 위상을 갖고 있다.

그림 5-13 유튜브 창립자 자베드 카림(Jawed Karim)이 샌디에이고 동물원에서
촬영하여 업로드한 세계 최초의 유튜브 영상 'me at the zoo'

출처: 유튜브 (https://youtu.be/jNQXAC9IVRw)

1인 미디어란 개인이 다양한 콘텐츠를 직접 생산하고 공유할 수 있는 커뮤니케이션 플랫폼을 말한다. 1인 미디어는 예전의 일방향적인 전통적인 매스미디어와 달리 양방향성과 상호 작용성이 크게 증대되고 실시간으로 소통할 수 있어 정보의 공유와 확산 속도가 빨라 큰 파급력을 지니고 있다.

국내에서 '1인 미디어'를 처음 확산시킨 것은 '블로그'였다. 개인이 자신의 일상과 의견을 자유롭게 개진할 수 있는 커뮤니케이션 플랫폼인 블로그는 2003년 네이버를 시작으로 다음, 네이트, 파란을 비롯한 포털사이트와 '이글루스'나 '티스토리' 같이 블로그 전문 기업들이 등장할 정도로 큰 열풍이 일었다.

국내에 블로그 붐이 일고 나서 얼마 지나지 않아 '유튜브(YouTube)'가 등장하며 동영상 기반 1인 미디어가 주목을 받기 시작했다. 글과 이미지 중심의 블로그에서 개인이 직접 창작한 동영상인 UCC(User Created Contents)가 TV에서처럼 유튜브에 올라가 전 세계 사용자들이 볼 수 있다는 것에 매력을 갖고 큰 관심을 가지게 되었다. 국내에서도 유튜브가 출시된 2005년, 당시엔 획기적인 개념이었던 실시간 동영상 1인 방송 서비스인 'W플레이어'가 출범했다. 2006년 정식 서비스를 '아프리카TV'라는 이름으로 바꾸어 론칭하여 한동안 국내 1인 방송 미디어시장을 선점하였다. 그러나 유튜브가 국내에 2008년 1월 23일 론칭하고 이후 실시간 개인 방송인 라이브 스트리밍 서비스를 시작하면서 UCC 개인 동영상 플랫폼으로서뿐만 아니라 1인 실시간 방송을 포함한 모든 1인 미디어의 대표주자가 되었다.

그림 5-14 아프리카TV의 2006년론칭 시 사이트 메인 화면

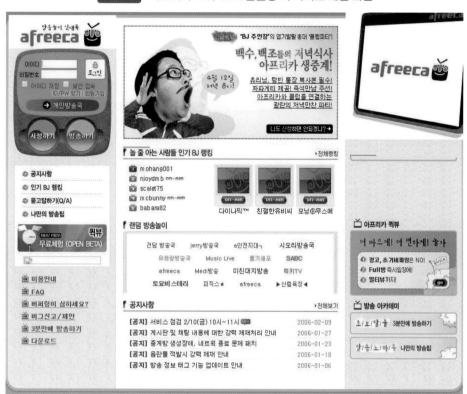

출처: afreeca TV

유튜브가 전 세계 1인 미디어 대표로서의 위상이 더욱 가속화되고 있는 것은 인공지능의 적극적 활용을 통하여 남녀노소 누구나 쉽고 편하게 그리고 안심하고 직접 동영상을 올리고 방송하며 또한 시청하고 즐길 수 있게 서비스하고 있기 때문이다. 이것이 바로 국내 1인 미디어 업체들이 유튜브에게 계속 밀리고 있는 이유이기도 하다. 유튜브의 사례를 통해 인공지능을 통해 바꾸어질 1인 미디어의 미래 모습을 살펴보자.

유튜브는 일찍부터 인공지능을 서비스에 적용하기 시작했다. 유튜브가 가장 먼저 그리고 중요하게 생각하여 인공지능을 적용한 것이 유해 콘텐츠의 필터링과 삭제이다. 유튜브는 폭력, 성적 노출, 극단적 편향성, 저작권 침해 등 유해한 콘텐츠를 차단하기 위해 초기부터 많은 인력을 투입하였다. 이 부분에 인공지능 머신

러닝 기술을 적용하면서 **인공지능이 스스로 학습하여 보다 정교하고 빠르게 유해 콘텐츠를 차단하고 삭제할 수 있게** 되고 인력도 절감할 수 있게 되었다. 이를 통해 유튜브는 남녀노소가 함께 안심하고 볼 수 있는 콘텐츠 공간으로 인식되어 가고 있다.

국내 1인 미디어들이 한때 붐을 일으키다가 유해 콘텐츠로 사회적인 물의를 일으켜 점차 시장에서 약화되는 모습을 보이고 있는데, 초기부터 유해 콘텐츠에 적극 대처하여 클린 콘텐츠를 지향하며 인공지능을 이 부분에 가장 먼저 그리고 중요하게 적용하고 있는 유튜브의 자세를 본받아야 할 것이다.

또한, 유튜브는 **인공지능을 개인 맞춤 서비스의 고도화에 적극 활용**하고 있다. 유튜브는 철저히 '개인화'된 '맞춤형 인공지능 추천 시스템'을 도입하고 계속 발전시켜 나가고 있다. 유튜브는 기계학습 딥러닝(Deep Learning)에 기초한 인공지능 추천 시스템을 통해 구독자 현재의 유튜브 영상 목록은 물론, 개인이 과거에 방문한 사이트의 자료, 검색어 기록, 개인의 특징 등 온라인을 통해 얻을 수 있는 개인의 모든 자료를 분석하여 구독자 자신을 철저히 닮은 유튜브 '인공지능망(Neural Network)'을 만들어가고 있다. 이를 통해 미래에는 나 자신인 **'자연 인간(Natural Human)'보다 유튜브의 '인공 인간(Artificial Human)'이 나 자신보다 나를 더 잘 알고 내가 좋아하고 필요한 콘텐츠를 자동으로 추천하고 제안하게 될 것이다.**

그리고 유튜브는 인공지능 기술을 적용하여 업로드한 콘텐츠와 실시간 방송을 전 세계인이 쉽게 함께 즐기고 시청할 수 있도록 서비스하고 있다. 유튜브는 100개국 이상에서 서비스되고 있는데 각국에서 개인이 올린 콘텐츠나 실시간 방송은 **80개의 언어 중 개인별 선호 언어로 자동 번역되어 자막 서비스되고 있고 향후 자동 통역되어 음성 더빙으로도 서비스될 예정이다.** 그야말로 인공지능으로 전 세계인이 언제 어디서나 소통하며 함께 즐기는 세계 최고의 글로벌 1인 미디어가 탄생되고 있는 것이다.

또한, 유튜브는 인공지능 기술 적용을 통해 남녀노소 누구나 쉽게 최첨단 영상으로 최고의 개인 방송을 할 수 있게 서비스를 향상시키고 있다. **인공지능 영상 보정과 복원 기술** 등을 통해 개인이 각자의 채널에 올리거나 방송하는 **콘텐츠의 화질을 일정 수준 이상으로 자동 보정**해 주어 누구나 쉽게 고화질로 서비스할 수 있게 한다. 또한, 360도 영상 화면과 나아가 VR 가상현실 화면 그리고 AR 증강현실 화면으로도 콘텐츠를 업로드하고 방송할 수 있게 서비스를 발전시킬 계획이다. 누구나 유튜브를 통해 첨단 영상 방송을 하고 즐길 수 있게 인공지능이 활용되고 있는 것이다.

이처럼 **유튜브는 인공지능 기술의 적용과 활용을 통해 미래의 학교와 대학, 미래의 저널리즘 언론, 미래의 영화관, 미래의 방송사, 미래의 뮤직샵, 미래의 동영상 검색, 미래의 지식 도서관, 미래 세계인의 소통의 장, 미래의 쇼핑센터** 등 다양한 역할을 할 수 있게 진화 발전할 것으로 예측된다.

향후 국내 1인 미디어들도 유튜브처럼 인공지능 기술을 적용하고 활용한 다양한 서비스를 선보일 것으로 예상된다.

그림 5-15 유튜브 뮤직 프리미엄 개인 맞춤 화면 사례

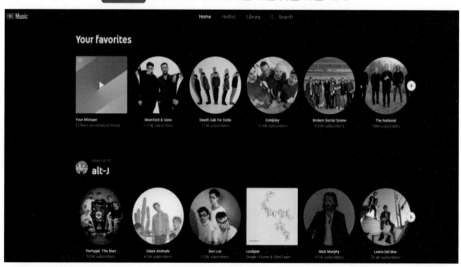

출처: 유튜브 뮤직 프리미엄

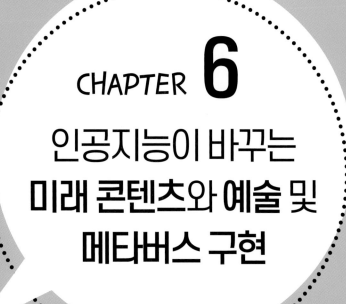

CHAPTER **6**

인공지능이 바꾸는
미래 콘텐츠와 예술 및
메타버스 구현

CHAPTER 06

인공지능이 바꾸는
미래 콘텐츠와 예술 및
메타버스 구현

'Contents is King.'이라는 말이 있을 정도로 콘텐츠의 영향력은 커지고 산업 규모도 계속 커지고 있다. 한국의 아이돌 그룹 BTS의 음악이 전 세계의 젊은이들을 감동시키며 빌보드 1위에 올랐다. 또한, 한국의 동요 '아기상어 댄스' 영상이 유튜브 조회 수 70억 회를 훌쩍 넘어서 세계 1위를 기록하고 있다. 이처럼 예전엔 상상조차 하기 힘들었던 일이 현실이 되고 있다. 개인화된 미디어를 타고 양질의 콘텐츠는 시공을 초월하고 세대를 초월하며 세상을 움직이고 있다. 이러한 콘텐츠 분야에도 인공지능이 접목되면서 또 다른 콘텐츠 세상이 만들어지고 있다.

1) 인공지능이 바꾸는 VR·AR·MR·홀로그램 실감 영상

3D 영화 〈아바타〉의 실감을 넘어서는 콘텐츠 제작 및 재생 기술의 발전과 인공지능 기술의 접목으로 우리의 **오감(五感)**과 감성을 만족시키는 **체감·체험적 실감 콘텐츠**가 확산되고 있다.

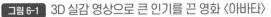

그림 6-1 3D 실감 영상으로 큰 인기를 끈 영화 〈아바타〉

출처: 영화 〈아바타〉

대표적인 실감 콘텐츠인 가상현실(VR), 증강현실(AR), 혼합현실(MR), 홀로그램이 발전하며 **현실감, 현장감, 상호 작용감 및 몰입감**을 높여 주고 있다.

가상현실(VR: Virtual Reality)은 어떤 특정 환경이나 상황을 컴퓨터로 가상으로 만들어서 사람의 실세계를 대체하여 몰입감 있게 경험하게 한다. 증강현실(AR: Augmented Reality)은 가상의 콘텐츠가 실제로 존재하는 것처럼 실제 화면에 오버레이 하여 보여줌으로써 현실 세계와 가상 세계를 연결하여 현실감 있게 경험하게 한다. **혼합현실(MR: Mixed Reality)**은 VR의 몰입감과 AR의 현실감을 살려서 현실의 환경에서 가상 객체를 현장에 있는 것처럼 시각화하고 가상 정보를 제공하여 사용자가 현장에서 가상 세계를 상호 작용할 수 있게 함으로써 직관적인 경험을 제공한다. VR, AR, MR은 공히 이를 구현하기 위한 HMD(Head Mounted Display)나 스마트폰, 홀로렌즈 같은 별도의 사용자 디바이스가 필요하다.

이에 반해 **홀로그램(Hologram)**은 별도의 사용자 디바이스 없이 사물이 가지는 모든 빛에 대한 정보를 홀로그래피 원리를 통해 실제와 같은 자연스러운 입체 영상으로 재현한다. 홀로그램은 사용자에게 깊이감과 실제와 같은 입체감 그리고 자연스러운 움직임을 영상으로 제공하는 실감 콘텐츠 궁극의 기술로서 **초실감 사회**를 구현한다.

가상현실(VR), 증강현실(AR), 혼합현실(MR), 홀로그램(Hologram)으로 사실감, 현장감 및 몰입감을 제공하는 **실감 콘텐츠는 인공지능 알고리즘과 결합**하여 더욱 고도화되면서 영화, 영상, 방송, 광고, 게임 및 제조, 의료, 국방, 주거, 여가, 교육, 회의, 업무 활동 등 생활 전반에서 활용될 전망이다.

도표 6-1 AR/VR 등 실감 콘텐츠 활용 산업 분야

구분	활용 예시
게임	- 게임: PC/콘솔, 컴퓨터 게임, 모바일 게임 등 - 테마파크: 롤러코스터, 4D 시뮬레이터 등
교육	- 이러닝: 팝업북 등 교육 콘텐츠 - 훈련: 군사 작전 훈련, 직업훈련 트레이닝 등
의료	- 외과 분야: 수술 교육용, 고난이도 수술 훈련용 등 - 정신신경과학 분야: 가상 시뮬레이션 정신행동 치료 - 영상진단학 분야: 3D 가상 대장내시경 등 CG 활용 - 재활의학 분야: 원격의료, 원격 피트니스 등 - 기타 분야: MRI, CT 등 센서를 통한 환자 정보 3D 구현

영상	- 영화: 기술 영화(Tech-Film) - 내비게이션: 3차원 가상 경로, 실사 영상 기반 실감 내비게이션 - 드론: 1인칭 시점(FPV)영상, e-스포츠 등 - 부동산: 가상 모델하우스, 부동산 영상 등
방송·광고	- 방송: 가상 스튜디오, 드라마 제작, 스포츠 중계, 콘서트 실황 공연 등 - 광고: 가상 광고 시스템, 전시관가상 체험 등
제조·산업	- 자동차: 가상 테스트, 디자인 및 설계, 자율 주행 체험 등 - 항공: 배선 조립 및 도색 공정 가상 훈련, 기내 서비스 제공 등 - 기타: 복합적 기계 조립, 유지보수(A/S) 정도 획득

출처: 중소기업 기술 로드맵, 중소기업기술정보진흥원, 2017

 ## 2) 인공지능이 바꾸는 첨단 영상 콘텐츠

실감 콘텐츠는 첨단 컴퓨터그래픽(CG), 실시간 렌더링, 컴퓨터 비전, 360° 다면 영상, 플렌옵틱 영상 등에 인공지능 알고리즘이 접목되어 더욱 몰입형 경험을 제공하고 사실감과 현장감을 높여 주고 있다.

첨단 컴퓨터그래픽은(CG)은 실세계의 사람, 배경, 물체 등의 외형, 움직임, 색상 등을 디지털화 및 3D로 재구성하는 기술로 인공지능 영상 합성 및 영상 보정 및 복원 기술과 접목되어 실제 실물과 구분하기 힘든 수준의 극사실적 영상 콘텐츠가 구현되게 된다.

실시간 렌더링은 컴퓨터그래픽을 사용하여 2D 또는 3D 모델에서 사실적 혹은 비사실적 이미지를 자동 생성하는 프로세스로 인공지능과 접목되어 실사와 자연스럽게 결합하는 고품질 실시간 렌더링이 디바이스에 자동 맞춤형으로 제공되게 된다.

컴퓨터 비전은 입력된 영상으로부터 다양한 고차원 정보를 인식·분석하여 3D로 재구성하는 기술로 인공지능과 접목된 센서 기술, 신호 처리 기술, 깊이 추출

기술 등을 통해 야외 환경에서도 깊이를 획득할 수 있으며, 사람이나 사물의 실제 움직임 또는 상세 표정을 보다 정확히 구현할 수 있게 된다.

　360° 다면 영상은 360° 전용 특수 카메라 또는 다수의 카메라를 이용하여 전 방위 영상을 취득하고 정합하여, 사용자가 원하는 시점에서 다양한 디스플레이를 통해 콘텐츠를 시청할 수 있는 기술로 인공지능과 접목되어 고품질 자동 촬영과 영상 추출로 입체감과 몰입감을 더욱 높일 수 있게 된다.

　플렌옵틱(Plenoptic)은 라이트 필드(Light Field)를 기반으로 촬영 시 모든 점에서 반사되는 빛의 모든 방향과 세기를 인식해 공간 정보로 받아들여 실제 물리계와 동일한 시각 경험을 제공하는 촬영과 영상 취득, 편집 및 가공 기술로, 인공지능과 접목되어 실제 공간에서 물체들을 극사실적 영상으로 구현하게 된다.

그림 6-2 플렌옵틱으로 입체 영상을 구현하는 ETRI 제작 기술

출처: https://m.etnews.com/20201203000221

3) 인공지능이 바꾸는 오감 체험 콘텐츠

인공지능의 기계학습(machine learning)을 실감 콘텐츠 제작에 활용함으로써 보다 현실감과 몰입감이 더욱 고도화되고 효율적인 작업을 가능하게 된다. 또한, 인간의 시각 동선과 감정 흐름까지 인지하여 더욱 실감나게 영상 콘텐츠가 구현된다. 예를 들어 AR/MR/VR/홀로그램 등에 **자연어 처리 기술**이 적용되면 실감 콘텐츠를 사용자가 음성으로 작동할 수 있게 되고 인공지능 음성 분석을 통해 사용자의 감정과 의도를 파악하여 적합한 영상 콘텐츠를 제공할 수 있게 된다. 또한, 딥러닝을 통한 강화된 자연어 처리 기술이 적용되면 아바타, 가상 개인비서를 통해 **실감 콘텐츠와 사람 간에 언어적 상호 작용도 가능하게 된다.**

그림 6-3 사람과 대화하는 입체 영상을 활용한 홀로그램 AI 스피커

출처: SK텔레콤

그리고 인공지능의 컴퓨터 비전을 실감 콘텐츠 제작에 활용함으로써 영상 식별, 추적, 매핑 등을 통해 몰입형 경험을 더욱 풍부하게 한다. 컴퓨터 비전 기술은 구글 글래스, 마이크로소프트의 홀로렌즈 등에 적용되어 특정 객체를 인식·식별하여 사용자에게 관련 정보를 제공해 주고 제스처 및 모션 트래킹을 통해 동작과 미묘한 제스처를 분석하여 작동하게 한다. 강화된 시선 추적 기술로 시선 추적을 통해 사용자의 감정을 감지해 낼 수도 있게 된다. 그리고 매핑 알고리즘은 사용자의 주변 환경을 인식하고 가상의 객체를 실제 공간에 배치하게 한다.

인공지능은 단순한 기계의 작동을 넘어서 인간의 몸과 공간 및 감정까지 연계한 인간의 지각 시스템과 일치시키는 통합적 사용자 인터페이스(UI/UX)를 구현하게 한다. 인공지능을 활용한 실감 콘텐츠는 사용자로 하여금 오감으로 느끼고 몰입적 경험을 체험하게 한다. 이로써 인공지능 실감 콘텐츠는 인간의 오감과 느낌(feeling), 감성(sensibility)까지 인식하고 분석하여 사용자에게 현실과 가상이 접목된 다차원적 초실감을 체험하게 한다.

특히 코로나19로 비대면이 일상 속으로 들어오면서 실감 콘텐츠의 혁신을 앞당기고 있다. 360도 카메라로 촬영된 영상이 가상현실 세계를 만들어 내고, 이것이 현실 세계와 융합해 지금까지 볼 수 없었던 초실감 콘텐츠를 구현하고 있다.

 4) 인공지능이 바꾸는 실감 공연 콘텐츠

공연에서는 실감 콘텐츠를 통해 언택트 공연을 함으로써 현장 공연 이상의 몰입감을 제공하고 있다. 그룹 슈퍼엠(SuperM) '비욘드 라이브' 언택트 무대에서 신곡 '호랑이'를 발표하면서 슈퍼엠 멤버들의 절도 있는 안무와 실제 호랑이가 등장하는 듯한 역동적인 실감 콘텐츠 공연을 통해 전 세계 팬들의 큰 호응을 받았다.

그림 6-4 슈퍼엠 언택트 공연의 실감 콘텐츠에 등장하는 호랑이

출처: SM C&C

방탄소년단(BTS)도 2020년 '방에서 즐기는 방탄소년단 콘서트(방방콘)', 'BTS 맵 오 브 더 솔 원(BTS MAP OF THE SOUL ONE)'이라는 이름으로 실감 콘텐츠 기술을 접목하여 개최하였다. 실감 콘텐츠 기술로 4개의 대형 무대를 오가며 BTS가 공연 하는 장면과 증강현실(AR), 확장현실(XR), 홀로그램을 도입한 초실감 화질의 비 대면 콘서트로 107개국 90만 명이 유료로 관람하였다.

이외에도 뮤지컬, 연주회, 연극 등 다양한 문화 공연도 현장 및 비대면 공히 실 감 콘텐츠가 중요한 역할을 담당하게 되고 있다. 더구나 인공지능 기술이 접목된 실감 콘텐츠는 고인이 된 예술인도 복원하여 콘서트를 개최하고 있다. '세기의 소 프라노'로 불렸던 마리아 칼라스가 인공지능 홀로그램으로 부활되어 전 세계 6개국 14개 도시에서 순회 콘서트를 개최하며 큰 감동을 주었다. 이외에도 미국에서는 전설적인 재즈 가수 빌리 할러데이, 마이클 잭슨, 로이 오비슨 등을 홀로그램으로 부활하여 애호가들에게 새로운 감동을 선사하고 있다.

그림 6-5 뉴욕 링컨 센터에서 공연하는 마리아 칼리스 AI 홀로그램

출처: 뉴욕타임즈

 5) 인공지능이 바꾸는 박물관 전시 실감 콘텐츠

한편 실감 콘텐츠는 박물관과 문화 자료 영상화에도 활용되고 있다. **국립중앙박물관은 디지털 실감 파노라마 스크린 영상**을 통해 관람객에게 극강의 몰입감을 주고 있다. 또한, 박물관의 전시품을 오감으로 느낄 수 있게 실감 콘텐츠 체험 공간인 **디지털 실감 영상관**을 운영하고 있다.

영국 대영박물관에서도 인공지능이 접목된 가상현실(VR) 기술로 청동기 시대의 집을 복원해 관람객들이 집안 곳곳을 살펴볼 수 있도록 했고, **뉴욕 메트로폴리탄 미술관**도 중세 수도원을 가상현실(VR) 콘텐츠로 제작하여 서비스하고 있다. **영국 브리스톨 박물관**은 빙산 위에 올라가 범고래와 펭귄을 만나볼 수 있는 혼합현실(MR) 콘텐츠를 제작하여 제공하고 있다.

그리고 **홀로코스트 뮤지엄**에서는 유대인 학살에서 살아남은 사람들을 인공지능

홀로그램으로 만들어 관람객들과 질의 응답하며 서로 대화하는 실감 콘텐츠를 제공하고 있고, 미국 **플로리다의 달리박물관**에서는 초현실주의 화가 달리를 인공지능 홀로그램으로 만들어 관람객들과 대화하며 자신의 삶을 소개하고 있다.

또한, 인공지능이 **접목된 실감 콘텐츠** 기술로 **국립중앙박물관**은 정선의 〈신묘년 풍악도첩(辛卯年楓嶽圖帖)〉과 조선 후기 금강산 실경산수, 정조의 화성 행차 기록화 〈왕의 행차, 백성과 함께하다〉, 〈요지연도(瑤池宴圖)〉와 〈십장생도(十長生圖)〉 등의 문화재를 폭 60m와 높이 5m의 **파노라마 스크린에 영상으로 복원**하여 극강의 몰입감을 선사하였다.

그림 6-6 AI 실감 영상으로 구현된 '왕의 행차, 백성과 함께하다'

출처: 국립중앙박물관

이처럼 인공지능이 접목된 실감 콘텐츠는 시공간을 초월하여 전 세계인이 함께 소통하며 즐기고, 과거와 현재 그리고 미래를 이어 주는 가교의 역할을 하기도 한다.

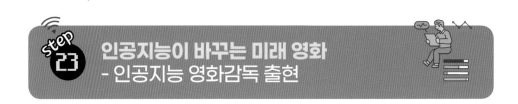

step 23 인공지능이 바꾸는 미래 영화 - 인공지능 영화감독 출현

인공지능이 영화계를 바꾸고 있다. 스티븐 스필버그 감독의 영화 〈A.I.〉와 알렉스 프로야스 감독의 〈아이로봇〉을 비롯 인공지능이 영화의 주요 소재가 되고 있을 뿐만 아니라, 인공지능이 영화 시나리오를 작성하고 영화 제작의 영상 품질을 혁신하고 영화 제작의 제작 과정을 효율적으로 관리하며 영화의 흥행 가능성도 예측하며 영화 마케팅 전략까지 입안한다.

구체적으로 **영화제작사 워너브라더스**는 영화의 흥행 확률을 높이고 제작비를 절감하기 위해 **인공지능을 통해 영화 장르, 예산 수준, 배우** 등 영화의 주요 변수에 따른 흥행 수준을 예측하고 최적의 조합을 결정하며 **영화 제작 일정 관리, 영화 편집, 시각 효과** 등에 인공지능을 활용해 영상 품질을 높이면서 **제작 기간을 단축하고 비용을 절감**하고 있다.

그림 6-7 인공지능 소재의 영화 〈A,I〉와 〈아이로봇〉

출처: 워너브라더스, 이십세기폭스

1) 인공지능이 쓰는 영화 시나리오

2016년 6월 영국에서 개최된 공상과학(SF) 영화제 '사이파이 런던영화제(Sci-Fi London film festival)'에 출품된 오스카 샤프 감독의 9분짜리 단편영화 〈선스프링(Sunspring)〉영화인들의 주목을 받았다. 그것은 이 영화의 시나리오를 벤자민이라고 스스로 호칭한 인공지능(AI)이 썼기 때문이다. 〈선스프링〉은 48시간 안에 영화를 제작해야 하는 '48시간의 도전' 부문에 출품되어 180여 개의 출품작 중 10위권에 들었다.

2020년엔 미국의 영화 전공 학생들이 인공지능 시나리오로 3분 30초짜리 단편영화 〈상품판매원(솔리시터스: Solicitors)〉를 만들었다. 이 영화의 시나리오는 오픈 인공지능 플랫폼으로 딥러닝을 통해 스스로 언어를 학습하는 GPT-3였다. 아직은 수작은 아니지만 인공지능 기술의 발전으로 언젠간 인공지능이 작성한 시나리오로 제작된 헐리우드 대작 영화를 영화관에서 보게 되는 날이 오게 될 수 있다.

그림 6-8 오픈 딥러닝 인공지능 GPT-3의 시나리오로 만든 영화

출처: 영화 〈상품판매원(Solicitors)〉

2) 인공지능이 혁신하는 영화 컴퓨터 그래픽(CG)과 시각 특수 효과(VFX)

이제 영화에서 컴퓨터 그래픽의 비중은 절대적이다. 한국 영화에서도 〈괴물〉, 〈해운대〉, 〈명량〉, 〈신과 함께〉, 〈안시성〉, 〈천문〉, 〈백두산〉 및 2021년에 개봉하는 〈승리호〉, 〈영웅〉 등 컴퓨터 그래픽과 시각 특수 효과를 통해 한국 영화의 수준을 높이고 상상의 세계를 영상으로 생생하고 실감나게 구현해 내고 있다.

봉준호 감독의 영화 〈기생충〉이 아카데미 4관왕으로 세계 영화계를 놀라게 했던 제92회 아카데미 시상식에서 시각 효과상 후보에 오른 영화 〈아이리시맨〉과 〈어벤져스: 엔드게임〉도 공히 **인공지능**으로 **시각 특수 효과**를 구현해 주목을 받았다. 영화 〈어벤져스〉에서는 인공지능 기술로 악명 높은 빌런인 타노스를 생생하게 구현하여 실제 배우와 **디지털 캐릭터** 간의 경계를 허물었다. 영화 〈아이리시맨〉은 **디에이징(de-aging)** 효과를 통해 배우들의 젊은 시절 모습을 재현했다. 〈아리리시맨〉은 70대 중후반과 80대 초반인 세 명의 주인공 로버트 드니로(Robert DeNiro), 알 파치노(Al Pacino), 조 페시(Joe Pesci)를 '**인더스트리얼 라이트 & 매직(ILM)**'이 개발한 **인공지능 기반 시각 특수 효과(VFX)** 기술인 페이스파인더

그림 6-9 알파치노와 로버트 드니로 30년 전 모습이 구현된 영화 장면

출처: 영화 〈아이리시맨〉

(Facefinder)로 주인공들의 30대에서 80대까지 50년간 얼굴을 실제 모습처럼 생생하게 구현하였다.

전 세계 영화 산업은 이제 인공지능 머신러닝(ML)이 재창조하고 있다. 인공지능 기술은 컴퓨터 그래픽(CG)과 시각 특수 효과(VFX)에 접목되어 실제보다 더 사실적인 디지털 캐릭터를 만들고, 배우의 외모를 젊은 시절 모습으로 되돌리고, 상상한 어떤 것도 구현하며, 오래된 필름을 복원하여 예전의 영화에 새로운 생명을 불어넣는 등 영화 제작을 혁신하고 있다.

예를 들어 인공지능 합성곱 신경망 기술(CNN, Convolutional Neural Networks)을 통해 영화 이미지를 분석하고, 생성적 적대 신경망GAN(Generative Adversarial Network) 기술을 이용해 영화 등장인물의 얼굴을 원하는 대로 합성한다. 또 사람의 표정 데이터를 딥러닝으로 학습하여 영화 속의 얼굴 표정, 표현 감정을 스스로 판별하여 재생하는 감성 표현이 가능하게 되어 더욱 자연스럽게 표현된다.

실제로 시각 특수 효과(VFX) 스튜디오인 **그라디언트 이펙트**(Gradient Effects)는 **인공지능 기반 기술 셰이프쉬프터**를 이용해 배우의 얼굴을 변형했다. 그리고 어도비(Adobe), 오토데스크(Autodesk), 블랙매직 디자인(Blackmagic Design)과 같은 기업들은 인공지능 기술로 영화 영상의 라이브 액션신의 깊이 교정(live-action scene depth reclamation), 색감 보정, 리라이팅 및 리터칭, 리타이밍과 업스케일링(upscaling)용 초고속 모션 예측(speed warp motion estimation) 등을 포함한 어려운 시각 특수 효과를 구현했다. 이처럼 인공지능 기술이 시각 특수 효과(VFX)에 광범위하게 적용되고 있다.

인공지능은 도표 6-1과 같이 다양한 **AI 기술이 영화와 영상 제작 분야에 활용**되어 영화 영상 상상력 표현의 한계를 넘게 하고 영상과 음성을 고급화하면서 현실감을 높여 자연스러움을 제고하고 있다.

도표 6-2 영화 영상 제작 분야에 활용되는 인공지능 기술

인공지능 적용 기술	인공지능 관련 기술 내용
자연어 처리 기술	주어진 입력에 따라 동작하게 하는 기술이며, 자연어 생성은 동영상이나 표의 내용 등을 사람이 이해할 수 있는 자연어로 변환하는 기술
영상 합성 기술	블루스크린, 로토스코핑 등 VFX 기술 발전으로 3D 배경을 그려내고 3D 오브젝트를 제작하여 영상에 재배치하는 작업과 더불어 같은 공간에 원래 존재하는 하나의 영상으로 매치시키는 기술
얼굴 인식 기술	사람의 얼굴을 인식하는 기술로, 맞춤형 광고에 응용하고 있으며 얼굴 표정을 통해 감정과 기분 상태를 파악하는 감성공학 기술로 발전되고 있음
음성 합성 기술	말소리의 음파를 기계가 자동으로 만들어 내는 기술로, 간단히 말하면 모델로 선정된 한 사람의 말소리를 녹음하여 일정한 음성 단위로 분할한 다음, 부호를 붙여 합성기에 입력하였다가 지시에 따라 필요한 음성 단위만을 다시 합쳐 말소리를 인위로 만들어 내는 기술
음성 인식 기술	음성 인식 기술은 컴퓨터가 마이크와 같은 소리 센서를 통해 음향학적 신호(acoustic speech signal)를 애플(Apple)의 음성 인식 서비스인 '시리(Siri)'와 같이 단어나 문장으로 변환시키 는 기술

출처: 한국콘텐츠진흥원

    월트디즈니는 영화사인 **마블 스튜디오**에서 기계학습(machine learning) 기반의 **이모션 캡처 기술**을 적용한 시각 특수 효과(VFX)로 영화 배우의 입꼬리, 얼굴 표정 등을 정밀하게 분석함으로써 배우의 얼굴에 어떤 감정이 더 적합한지 알게 되고 전체적인 영화 완성도에도 더 깊이 있게 관여할 수 있게 되었다.

    영화 제작의 핵심 컴퓨터 그래픽 작업인 **모션 캡처**(motion capture), **매치 무빙**(Match Moving), **모션 트랙킹**(Motion Tracking), 로토스코핑(Rotoscoping), 3D애니메이션 등 컴퓨터 그래픽 아티스트들의 수작업에 의존했던 영역에서 인공지능 기계학습(Machine Learning)이 활용되어 작업 효율과 정확도를 향상시키고 있다.

    예를 들어 영상에서 특정 객체의 테두리를 추적해 정밀하게 배경에서 분리하는 기법인 로토스코핑(Rotoscoping) 영상 작업을 호주의 **코그낫(Kognat)** 회사의

인공지능 기계학습 기반 **로토스코핑 알고리즘 '로토봇 (Rotobot)'**이 대신하고 있다. 로토봇은 영상에서 인물, 자동차, 비행기, 새, 자동차, 고양이, 말, 기차 등 대상을 자동으로 배경에서 오려내고, 더 많은 학습을 진행하면서 자동으로 인식해 분리할 수 있는 대상은 끝없이 늘어나고 있다.

그림 6-10 코그넛 로토봇 영상 인식 분리 장면

출처: 코그넛 홈사이트

 3) 인공지능이 바꾸는 영화 마케팅

인공지능은 영화 마케팅에도 활용된다. 영화 마케팅 기업 무비오(Movio)는 인공지능으로 영화를 분석하여 유효 관객층을 예측하고 영화사에 배급 및 마케팅 전략을 제시한다. 우리가 어떤 영화를 볼지 결정하게 하는 2~3분 분량 예고편은 영화 마케팅에서 매우 중요하다. IBM이 개발한 인공지능 '왓슨(WASTON)'은 영화 예

고편을 만든다. 예를 들어 인공지능 왓슨은 SF영화 〈모건〉 내 장면들을 공포, 평온, 슬픔, 행복 등 다양한 감정으로 분석하고, 예고편에 넣기에 가장 적합한 10개의 베스트 장면을 선별하고 인과관계에 따라 극적으로 재구성하여 영화 예고편을 만들었다.

그림 6-11 인공지능 왓슨이 만든 영화 〈모건〉 예고편

출처: 영화 〈모건〉 예고편

한편 맥킨지와 MIT 미디어랩은 영화를 보는 관객의 감정적인 반응을 인공지능 기술을 활용해 미리 예상할 수 있는 방법을 찾았고, **디즈니의 '프베스(FVAEs)'라는** 이름의 AI는 영화 초반에 단 몇 분 동안 관객들의 얼굴을 분석한 것만으로도 **영화 전체에 대한 평가와 영화의 흥행 가능성**을 미리 예상하여 이를 스토리텔링에 반영하고 영화 마케팅에 활용토록 하고 있다.

인공지능은 시각 특수 효과부터 촬영, 캐스팅과 영상 편집까지 전반에 적용되어 할리우드는 물론 한국을 비롯한 전 세계 영화를 바꾸어가고 있다. 예를 들어 지바 다이나믹스(Ziva Dynamics)는 현재 널리 사용되고 있는 영상 특수 효과 제작

소프트웨어인데 인공지능 기계학습 알고리즘을 이용하여 인간이나 동물의 자연적인 신체 상태와 운동 상태를 실제처럼 구현해 낼 수 있다. 이를 통해 영화의 캐릭터를 만드는 데 오프라인 참조물이 필요하지 않고 시간과 비용을 줄이면서 고품질의 결과를 도출할 수 있게 된다.

중국에서는 온라인 영화보기 플랫폼 **아이치이**가 심층학습, 자연 언어 처리 등의 인공지능 기술을 활용하여 시나리오에 대한 가치 추출 및 리뷰 분석을 통해 **IP 자동 평가 시스템**을 구축하였다. 나아가 인공지능 알고리즘으로 시나리오의 성격, 분위기 등을 분석해 시나리오와 가장 잘 어울리는 **배우를 캐스팅**하는 데 활용하기도 한다. 이처럼 인공지능 기술은 영화에서의 활용 범위가 점점 넓어지고 있는바 이제 영화 산업의 종사자들은 인공지능 기술이라는 새로운 도구를 다음 단계로 크게 도약하는 발판으로 삼아야 할 것이다.

그림 6-12 인공지능 VFX 소프트웨어로 제작된 아기 돼지 등장 영상

출처: Ziva Dynamics 소프트웨어 소개 영상

step 24 인공지능이 바꾸는 미래 게임
- 인공지능 게임 개발자

    인공지능이 게임을 접수하고 있다. 인공지능에 대한 일반인들의 관심을 증폭시켰던 **알파고**를 개발한 구글 딥마인드의 CEO **데미스 하사비스(Demis Hassabis)**는 왜 '바둑' 게임을 하는 인공지능 컴퓨터를 개발했을까? 이는 하사비스의 게임 개발자 이력에서 이유를 찾을 수 있다. 그는 13세의 나이에 체스 게임 마스터가 됐고, 17세에 게임 개발과 프로그래밍을 배워 **블랙 & 화이트**라는 게임의 인공지능을 개발하는 데 참여했다. 그는 '리퍼블릭: 혁명(Republic: The Revolution)'과 '이블 지니어스(Evil Genius)'라는 게임도 제작했다. 이후 인공지능 개발에 뛰어들어 2010년 '딥 마인드'라는 인공지능 스타트업을 설립했다. 이처럼 그는 게임을 통해 인공

그림 6-13 데미스 하사비스가 개발한 게임 블랙&화이트

출처: 위키피디어

지능을 구현하고 발전시켜 나갔고 가장 경우의 수가 많다는 '바둑' 게임을 통해 인공지능 딥러닝의 우수성을 입증하고자 했다.

게임은 인공지능 기술이 개발되고 적용되기에 최적의 분야이다. 인공지능이 인간을 닮은 지능 시스템을 만드는 것인데 게임은 인간을 닮은 자동화된 대전 상대를 컴퓨터 내에 만들어, 사람과 컴퓨터 내의 대전 상대가 게임을 진행하는 것이 오래전부터 자연스러운 상황이다. 이로 인해 인공지능의 발전은 게임의 개발과 서비스 및 관리에 막대한 영향을 미치며 미래의 게임을 바꾸어가고 있다.

 1) 인공지능이 바꾸는 게임 개발

게임 개발 기술에서 **NPC**(Non-Player Character)라 불리는 사람이 직접 조작하지 않는 지능을 갖춘 **자동화된 에이전트 캐릭터 개발**이 중요하다. NPC는 게임 안에서 플레이어가 직접 조종할 수 없이 스스로 작동하며 플레이어의 도우미 또는 게임 상대인 적으로 활동한다. NPC의 플레이는 사람이 아닌 컴퓨터가 하고 이들을 지능적으로 움직이게 만드는 것에 **인공지능 강화학습 기술**이 접목되고 있다.

예를 들어 엔씨소프트의 게임 '블레이드 & 소울'에 있는 100층으로 구성된 1인 플레이 던전인 '**무한의 탑**'이 있는데 게이머들은 컴퓨터가 스스로 작동하는 NPC와 1 : 1 대전을 펼쳐 제압하면 다음 층으로 올라가고 보상을 받을 수 있다. 무한의 탑 층이 올라갈수록 더욱 강력한 NPC를 만나게 된다. 이러한 NPC들이 인공지능 강화학습과 접목되어 대전을 많이 할수록 스스로 학습하여 더욱 똑똑하게 작동한다. 더구나 딥러닝을 적용한 인공지능 심층 강화학습으로 블레이드 & 소울 게임을 스스로 학습한 '**AI 블소**'까지 등장하여 글로벌 e스포츠 대회인 '**블소 토너먼트 월드 챔피언십**' 결선에서 모든 인간 게이머들을 압도적으로 이기기까지 하였다.

그림 6-14 인공지능 기술이 적용된 게임 블레이드&소울의 무한의 탑

출처: 블레이드&소울

　한편 게임 개발에는 인공지능에 의해 콘텐츠가 게임 내에서 자동으로 생성되는 절차적 콘텐츠 생성(PRC: Procedural Content Generation)이 중요하다. 이는 인공지능 기술이 게이머와 NPC의 행동, 레벨 게임 규칙, 스토리, 텍스처, 아이템, 퀘스트, 캐릭터를 포함한 제반 조건들을 최적으로 조합하여 게임이 진행되는 동안 게임 그래픽, 캐릭터, 배경, 맵 생성 등 게임 리소스를 직접적으로 생성하는 중요 기술이다. 사례로 헬로게임즈에서 절차적 콘텐츠 생성 기법으로 2016년 발매한 '노 맨즈 스카이(No Man's Sky)'는 초기에 콘텐츠 생성의 한계로 사용자 불만이 폭증하였으나 발전하는 인공지능 기술을 적용하여 계속적으로 업데이트함으로써 현재 현실감 넘치는 배경의 자동 생성과 거의 무한대에 가까운 행성계를 생성 구현하며 2020년 더 게임 어워드에서 '최고의 서비스(Best Ongoing) 상'을 수상하기도 했다.

그림 6-15 인공지능 기술로 업데이트하여 성공한 게임 '노맨즈 스카이'

출처: Game 'No Man's Sky'

한편 인공지능이 스스로 게임을 만들기까지 한다. 2020년 5월 엔비디아는 생성적 대립 신경망(GAN)으로 컴퓨터 게임 엔진과 유사한 **AI 게임 신경망 모델**인 '**GameGAN**'을 통해 심층 강화학습으로 기초 엔진 없이 5만여 개의 게임 에피소드를 스스로 학습하여 인공지능(AI)이 게임 '**팩맨(PAC-MAN)**'의 복고풍을 탄생시켰다.

국내 게임 업계에서도 **인공지능 기술을 게임 개발에 전방위적으로 적용하는 연구와 노력을 계속하고 있다.** 기존의 인공지능 강화학습을 기반으로 사용자 데이터에 기반하여 학습을 진행하는 오프라인 강화학습(Offline Reinforcement Learning), 다중 에이전트 학습(MARL: Multi-Agent Reinforcement Learning), 역강화학습(IRL: Inverse Reinforcement Learning), 딥러닝 심층 강화학습 등을 게임 플레이어 모델(Player Model)에 적용 확장하고 있다.

2) 인공지능이 바꾸는 게임 서비스

인공지능은 게임 서비스를 더욱 사용자 맞춤으로 그리고 게임 서비스 관리를 더욱 **효율적**으로 할 수 있게 바꾸고 있다. 인공지능과 빅데이터 기술로 게임 사용자 성향과 패턴을 분석하여 콘텐츠 난이도 조정과 밸런싱하여 이용자의 몰입도를 향상시키는 **맞춤형 게임 콘텐츠**를 제공하고 게임 진행에 어려움을 겪는 사용자를 맞춤형으로 도와 게임을 계속 진행할 수 있게 해 준다. 그리고 **게임 사용자 간 대결** (**PvP**: Player vs Player)에서 게이머들의 숙련도와 레벨 그리고 게임 패턴 등을 분석하여어떤 사용자끼리 대결을 해야 더 재미있게 게임을 할 수 있을지를 판단하여 매치메이킹하는데 인공지능이 사용된다.

그림 6-16 인공지능 매치메이킹과 봇전 도입한 게임 '포트나이트'

출처: Game 'Fortnite'

또한, 딥러닝 알고리즘으로 게임 내에서 발생하는 이상 징후를 신속하게 탐지하고,

탐지된 어뷰징(게임 시스템을 악용해 불법적인 이익을 취하는 행위)에 관해 자동으로 검증하여 조치하는 데 인공지능이 적용되어 사람이 할 때보다 훨씬 효과와 효율성을 높이고 있다.

그리고 온라인 멀티 플랫폼을 통해 대규모 사용자들이 참여하는 게임 서비스가 늘어나고 있다. 이에 더 이상 운영자가 관리할 수 없을 정도의 복잡한 게임 서비스 요소들을 포함하게 되어 **지능형 게임 관리 시스템**이 필요하게 되었다. 여기에 인공지능 기술이 활용되어 원활하고 양질의 게임 서비스 관리가 가능해지고 있다. 이에 따라 대형 게임사들은 인공지능 빅데이터 분석, 게임 품질 분석 관리(QA: Quality Assurance), 인텔리전스 시스템 등을 포함한 **인공지능 서비스 관리**를 확산하고 있다.

게임은 특성상 인공지능 기술을 적용하고 개발에 활용하기에 적합한 콘텐츠 영역이다. 이에 인공지능은 게임의 기획, 개발, 제작, 서비스 운영에 이르는 전 영역에 적용되면서 게임 콘텐츠와 게임 서비스를 새롭게 바꾸어가고 있다.

그림 6-17 인공지능이 스스로 학습하여 재탄생한 게임 '팩맨(Pac Man)'

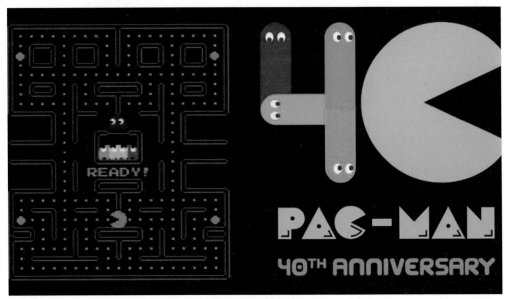

출처: 엔비디어(NVIDIA)

step 25 인공지능이 바꾸는 미래 예술 세상

영화 〈아이, 로봇(I, Robot)〉'(2004년 개봉)에서 스푸너 형사(윌 스미스)가 AI 로봇 '서니'에게 "로봇이 교향곡을 쓸 수 있어? 로봇이 캔버스에 멋진 명화를 그릴 수 있냐고?"라고 묻는다. 2004년 당시엔 이러한 예술 창작 분야는 인간의 고유 영역으로 인공지능 로봇이 아무리 발전된 미래에도 인공지능이 할 수 없다는 것을 인간이 자신하고 있다는 것을 보여 주는 대사이다. 그런데 그로부터 10년 이후부터 인공지능이 예술 창작 분야에 참여하기 시작하더니 어느덧 인간에 견주어도 손색이 없는 수준의 예술 작품을 인공지능이 만들어 내고 있다.

 1) 인공지능이 바꾸는 그림 세상 - 인공지능 화가

알파고로 유명한 **구글**은 **창작하는 인공지능 개발**에도 앞장서고 있다. 구글은 알파고와 같은 인공지능 기술인 **딥러닝을 적용한 인공지능 화가 '딥 드림(Deep Dream)'**을 개발하여 유명 화가들의 작품 스타일을 재연하도록 하였다. 딥드림은 기존에 학습한 회화 데이터베이스를 기반으로 **빈센트 반 고흐(Vincent van Gogh)의 작품**을 그렸고, 이 중 29점의 작품이 2016년 2월 샌프란시스코 미술 경매에서 총 9만 7,000달러(약 1억 1,000만 원)에 판매되었다. 최고가는 8,000달러(920만 원)에 팔렸다.

2016년 4월엔 **마이크로소프트**와 네덜란드 연구진이 '빛의 마술사'로 불리는 네덜란드의 화가 렘브란트 반 레인(Rembrandt Van Rijn) 화풍을 재연하는 인공지능 예술 프로젝트 **'넥스트 렘브란트'**를 발표했다. 연구진이 렘브란트의 유작 346점을 딥러닝 기법으로 학습한 인공지능에게 '모자를 쓰고 하얀 깃 장식과 검은색 옷을 착용한 30~40대 백인 남성'을 렘브란트의 화풍으로 그리라고 명령했다. 3D프린터로 인쇄된 이 그림은 유화의 질감과 물감의 두께까지 렘브란트의 화풍을 그대로 재현했다.

그림 6-18 딥 드림의 최고가 작품

그림 6-19 넥스트 렘브란트 AI 작품

출처: 중앙일보

2017년 2월 미국 럿거스대학교 예술·인공지능 연구소는 인간의 개입 없이 독자적으로 그림을 그리는 **인공지능 화가 '아이칸(AICAN: AI Creative Adversarial Network)'**을 선보였다. '아이칸(AICAN)'의 인공지능 기술은 딥러닝 알고리즘인 생성적 적대 신경망(GAN: Generative Adversarial Networks)을 창의 예술 분야에 적합하게 개량한 **창의적 적대 신경망(CAN: Creative Adversarial Networks)**이란 자체 개발 알고리즘을 활용하였다. 이 알고리즘을 통해 기존 작가들의 페인팅 스타일(paingting style), 점묘법(Pointillism), 컬러 필드(Color Field) 야수파(Fauvism), 추상적 표현주의(Abstract Expressionism) 등을 습득하고, 1,119명의 화가가 그린 8만 1,449개 작품들을 보고 인공지능이 스스로 평가를 내린 후 다른 어떤 유파에도 속하지 않는 **창의적인 인공지능 자신만의 새로운 그림을 그리고 있다.** 인공지능 화가 아이칸(AICAN)의 첫 전시 작품들은 2만 5,000달러에 판매되었고 있으며 최신작의 판매가는 2,500~3,000달러 선으로 책정되어 있다.

그림 6-20 인공지능 화가 '아이칸(AICAN)'의 2017년 첫 전시 작품

출처: www.aican.io

2017년 10월 캠브리지 컨설턴트의 인공지능 연구실 디지털 그린하우스(Digital Greenhouse)는 단순한 스케치만 제시해도 사람을 대신해 그럴듯한 작품으로 완성해주는 AI '빈센트(Vincent™)'를 발표했다.

또한, 2018년 영국 **로봇 제작사 엔지니어드 아트**(Engineered Arts)**와 리즈대학 및 옥스포드대학 과학자들이 합작하여 최초의 AI 휴머노이드 화가 로봇 '아이다(AiDA)'**가 탄생하였다. 아이다는 붓과 연필을 손에 쥐고 눈에 설치된 카메라로 인물이나 사물을 보고 받아들인 정보를 바탕으로 학습하며 예술성과 정교함, 창의성을 발휘하여 스스로 추상화 그림을 그린다. 아이다가 작품 한 점을 완성하는 데 2시간 정도 걸린다. 아이다는 2020년 개인 전시회를 개최하여 100만 달러(약 11억 원) 이상의 작품 경매 수익을 올렸다.

그림 6-21 최초의 인공지능 휴머노이드 화가 아이다(AiDa)와 작품

출처: 아이다 홈사이트 www.ai-darobot.com

2018년 10월 25일 **인공지능이 그린 그림**이 세계 3대 경매사 가운데 하나인 크리스티가 뉴욕에서 진행한 **경매에서 43만 2,500달러(약 4억 9,400만 원)**에 팔렸다. 낙찰가는 크리스티가 애초 예상한 7,000달러(800만 원)~1만 달러(1,140만 원)의 40배가 넘는 고액이었고 경매장 맞은편에 있던 앤디 워홀의 그림과 로이 리히텐슈타인의 작품의 낙찰가를 합친 것보다 2배나 많은 금액이었다. 이 그림의 작가는 파리의 **예술공학단체 오비우스(Obvious)**의 프로그래머들이 인공 신경망 알고리즘인 생성적 적대 신경망(GAN) 기술을 사용하여 개발한 **AI 화가 '오비어스'**였다. 그림 제목은 '**에드먼드 데 벨라미(Edmond De Belamy)의 초상화**'로, 가상의 벨라미

가족 그림 시리즈 11개 작품 가운데 하나였다. 인공지능이 그린 그림이 유명 화가의 작품보다 고가로 낙찰된 것이다.

그림 6-22 오비어스의 벨라미 초상화, 알고리즘 사인, 가족 초상화

출처: http://www.gallerysu.net/3629/

한편 인공지능이 그림을 그리는 모습을 로봇으로 시연하는 로봇 미술대회인 **로봇아트콘테스트(www.robotart.org)**가 2016년 미국 시애틀에서 시작되었다. 인공지능이 탑재된 로봇이 직접 그림을 그린 작품이 대회에 참여할 수 있는데 수상한 작품들 중엔 유명 화가가 그린 작품과 견주어도 손색이 없을 정도의 작품성 높은 작품도 많이 나오고 있다.

국내에서도 **인공지능이 미술과 아트에 활용되는** 사례가 많이 나오고 있다. 특히 2019년 10월 25일 독도의 날을 기념하여 인공지능 화가와 인간 화가와의 협업을 통해 그린 독도를 그린 그림 〈Commune with…〉의 판화작을 30작 한정 스페셜 리미티드가 발표되었다. 국내 AI 딥러닝 스타트업인 '펄스나인(Pulse9)'이 자체 개발한 **AI 화가 '이메진 AI'**와 극사실주의 화가 두민이 '**독도'**를 주제로 공동으로 작업한 작품이다. 인간 화가가 수면을 경계로 독도의 땅 위 모습을 서양화 기법으로, 수면에 비친 독도의 모습은 **AI 화가가 동양화 기법으로 표현**하고 인간 화가가 수면의 질감이 느껴지도록 코팅 작업을 추가해 최종 완성하였다.

그림 6-23 국내 인공지능 화가와 인간 화가 공동작업 작품 〈독도〉

출처: pulse9 사이트

인공지능이 미술의 영역으로 이미 진입하였고 미래에는 더욱 다양하고 수준 높은 미술 작품들을 창작할 것이다. 그렇지만 사진이 나왔다고 그림의 가치와 귀중함을 인류가 잃어버린 것이 아니라 오히려 더욱 많은 사람이 작가가 그린 미술 작품을 보고 이를 통해 미술 작품의 가치를 더욱 느끼고 귀중하게 여기게 된 것처럼 인공지능 화가의 활동도 미래의 미술계에서 이를 적극적으로 수용하면서 긍정적으로 활용하는 노력이 필요할 것이다.

인공지능 예술가의 출현과 발전은 인류 과학기술의 발전에 따라 어쩔 수 없는 대세이다. 미래에는 **인공지능 화가와 인간 화가가 공존하게** 될 것이므로 인간의 가치인 창의성과 상상력이 더욱 발휘되고 인공지능을 적극 활용하여 새로운 미술 작품과 미술 사조를 만들어 가는 기회로 활용할 필요가 있다.

2) 인공지능이 바꾸는 음악 세상 - 인공지능 가수와 인공지능 작곡가

2021년 1월 29일 SBS 신년 특집 〈AI vs. 인간〉 방송의 첫 번째 세기의 대결 제목이 '야생화를 부르는 진짜 옥주현은 누구?'였다. 인간 가수 옥주현과 모창 인공지능 옥주현이 노래 '야생화'를 부르며 대결을 펼쳤다. 대결 전에 가수 옥주현은 인공지능으로 복원된 인공지능 김광석과 '편지'를 듀엣으로 불렀다.

2021년 2월 14일 방영된 SBS 신년특집 〈AI vs. 인간〉 최종회에서는 국내에서 개발된 AI 작곡가 이봄과 트로트 전문 김도일 작곡가의 트로트 신곡 대결로 펼쳐졌다. 작곡 대결은 인간과 AI가 각각 총 100일의 준비 기간을 갖고 하나의 '삼바 트로트' 신곡을 작곡해 이를 실제 가수 홍진경이 부른 후 마음에 드는 곡을 선택하는 방식이었다.

두 번의 특집 방송 인공지능과 인간의 대결에서 모두 인간이 승리하였다. 그렇지만 출연자와 시청자 모두 인공지능 가수와 인공지능 작곡가의 실력이 최고 수준의 인간의 능력에 비해 손색이 없다는 것을 실감하는 현장이었다.

그림 6-24 인간 가수 옥주현과 인공지능 가수 옥주현과의 대결 방송

출처: SBS 2021년 신년 특집 <AI vs. 인간> 방송

이처럼 음악 분야에는 인공지능이 일찍부터 도입되어 새로운 변화를 일으키고 있다. 2012년 7월 110년 전통의 세계적인 관현악단 런던 교향악단(London Symphony Orchestra)이 인공지능이 작곡한 '심연 속으로(Transits-Into an Abyss)'라는 곡을 연주했다. 오랜 역사와 전통을 이어오며 세계 최고 수준의 오케스트라가 인공지능이 만든 곡을 연주하며 세간의 주목을 받았다. 이 곡의 작곡가는 초기 수준의 **인공지능 컴퓨터 이아모스(Iamus)**였다.

2016년 6월 구글은 예술 작품을 창작하는 인공지능(AI)을 만들겠다는 '**마젠타(Magenta) 프로젝트**'를 발표하며 인공지능이 작곡한 80초 분량의 피아노곡을 공개했다. 인공지능 마젠타는 독자적인 작곡도 하지만 작곡가들이 인공지능을 활용해 쉽게 작곡할 수 있도록 **마젠타 스튜디오**(Magenta Studio)를 개발하여 오픈 소스로 제공하고 있다.

2016년 **룩셈부르크**에서 심층 인공 신경망(Deep Neural Network)을 활용한 심층 강화학습(Deep reinforcement learning)으로 사운드 트랙을 작곡할 수 있는 **인공지능 작곡가 아이바(Aiva)**가 탄생했다. 아이바는 음악 구성 기술을 배우고 바흐, 베토벤, 모차르트 등 유명 작곡가의 오케스트라 총 6만 곡을 소화했다. 인공지능 작곡가 아이바는 이미 여러 장의 클래식 음반을 발매했고 팝, 락, 재즈, 영화음악 등 다양한 장르에서 왕성한 '창작 활동'을 하고 있다. 또한, **프랑스와 룩셈부르크 작곡가 권리협회로부터 공인받아 등록된 최초의 'AI 작곡가'**이다.

2016년 9월 19일 소니 산하 '**컴퓨터사이언스연구소(CSL)**'는 인공지능 작곡가 '**플로우 머신즈(Flow Machines)**'를 이용해 세계 최초로 2개의 팝송 'Daddy's Car'와 'Mr Shadow'를 작곡하여 유튜브에 공개했다.

'Daddy's Car'는 비틀즈 스타일로, 'Mr Shadow'는 콜 포터와 듀크 엘링턴의 스타일로 만들어졌고 소니는 인공지능이 작곡한 음악을 모아 앨범으로 만들기도 했다.

그림 6-25 플로우머신즈가 작곡한 세계 최초의 팝송 영상

출처: 유튜브 Mr.Shadow

한편 딥러닝을 활용한 음성·가창 합성 기술의 급격한 발전으로 실제 가수의 호흡과 바이브레이션까지 고스란히 담아낸 생생한 목소리가 얻어지고 이를 통해 가수 목소리로 그 가수가 실제 부르지 않은 곡도 들을 수 있다. 이를 통해 팬이 그리워하는 김광석, 김현식, 신해철, 거북이 리더 터틀맨의 목소리가 되살아나 새로운 곡도 들려 줄 수 있게 되었다.

국내에서도 2016년 최초의 **AI 작곡가 '이봄(Evom)'**이 탄생하여 클래식 음악을 작곡하였다. 이후 이봄은 **대중음악도 작곡**하며 2020년 5월 남성 듀오 조이어 클락(Joy o'clock)의 디지털 싱글 앨범 '달 스프(Soup in the Moon)'를 선보였고 10월에는 국내 최초로 AI 작곡가 이봄과 프로듀서 누보(NUVO)가 협업하여 작곡·편곡한 '아이즈 온 유(Eyes on you)'로 '하연'이라는 신인가수가 데뷔하였다. 해외에서는 '아메리칸 아이돌'로 유명해진 뮤지션 타린 서던이 2018년 **AI 작곡가 '앰퍼'**가 작곡한 앨범 '아이 엠 에이 아이(I AM AI)'로 정식 데뷔하기도 했다.

그림 6-26 인공지능으로 작곡된 노래로 데뷔한 신인가수 '하연'

출처: 유튜브 Eyss on you 영상

그리고 음악 분야에서 인공지능과 인간의 공동 활동도 증가하고 있다.

2016년 5월 16일 경기 성남시 성남아트센터 콘서트홀에서는 **피아니스트 로베르토 프로세다와 인공지능 로봇 피아니스트 테오 트로니코**가 함께 **피아노 연주를 하며 대결을 펼쳤다.** 이탈리아 연주자 로베르토 프로세다와 53개의 손가락을 장착한 인공지능 로봇 피아니스트 '테오 트로니코'는 모차르트의 '터키행진곡', 림스키 코르사코프의 '왕벌의 비행' 등 같은 곡을 번갈아 가며 연주하고 서로 품평을 하는 방식으로 진행되었다.

그림 6-27 AI 피아니스트와 인간 피아니스트의 피아노 협연과 대결

출처: 유튜브 영상

2020년 10월 29일 저녁, 상명대 서울캠퍼스 계당홀에서 AI 피아니스트와 상명대 음악학부 오케스트라, 객원 연주자가 함께하는 음악회가 열렸다. 이제는 만날 수 없는 거장 **피아니스트 루빈스타인(Artur Rubinstein)**이 생전에 남긴 여러 연주기록 데이터를 AI 기술로 복원해 자동 연주 피아노를 통해 무대에서 재현하고 오케스트라가 거장의 연주에 맞춰 협연하였다.

그리고 미래에는 누구나 인공지능을 활용하여 작곡하거나 AI 작곡가의 곡을 받을 수도 있다. **아마존 웹서비스(AWS)**가 2019년 출시한 '**딥컴포저(DeepComposer)**'는 PC에 연결하는 키보드로 멜로디를 한 소절 입력하고 장르를 정하면 몇 초만에 복잡한 편성의 곡을 완성해 준다. 또한, 미국 비영리 인공지능 연구기관인 **오픈 AI(Open AI)**가 2020년 선보인 '**주크박스(Jukebox)**'는 미디 파일이 아닌 오디오 사운드 자체로 120만 곡의 데이터를 학습한 인공 신경망이 다양한 음악을 만들어 내고 음악에 맞추어 가사를 만들 수도 있다.

그림 6-28 오픈 인공지능 작곡 프로그램인 쥬크박스(Jukebox)

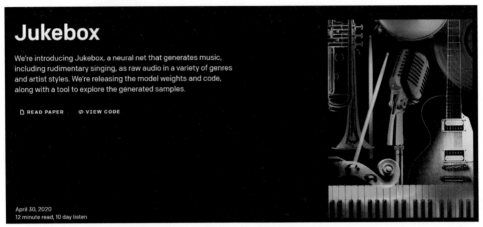

Jukebox

We're introducing Jukebox, a neural net that generates music, including rudimentary singing, as raw audio in a variety of genres and artist styles. We're releasing the model weights and code, along with a tool to explore the generated samples.

🗎 READ PAPER   🖉 VIEW CODE

April 30, 2020
12 minute read, 10 day listen

출처: jukebox 사이트 (https://openai.com/blog/jukebox)

미래에는 인간 음악가와 AI 음악가는 공존하게 되고 상호 협업을 통해 음악 시장을 확장하고 새로운 장르를 개척해 나가게 될 것이다. 또한, 누구나 인공지능을 음악 창작의 도우미로 활용할 수 있게 된다. 음악을 통해 아름다운 세상을 만들어 가고자 하는 인류의 노력이 인공지능을 통해 더욱 풍성해지도록 활용하기 위한 인류의 지혜와 적극적인 노력이 필요할 것이다.

 3) 인공지능이 바꾸는 문학 세상 - 인공지능 소설가와 인공지능 시인

인공지능이 창작의 최고 정점인 소설과 시를 작가처럼 쓸 수 있을 것인가? 10년 전엔 문학가는 물론이고 인공지능 전문가조차도 이에 동의하지 않았다. 인류 고유의 창의 영역으로 상상력과 공감과 감동의 감성이 함께 해야하는 문학 영역은 인류의 마지막 보루처럼 여겨졌다.

그런데 2016년 일본에서 개최된 '니케이 호시 신이치' 문학상 공모전에 인공지능이 작성한 〈컴퓨터가 소설을 쓰는 날〉이란 제목의 단편소설이 예선을 통과하였다. 더구나 당시 심사위원들은 이 소설이 인공지능이 썼다는 사실을 전혀 눈치채지 못했다고 하였다.

어느 사이에 국내에서는 인공지능이 작성한 소설만 응모할 수 있는 **AI 소설 공모전**도 개최되고 있다. 상금도 1억 원으로 일반 문학 공모전보다 규모가 크다.

그림 6-29 KT 인공지능 소설 공모전 안내문

출처: KT 블로그

인공지능은 어떻게 소설을 쓸 수 있을까? 기본적인 방식은 딥러닝으로 인공지능에게 기존 소설에 나오는 문장 수백만 개를 입력하여 스스로 학습하게 한다. 인공지능은 스토리를 풀어가는 맥락을 파악한 후 인간의 창작 방식을 알고리즘화해서 이를 기반으로 감정의 기승전결을 일으키는 스토리로 소설의 내용을 만든다. 여기에 향후 인공지능 심층 강화학습, 생성적 적대 신경망(GAN), 창의적 적대 신경망(CAN) 등이 추가되면 이전의 소설 방식과는 다른 개성적이고 창의적인 스토리와 소설이 산출될 수 있게 될 것이다.

마이크로소프트는 2014년 중국에서 **인공지능 챗봇 '샤오이스(Xiaoice)'**를 공개하였고 2017년 5월 샤오이스가 그동안 작성한 **시를 모아 시집 《햇살은 유리창을 잃고(Sunshine Misses Windows)》**를 출간했다. 샤오이스는 1920년 이후 현대 시인 519명의 작품 수천 편을 스스로 학습하여 1만여 편의 시를 집필했고 그중 139편을 선정해 직접 지은 제목으로 시집을 출간하였다. 인공지능 시인 샤오이스의 시에는

"눈물이 흘러 앞을 가리네
  내 삶은 예술
  저녁노을이 구름을 가린다
  손을 모아 기도한다."
"비가 해풍을 건너와 드문드문 내린다"
"태양이 서쪽으로 떠나면 나는 버림받는다"

등 독특하고 사람이 느끼는 감정인 고독, 기대, 기쁨 등이 담겨 있다.

그림 6-30 인공지능 시인 샤오이스의 시집《햇살은 유리창을 잃고》

출처: 인민방

더구나 샤오이스는 시각부터 청각까지 완벽한 감각 시스템을 갖추고 있다. 이를 활용하여 **사진 풍경**으로 샤오이스는 마치 옛 선비들이 정자에 앉아 수려한 산

천을 구경하면서 즉석에서 한시를 짓는 방식으로 시를 지었다. 학식과 재능을 겸비한 선비가 시를 짓기 위해 풍경을 응시하다 보면 어느 순간 시상이 떠오른다. 이런 풍류를 인공지능 샤오이스가 재현한 것이다.

예를 들어 인공지능 시인 샤오이스는 아래의 시를 지었다.

"날개들이 바위와 물을 꼭 안고
 적막 속에서
 인적 없는 곳을 거니노라니
 땅이 부드럽게 변하네"

인공지능 시인 샤오이스는 어떻게 이런 시를 지었을까? 샤오이스는 아래 사진을 보면서 이런 시 착상을 떠올렸다. 마치 선비가 풍경을 보고 시를 읊듯이 인공지능이 사진 속의 풍경을 보고 뭔가 운치 있고 관련 있는 듯한 싯귀를 만들어 낸 것이다. 인공지능이 풍류를 알고 있는 듯하다.

그림 6-31 AI 시인 샤오이스가 시 착상을 위해 사용한 사진

출처: www.ARXIV.ORG

더구나 시 전문가들의 평가 결과, 기본적인 시 작법을 공부하여 지은 일반인들의 시에 비교하여 오히려 **예술성이 높다는 평가**를 받았다.

이상에서 살펴본 바와 같이 **인공지능의 발전 속도가 빨라지면서** 인간 고유의 영역이라 불리는 '**예술 창작 분야**'까지 인공지능이 급습하고 있다. 인공지능이 인간의 감정을 이해하고 이전과는 전혀 새로운 것을 창의적으로 산출하는 능력을 갖추어 가고 있다.

이미 시장에서는 인공지능이 산출한 예술 작품이 인간 예술가의 작품보다 더욱 평가받는 사례도 늘어나고 있다. 그러나 한편에서는 인공지능이 예술 영역에서 사람을 대체하는 것은 결코 불가능할 것이라고 보고 인공지능의 작품들은 결국 기존 작가들의 모방품이라고 여기는 의견도 있다.

어떤 경우이든 **인공지능이 예술 분야에 이미 영향을 미치고 있고, 미래에는 더욱 변화를 몰고 올 것임**은 분명하다. 인공지능 작품과 예술가의 작품을 구분하기 힘들어지고, 예술가도 인공지능과 동반할 수밖에 없는 상황이 머지않은 미래에 다가올 것이므로 **인공지능을 이해하고 이를 적극적으로 활용하고 협업하여 새로운 문화 예술의 창출과 발전을 위한 기회로 삼아야** 할 것이다.

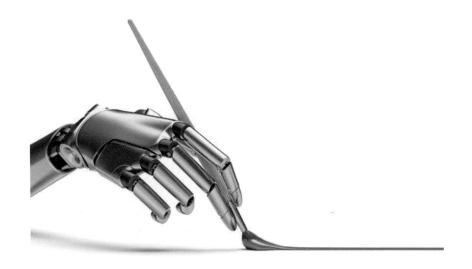

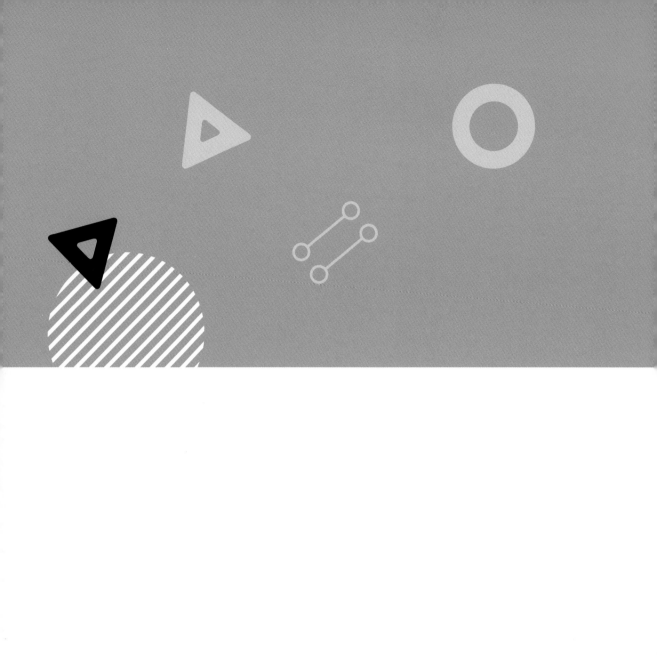

인공지능이 바꾸는
미래 정치·언론

CHAPTER 07

인공지능이 바꾸는
미래 정치·언론

인공지능은 새로운 정치 체제를 창조하고 있다. 오랫동안 현대 정치 제도의 근간이 되어온 대의민주주의와 국회를 변화시키고 인공지능 국회의원 등 인공지능 정치가가 등장하고 있다.

그리고 인공지능은 현대 사회의 여론을 이끌어온 **언론 저널리즘**의 주체와 성격을 바꾸고 있다.

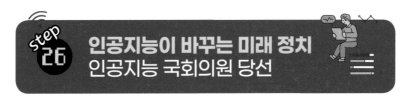

step
26

인공지능이 바꾸는 미래 정치
인공지능 국회의원 당선

 1) 인공지능으로 바뀌는 민주주의 정치의 명암

인공지능은 **민주주의** 정치를 발전시킬 것인가? 아니면 **전체주의**를 강화시킬 것인가? 인공지능은 미래의 정치에 긍정적 영향과 부정적 영향을 동시에 미칠 것이다. **유발 하라리**의 말처럼 우리는 인공지능을 통하여 민주주의를 시민민주주의로 발전시킬 수도 있고 반대로 **조지 오웰**의 **빅브라더**로 대표되는 독재적 전체주의의 수렁으로 빠져들게 할 수도 있다.

인류는 2,500년 전 그리스 **아테네 민회**(民會)에서 16세 이상 시민이 연 40회, 6,000명가량 모여 임기 1년의 관리를 선발하고 법률, 세금, 재판, 전쟁, 시민권 부여 등 주요 정책을 결정했다. 이것이 민주주의의 출발인 **직접민주주의**의 효시였다. 직접민주주의는 현재 스위스 몇 개 주에만 남아 있다.

이후 정치 체제는 왕정과 교황의 절대 권력 정치 체제를 지나 1689년 "의회의 승인 없이 법을 제정하거나 세금을 거둘 수 없다"는 영국의 권리장전, 1776년 미국 독립혁명, 1789년 프랑스 혁명 등을 계기로 시민의 대표를 뽑아 정치를 하는 대의민주주의가 확산되어 현재 대부분의 나라에서 대의민주주의 정치 체제를 유지하고 있다.

 스위스의 직접민주주의 란츠게마인데 모습

출처: 유튜브. MBC 뉴스 2014.3.19

그러나 대의민주주의에 대한 불신과 회의가 갈수록 커져 이로 인해 시민이 직접 정책 결정에 참여하는 **시민민주주의**에 대한 열망이 강해지고 있고 동시에 대의민주주의에 대한 반감으로 오히려 강력한 **독재주의**로 회기하려는 움직임도 있다.

이러한 시점에 인공지능에 의한 **인공지능 거버넌스**로 누구나 쉽게 의사결정에 참여할 수 있게 되고, 의견의 집계가 자동화되며, 스스로 결정을 자율화할 수 있게 되면서 현재의 대의민주주의의 문제를 극복하고 시민들이 정치에 적극 참여토록 하여 민주주의를 더욱 발전시킬 수도 있고 아니면 특정 엘리트 집단에 의한 독점과 감시가 강화되어 전체주의 독재 체제로 가는 기로에 인류는 서 있다.

도표 7-1 인공지능 거버넌스 특성

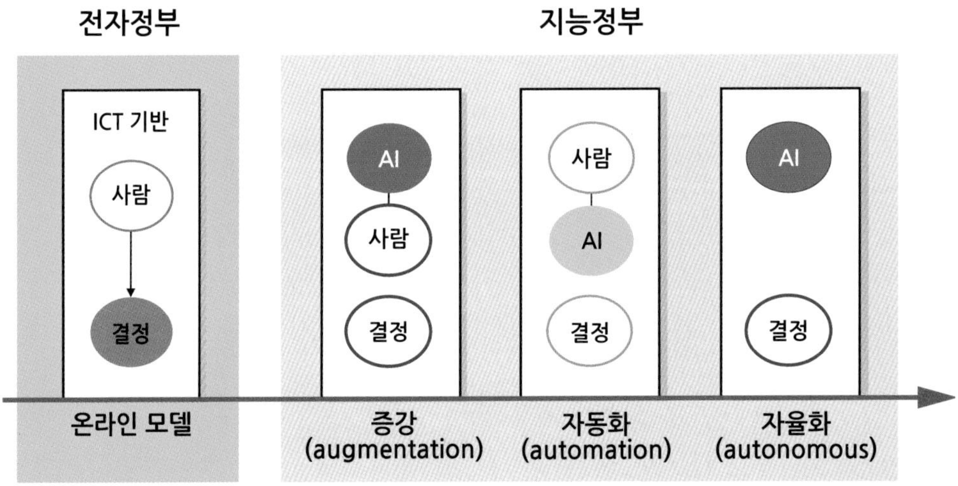

출처: 황종성. 〈인공지능 시대의 정부〉. IT & Future Strategy. 3호. 한국정보화진흥원.

민주주의는 분산형 정보처리 시스템이고 독재는 중앙집중형 정보처리 시스템이다. 인공지능에 의하여 정치 및 선거 정보가 시민들에게 투명하게 공유되고 시민들의 의견이 정책에 공정하게 반영되는 분산형 시스템이 강화되는 사회는 시민민주주의로 발전하게 될 것이다. 이에 반하여 인공지능에 의해 정치 및 선거 정보가 소수에 의해 조정되고 독점되는 중앙집중형 시스템이 강화되는 사회는 조지 오웰이 염려한 빅브라더에 의해 시민이 조정되고 통제되는 독재 전체주의가 강화되게 될 것이다.

그림 7-2 조지 오웰의 빅브라더를 묘사한 애플컴퓨터의 1984년 광고

출처: 유튜브

긍정적인 관점으로 보면 **인공지능**이 분산형 시스템인 **블록체인과 연결**되면 국민들이 스스로 정책이나 법률을 제안할 수 있게 되고 또한 국민들이 정책이나 법률을 언제 어디서나 실시간으로 추가 비용 없이 **직접·비밀투표**로 개진하여 결정할 수 있게 되는 국민의 국민에 의한 직접민주주의가 구현될 수도 있게 될 것이다. 이로 인해 현재의 막대한 특권과 일자리를 잃게 되는 정치권 이익 집단의 반대를 어떻게 극복하느냐가 관건이 될 것이다. 이는 당시 막강했던 왕과 귀족 중심의 정치 체제를 무너뜨리고 시민이 대표자를 뽑는 대의민주주의의 계기가 되었던 프랑스 혁명에 버금가는 **시민에 의한** 새로운 **정치 혁명**을 통해서 이루어지게 될 것이다.

프랑스의 철학자 장 자크 루소는 1762년 《사회계약론》을 통해 "시민이 자유롭다고 느낄 때는 대의원을 선출할 때뿐이며 선출이 끝나면 그들의 노예가 된다."라고 설파하며 시민이 뽑는 대의원이 또 다른 특권층이 될 것이라고 하였다.

이는 점차 현실로 되었고 현재 국민이 뽑는 대의원인 **국회의원**과 **지자체 의원**은 지구촌 거의 모든 나라에서 최고의 특권을 누리며 국민의 권익을 위한 대리자가 아니라 자신과 자신이 속한 정당의 권익을 위한 **특권층**이 되어 국민들의 **지탄의 대상**이 되고 있다.

하지만 아직 이러한 대의민주주의에 대한 다른 대안이 없다 보니 여전히 국민들은 선거 때마다 속는 줄 알면서도 국민을 위해 일하겠다는 정치인들에게 표를 주고 있다. 이에 인공지능이 발전하면서 이를 통해 대의민주주의의 대안을 마련하려는 노력이 경주될 것으로 예견된다.

그림 7-3 최고의 특권층이 되어 버린 국회의원

출처: 정윤성(삽화), 전북일보, 2021.6.7.

인공지능을 통한 새로운 대안으로 MIT 미디어랩의 **세자르 히달고(Cesar Hidalgo)** 교수는 **증강 민주주의(Augmented Democracy)**를 제시하였다. 영국의 사회학자 **콜린 크라우치**는 그의 저서 《**포스트 민주주의**》에서 "대의민주주의는 시민참여가 부족하면 부패가 생기고 민심과 동떨어진 정책이 생긴다."라고 하였다. **증강민주주의(Augmented Democracy)**는 시민들의 적극적인 참여의 방법으로 인공지능으로 각 개개인의 에이전트를 구현하고 이를 통해 개개인의 의견을 반영하는 새로운 형태의 시민 참여 민주주의를 말한다. 즉 인공지능을 통해 개인의 정치, 사회적 성향과 취향, 상황 등을 고려해, 정치적인 안건을 결정할 수 있는 **개인별에이전트**를 구현하고, 이 에이전트들이 필요할 때 언제나 개개인의 시민을 대신하여 직접 투표를 통해 각종 안건을 처리하는 방식이다.

그림 7-4 개인별 증강 에이전트를 소개하고 있는 페이스북

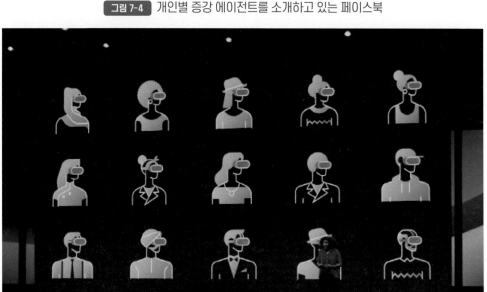

출처: 페이스북

또 다른 대안은 현재의 대의민주주의에 의한 정치인들을 인공지능으로 바꾸는

것이다. 인공지능 정치인은 인간 정치인과 달리 **사리사욕이 없고 특정 조직이나 정파**의 이익을 대변하지 않고 최적의 예산 분배와 정책 결정이 가능하다고 보는 것이다. 현실 정치인들이 대의민주주의의 본래의 취지인 국민을 대표하여 국민의 권익을 위해 노력하고 봉사하는 역할보다는 자신과 자신이 속한 정파의 이익을 추구하면서 엄청난 특권만 누리는 행태에 대한 불만과 실망의 결과로 이를 인공지능으로 대체하려는 움직임이 세계 곳곳에서 시작되고 있다.

이러한 움직임의 일환으로 2016년 11월 서울에서 개최된 글로벌 리더스 포럼 (Global Leaders Forum)에서 AI 연구자인 **벤 괴르첼**(Ben Goerzel) 박사팀의 '**AI 정치인(ROBAMA: Robotic Analysis of Multiple Agents)**' 프로젝트가 발표되었다. 이 프로젝트의 목표는 인공지능 기술을 통해 정치인이나 관료의 부정부패와 편파적 정책 결정을 극복하고 공정한 정책을 입안하고 정치의 효율성을 제고하겠다는 것이다.

현재와 미래사회는 매순간 엄청난 정보가 쏟아지고 최첨단 기술 변화로 사회적 변동도 큰 폭으로 일어난다. 이를 인간인 정치인이 모두 파악해 정책을 결정한다는 것이 사실상 불가능하고 자신과 자신이 속한 정파의 이익을 위해 정보를 편파적으로 이용하고 있다. 반면 인공지능 정치인은 수조억 단위의 빅데이터 정보를 동시간에 확보하고 분석하여 적절한 판단을 통한 합리적인 정책 결정을 내릴 가능성이 높다는 것이 인공지능 정치인을 추구하는 측의 입장이다.

실제로 2017년 뉴질랜드에 **세계 최초의 AI 정치인 샘(SAM)**이 등장하였다. 샘은 뉴질랜드의 닉 게릿센(Nick Gerritsen)이 개발한 여성 인공지능 정치인이다. 샘의 목표는 향후 **뉴질랜드 의회에 진출하여 총리**가 되는 것이다. 샘은 페이스북 메신저를 통해 유권자들과 대화를 나누고, 이슈와 선거에 대한 질문에 답한다. 샘은 보다 많은 사람과 접촉할수록 더 많이 배우고 성장한다. 뉴질랜드 유권자들의 여론조사 결과도 추가된다. 샘은 "뉴질랜드 사람들이 가장 관심 갖는 이슈를 반영하기 위해 끊임없이 변화할 것"이라고 말하였다.

그림 7-5 세계 최초 인공지능 정치인 샘(SAM)과 페이스북 메신저 대화창

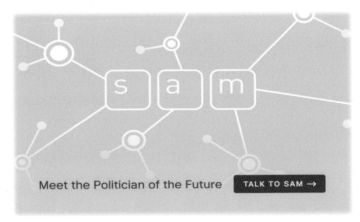

출처: https://whnt.com/news/meet-sam-this-virtual-politician-wants-to-run-for-office/

닉 게릿센은 인공지능 정치인 샘(SAM)의 강점은 무한대의 기억력과 인간과 달리 선입견이나 편견이 없다는 것이라고 강조한다. 그는 샘은 대화하고 취득한 모든 정보를 기억하여 활용할 수 있고, 인간 정치인과 달리 어떤 의사결정을 할 때 모든 사람의 입장을 편견 없이 고려한다. 이를 통해 뉴질랜드 국민의 입장에서 뉴질랜드 국민들을 더 잘 대변할 수 있도록 노력할 것이라고 하였다.

그림 7-6 세계 최초의 인공지능 정치인 샘(SAM)의 개발자 닉 게릿센

출처: 닉 게릿센 페이스북

또한, 2018년 4월 15일 일본의 도쿄도(東京都) 다마시(多摩市) 시장 선거에 인공지능 후보가 출마하였다. 후보자의 이름은 마츠다 미치히토(44)로 무소속 후보였다. 이는 일본 선거법상 피선거권은 사람만 가능하여 사람인 마츠다가 대리로 나서게 됐다. 마츠다는 시장에 당선되면 인공지능에 주요 정책을 위임하겠다고 밝혔다. 실제로 선거 포스터에는 입후보한 마츠다의 얼굴이 아니라 로봇의 얼굴이 인쇄되어 게시되었다.

다마시 시장 인공지능 후보는 선거 슬로건으로 "인공지능이 다마시를 바꿉니다"를 내걸었다. 그는 예산 편성 과정에서 인공지능의 역량을 활용해 불필요한 예산을 삭감하고 시내버스 노선을 인구나 시민들의 이동 행태에 따라 최적의 노선으로 재확정 하겠다는 공약을 내걸었다. 또 인공지능 후보는 기존 행정 문서를 모두 검토해 시의회 의원들의 의정 활동과 비용 지출도 개혁하겠다고 주장했다. 당시 인공지능 다마시 시장 후보는 4,013표를 득표해 3위를 기록하여 예상보다 많은 호응을 얻었다.

그림 7-7 일본 다마시 시장 선거에 출마한 인공지능 후보 포스터

출처: https://news.joins.com/article/23651227

그리고 2018년 러시아의 구글, Yandex에서 AI 비서로 개발한 앨리스(Alice)가 러시아 대통령 대선후보에 출마하였다. "당신을 가장 잘 아는 대통령"이라는 슬로건을 건 인공지능 앨리스는 선거에서 수천 표를 얻었다.

2021년 스페인대학교 IE유니버시티의 정부변혁센터는 유럽 국가 11개국 2,769명을 대상으로 국회의원 의석 수를 줄이고, 이들을 인공지능(AI)으로 대체하자는 주장에 대해 어떻게 생각하는지를 물었다. 유럽인 10명 중 5명(51%)은 국회의원을 인공지능(AI)으로 대체하자는 주장에 찬성하는 반응을 보였는데, 이중 스페인(66%), 이탈리아(59%), 에스토니아(56%) 등에서 동의하는 비율이 높았다.

국내에서도 공식적이진 않지만 필자가 2021년 강의하면서 1,200명에게 질문한 결과 응답자의 85%가 현재의 인간 국회의원보다 인공지능(AI) 국회의원이 정책과 법률을 입안하고 결정하는 것이 더 좋다고 하였다. 반대는 7%밖에 되지 않았고 8%는 결정 유보라고 하였다.

이처럼 전 세계적으로 현재의 정치인을 대의민주주의의 병폐로 보고 이를 인공지능으로라도 대체하고 싶은 심정을 표현하고 있는 것이다.

인공지능 로봇 기자가 기사를 쓰는 AI 저널리즘 시대가 이미 도래하고 있다. 인공지능이 스포츠, 날씨, 증권은 물론 정치와 시사 기사도 작성하는 시대가 다가오고 있다. 이로 인해 미래에 사라질 직업 중 하나로 기사 쓰는 기자가 거론되고 있다. 인간 기자가 몇 시간 걸릴 기사를 인공지능은 단 몇 초만에 작성할 수 있다.

실제로 2014년 3월 17일 미국 LA에서 지진이 발생했을 때 인공지능 로봇 기자는

3분 만에 기사를 작성했고, 이 기사는 5분 후 **LA타임즈**를 통해 보도됐다.

2016년 여름 **워싱턴포스트**는 자체 블로그에 간단한 기사를 자동 생성하는 인공지능 로봇 기자 **헬리오그래프(Heliograf)**를 도입하였다. 1년 동안 헬리오그래프는 스포츠, 정치, 사회 등으로 다양한 분야에 대하여 총 850편의 기사를 작성했다. 헬리오그래프는 2016년 여름 리우올림픽 기사 300여 건을 생산했고, 올림픽이 끝나자마자 헬리오그래프는 주지사 선거에 투입되었다. 헬리오그래프가 선거전에서 작성한 기사는 팩트 위주 단신이나 SNS를 보도한 것이었지만, 헬리오그래프의 선거 기사들은 총 50만 건이 넘는 클릭 횟수를 기록했다.

그림 7-8 '워싱턴포스트'의 인공지능 로봇 기자 '헬리오그래프'

출처: 월간조선, http://monthly.chosun.com/client/news/print.asp?ctcd=c&nNewsNumb=201807100041

미국의 **블룸버그 통신**은 기사의 **25%** 정도를 **인공지능**이 만들어 내고 있다. 또한, 로이터 통신은 인공지능 보조 기자 역활을 하는 '**링스 인사이트(Lynx insight)**'를 통해 다양한 데이터를 뒤져 의미 있는 기사 소재가 될 팩트를 찾아서 기자에게 전달하는 서비스를 하고 있다.

국내에서도 **연합뉴스**가 2017년 공개한 인공지능 로봇 기자 '**사커봇**'은 8월 12

일 새벽 3시 45분(한국 시각) 영국 런던 에미리츠 스타디움에서 열린 잉글랜드 프로축구 프리미어리그 2017~2018 시즌 아스널과 레스터시티 간 개막전 기사를 시작으로 매 경기 속보 기사를 실시간으로 제공했다. 사커봇은 프리미어리그 2017~2018 정규 시즌에 치러지는 380건 전체 경기 기사를 작성하였다. 사커봇이 경기 종료 후 기사 작성을 시작해 웹사이트에 게재하기까지 걸린 시간은 불과 1~2초 정도였다. 사커봇은 '제6회 한국온라인저널리즘어워드'에서 뉴스서비스기획 부문 수상작으로 선정되기도 했다.

그림 7-9 연합뉴스 인공지능 로봇 기자 '사커봇'이 작성한 기사

출처: 연합뉴스, https://www.yna.co.kr/view/AKR20170814032900039

연합뉴스는 2018 평창 동계올림픽에서 15개 종목 전 경기를 취재해 보도하는

'올림픽봇'을 선보였다. 동계올림픽 17일 동안 평창올림픽 경기 관련 기사 787건이 보도됐고 올림픽봇의 로봇 뉴스는 방문자 5만여 명, 페이지뷰 15만여 회에 달했다.

국내에서 특히 **인공지능 로봇 기자**가 활발하게 활약하는 분야는 증권시장 기사 분야이다. 국내의 대표적인 온라인 주식·경제 정보 사이트 **씽크풀**은 주식투자 관련 통합 로봇 시스템 **라씨**(RASSI·Robot Assembly System on Stock Investment)를 개발하였는데 이는 R1~R4까지 4개의 로봇으로 이뤄져 있다. 이 중 R1이 인공지능 로봇 기자이다.

R1은 전자공시시스템에서 실적·수주·대주주 지분 이동 등이 발생하면 실시간으로 인식하고 뉴스 기사를 생산한다. 단순한 텍스트 뉴스가 아니라 과거 실적·경쟁 업체와의 비교 분석과 함께 그림으로까지 표현하여 제공한다. 씽크풀은 이를 한국경제, 파이낸셜뉴스 등 언론 매체에게 제공하고 있다.

도표 7-2 씽크풀의 인공지능 로봇 기자 'R1'의 기사 작성 프로세스

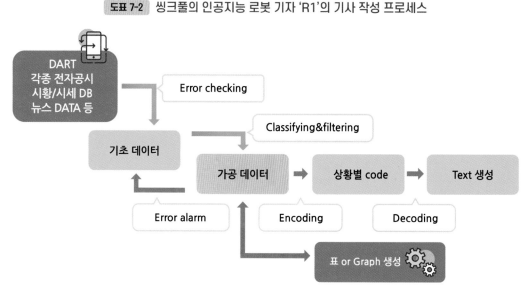

출처: 월간조선, http://monthly.chosun.com/client/news/print.asp?ctcd=c&nNewsNumb=201807100041

한편 **서울경제**는 자체 인공지능 증시 분석 전문기자 '**서경뉴스봇**'을 개발하여 기사를 작성하고 있다. 서경뉴스봇은 주식 시황 데이터에 기반해 자동으로 기사를 생산해 내는 인공지능 로봇 기자로 일일 시장 흐름을 짚어 주면서 당일 시장의 특이 움직임을 보이는 종목을 골라내 자동으로 기사를 생성한다.

인공지능 로봇 기자를 활용하는 언론들은 더욱 늘어나고 있다. 언론 저널리즘 연구 분야에 **인공지능 로봇 저널리즘**의 영역도 생기고 있다. 인공지능 로봇 기자를 활용하는 역량, 그리고 인공지능 로봇 기자가 할 수 없는 기사 내용을 작성하는 역량을 갖추는 것이 미래의 언론 저널리즘에서 근무할 인간 기자가 갖추어야 할 역량이 되고 있다.

그림 7-10 미래 인공지능 로봇 기자들의 기사 작성 모습

출처: KBO 퓨처스리스 로봇 기자 설명회 자료

CHAPTER **8**

인공지능이 바꾸는
미래 교육

CHAPTER 08

인공지능이 바꾸는
미래 교육

인공지능은 미래 교육 혁명을 주도하고 있다. 인공지능은 수세기 동안 지속되어 온 교육의 목표, 교육의 방법, 교육의 형태, 교육의 패러다임을 혁신시키고 있다. 인공지능은 교육을 통해 양성할 미래 인재의 역량도 변화시키고 있고 이로 인해 인공지능을 교육에 잘 활용하는 학교와 대학이 미래 교육을 주도해 나갈 것이다.

step
28 인공지능과 교육의 미래
인공지능 교사와 교수

 1) 인공지능 시대 미래 교육 환경의 변화

인공지능 시대를 이끄는 핵심 기술은 인공지능(AI)을 중심으로 사물인터넷(IoT), 빅테이터(Big Data), 실감 영상이 연계되어 있다. 즉 테크놀로지가 발전함에 따라 상호 연결된 유무선 인터넷망을 통해 방대한 데이터의 수집·분석·활용이 가능하게 되었고, 이러한 데이터를 기반으로 인공지능 컴퓨터가 내장된 기계가 스스로 학습하고 예측하여 적시 적소에 합당한 행동을 현존감 있게 수행하게 되는 것이다.

한편 이러한 인공지능 시대의 핵심 기술은 **교육 분야에도 적용**될 것이다. 인공지능은 최적의 **개인 맞춤형 교육 서비스**를 제공하기 위해 사용자의 행동 패턴을 분석하거나, 교육 자료들을 선택적으로 제공한다. 앞으로 인공지능 기술은 지금까지보다 더 **빠른** 속도로 발달할 것이며, 이에 따라 사람인 교사가 할 수 있는 많은 지식 교육 서비스가 **인공지능 교사**로 대체될 것으로 예상된다.

그림 8-1 인공지능 시대 미래 교육

출처: 서울시교육청, https://now.sen.go.kr/2018/03/01.php

교육 환경에서 **인공지능**에 **사물인터넷**이 연결되면 사물과 학습자가 서로 커뮤니케이션함으로써 **인터렉티브한 학습 환경**을 구축하는 것이 가능하며, 학습자의 흥미, 수준 등에 따른 **즉각적인 맞춤형 피드백**을 제공하는 것이 가능하게 된다.

인공지능을 통한 빅데이터 분석이 교육 환경에 적용되어 학습자의 학습 과정에 관한 데이터를 추적하고, 학습 수준을 분석하여 각 학습자에게 맞는 학습 목표,

전략 및 내용 등 수준별 맞춤형·적응형 학습을 제공할 수 있게 된다.

또한, 인공지능이 증강현실(Augmented Reality: AR) 및 가상현실(Virtual Reality: VR) 및 홀로그램 등 실감 영상 테크놀로지를 접목함으로써 교실과 집을 포함한 교육 장소에서 비대면 현존감으로 직접 가상의 현장 학습을 체험하게 하는 것은 물론, 원자, 자기장, 인간의 신체 등의 내부를 자세히 살펴보는 **실감 체험 학습**을 할 수 있게 된다.

그림 8-2 인공지능 가상현실을 활용한 교육 장면

출처: 국제미래학회,《대한민국 미래교육보고서》, 2017

한편 인공지능 시대가 본격화되면 많은 부분을 인공지능이 사람을 대신하게 될 것이다. 이에 따라 미래사회에는 인공지능이 대체할 수 없는 새로운 지식과 경험을 끊임없이 스스로 학습하고 이를 활용하여 새로운 부가가치를 창출해 낼 수 있는 **창의와 인성을 갖춘 인재**가 중요해진다.

이전의 산업사회에서 살아남기 위해서는 쉽게 수치화할 수 있는 스펙이 필요했다. 치열한 입시 준비와 스펙 쌓기로 얻은 좋은 대학, 좋은 스펙은 산업사회 경쟁의 핵심 요소였다. 하지만 인공지능 시대에는 **새로운 가치를 만들어 내는 창의성과 타인과 협력하는 인성**이 경쟁력을 좌우하는 시대가 되므로 좋은 대학, 좋은 스펙으로 입증할 수 있었던 기존의 많은 종류의 틀은 그다지 중요하지 않을 것이다. 미래사회에서 살아남으려면 인공지능이나 아무나 할 수 있는 일이 아닌 나만이 할 수 있는 **개성적 전문성**을 살려 새로운 부가가치를 창조할 수 있어야 한다.

현재 우리 교육은 학교에서 과거 역량의 인재를 가르치고 있다. 하지만 과거에 쓸모 있다고 생각되어 힘들게 가르치거나 학습한 지식은 인공지능 시대에는 쓸모없어지는 것이 많아지고 있다. 또한, 학생들이 학교를 주머니 속에 넣고 다니며 당장 필요한 지식이나 경험을 적시 학습으로 습득하여 이용할 수 있게 될 것이다. 우리의 교육은 이제 이러한 인공지능 시대의 미래 교육 환경에 대응할 수 있는 새로운 교육 패러다임의 혁신을 실현해야 할 시급한 시점에 있다.

 2) 인공지능 시대 교육의 패러다임 혁신

미래학자 앨빈 토플러는 이전에 한국을 방문하여 대한민국의 교육 현황을 분석하며 "한국의 학생들은 하루 15시간 동안 학교나 학원에서 미래에 필요하지도 않을 지식과 존재하지도 않을 직업을 위해 시간을 낭비하고 있다"라고 하였다. 그리고 그는 "학교는 더 이상 교육 공장이어서는 안 된다."며 "한국의 아이들이 미래를 준비하기 위해서는 대량생산 체제를 위해 고안되었던 한국의 대량 교육 시스템의 전면적인 변화가 필요하다."라고 설파하였다.

특히 창의와 인성, 개성적 전문성과 고귀한 가치를 추구하는 영성이 중요해지는 인공지능 시대가 현실화되기 시작하면서 기존의 교육으로는 더 이상 학생들의 미래도 대한민국의 미래도 어렵게 되었다. 이에 기존 교육과는 전혀 다른 새로운 교육 패러다임이 필요하다. 즉 인공지능 시대 초연결·초지능·초실감 사회의 패러다임에 맞는 교육의 혁명적인 변화가 요청되고 있는 것이다.

(1) 인공지능 시대 미래 교육 혁신 프레임워크

대한민국의 교육은 이제 산업사회의 특성인 **표준화, 규격화, 정형화**된 교육 방향을 탈피하여 인공지능 시대의 주요 특성 변화인 **다양성, 창의성, 유연성**을 강화하는 방향으로 교육이 변화해야 할 것이다.

인공지능 시대 사회 특성에 대응하는 다양성, 창의성, 유연성을 강화하는 방향으로 교육이 변화하기 위해서는 우리의 교육은 총체적이고 혁신적인 변혁이 필요하다.

도표 8-1 인공지능 시대 사회 특성과 교육의 방향

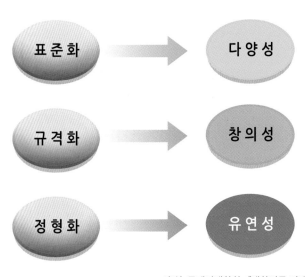

출처: 국제미래학회, 《대한민국 미래교육보고서》, 2017

인공지능 시대에는 이전 산업 시대와는 전혀 다른 역량을 갖춘 인재를 양성할 수 있도록 교육의 변혁이 필요하다. 이러한 교육의 변화는 어느 부분만으로 진행되어서는 성공적으로 교육의 변화를 구현할 수 없고, 교육 관련한 모든 체계가 총체적으로 상호 협력하면서 **교육계 전반에서 동시적으로 혁명적인 변혁**이 이루어져야 한다. 즉 학제, 교육과정, 입시 등의 **미래 교육 시스템**, 학교와 대학 모습과 교사의 역할 등의 **미래 학교**, 미래 역량을 함양할 수 있는 미래 **교육 콘텐츠**, 교육 정책과 교육 현장의 운영에 관한 **미래 교육 거버넌스**를 포함한 총체적인 부분이 상호 협력하면서 동시적으로 변화되어야 4차 산업혁명 시대에 맞는 미래 교육이 가능해지는 것이다.

도표 8-2 교육 혁신 프레임워크

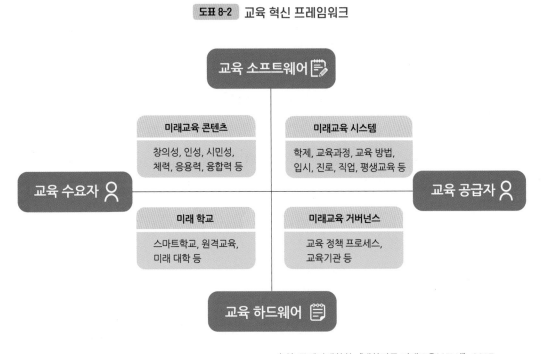

출처: 국제미래학회, 《대한민국 미래교육보고서》, 2017

(2) 인공지능 시대 대한민국 미래 교육의 목적과 방향

인공지능 시대의 도래로 과학기술, 산업, 사회, 문화, 가치관이 변화하고 이에 대응할 수 있는 인재의 역량이 또한 변화하고 있다. 이에 따라 교육의 비전은 세계 일류의 **인공지능 시대를 주도할 미래 창의 혁신 인재를** 양성하는 것이고 이를 기반으로 목표는 글로벌 경쟁력 갖춘 미래 창의 혁신 인재를 양성하는 교육, 개인의 창의성과 다양성이 존중되고 행복한 삶과 건강한 사회의 지속 발전에 기여하는 교육을 실현하는 것이어야 한다.

이러한 대한민국 미래 교육 목표와 비전을 구현하기 위해 미래 교육 체계 전체가 총체적이고 혁명적인 변화가 필요하다. 즉 **미래 교육 시스템 혁명**으로 인공지능 시대에 대응하는 유연한 학제, 자율적 교육과정과 평가, 다양한 진로·직업교육, 자율적 맞춤 입시제도와 혁신적 대학제도, 다양한 장학 복지 변화가 구현되어야 한다. 또한, **미래 학교 혁명**으로 4차 산업혁명 인공지능 시대에 대응하는 창의적 미래 학교와 지역과 함께하는 학교, 교사 역할과 교사 시스템 및 교사의 영역 변화, 교육 공간의 변혁, 직업학교와 대학 모습의 변화가 이루어져야 한다. 그리고 **미래 교육 내용 혁명**으로 인공지능 시대에 대응하는 창의적 인지 역량, 인성적 정서 역량, 협력적 사회 역량, 생애 학습 역량을 함양할 수 있는 교육 콘텐츠가 개발되고 실현되어야 한다. 한편 이러한 교육 정책을 관장하는 **미래 교육 거버너스 혁명**이 인공지능 시대에 대응하는 새로운 미래 교육 정책 결정 프로세스와 교육 거버너스의 새로운 패러다임, 미래 대학과 학교 단위 거버너스의 변화로 구현되어야 한다. 교육부도 이러한 인식을 통해 인공지능 시대에 부합하는 전면적인 교육 정책 혁신을 도모하고자 노력하고 있다.

그림 8-3 교육부의 인공지능 시대 미래 교육 정책 변화

출처: 교육부 블로그, https://blog.naver.com/moeblog/222180924256

3) 인공지능 시대 교육을 통한 미래 인재 역량 함양

인공지능 시대의 도래로 인공지능은 더욱 혁신적으로 발전하여 인간의 지능을 넘어서서 현재의 많은 일은 인공지능 로봇이 대체하게 될 것으로 전망되고 있다.

이에 교육을 통해 기존 지식을 주입하고 암기토록 하여 확인 평가하고 서열화하는 전통 방식의 교육은 더 이상 존립 가치가 상실되었다. 인공지능 시대에는 창의

력과 팀워크 및 미래 대응 능력과 인성을 배양하는 교육 등으로 획기적으로 변환되어야 한다. 알파고에서 보듯이 지식 습득 능력은 인공지능을 인간이 따라갈 수 없고, 미래에는 지식과 데이터를 다루는 많은 일자리가 인공지능으로 대체될 것이다.

이에 **미래의 인재**를 양성해야 하는 학교는 지식 전달의 장에 머물러서는 안 된다. 학교는 오히려 인간의 차별화된 능력이면서 미래사회에 꼭 필요한 **창의적으로 생각하는 역량**과 공동체에서 **협업하는 역량** 그리고 미래 변화에 대응하기 위해 자율적으로 계속 학습할 수 있는 역량, 인간됨과 감성을 강화하는 **인성을 함양**하는 새로운 교육의 장이 되어야 한다. 이에 따라 학교에서의 평가도 서열화가 아니라 개인의 특성과 역량을 개별적으로 진단하는 방식으로 변환되어야 한다.

그림 8-4 인공지능 딥러닝으로 새로운 서비스를 제안하는 학교 교육

출처: EBS, 2021.5.19.https://www.youtube.com/watch?v=8Jn2tlCLHPk

또한, 학교에서 **교사의 역할**이 바뀌어야 한다. 기존의 교수·학습 방식에 의한 지식 전달자로서의 교사 역할은 이미 대체 가능한 것이 많고 인공지능이 교육에 도입되면 대체가 더욱 가속화될 것이다. 이미 학교 교사의 지식 전달 역할은 학원

강사, 온라인 강사, 인터넷 포털의 지식 검색 등에 밀려 약화된 상태이다. 더욱이 인공지능이 교육에 적용되면 학생 개개인의 지식 수준에 맞춘 1대1 개인학습 지도가 가능해져 지식 전달자로서의 교사 대체가 가속화될 것이다. 따라서 학교 교사의 역할이 더 이상 지식 전달자로서 남아서는 미래 학교에 교사는 설 자리가 없을 것이다. 교사는 이제 학생들의 미래 적응 학습과 창의력 배양 및 팀워크와 인성 함양을 위한 미래 가이드, 조력자, 동기부여자, 카운슬러, 멘토의 역할을 담당해야 한다.

인공지능 시대는 초지능 사회를 예고하였다. 학교 교육은 이에 대비할 수 있도록 미래 핵심 역량을 갖추고 변화하는 전문 역량을 익혀 지속 가능한 미래 공동체를 위해 함께하는 인성과 건강한 시민의식을 갖춘 미래 인재를 양성하는 방향으로 총체적인 변화가 모색되어야 할 것이다.

도표 8-3 인공지능 시대 교육을 통한 미래 인재 역량 함양

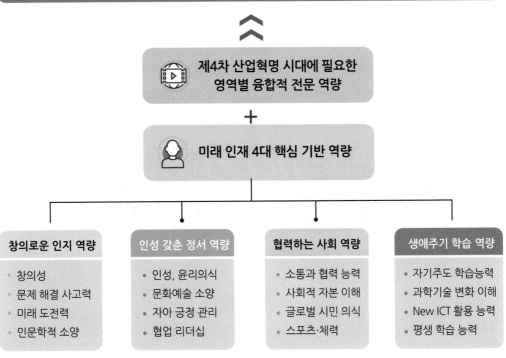

출처: 국제미래학회, 《대한민국 미래교육보고서》, 2017

인공지능 시대에 필요한 분야별 전문 역량 인재상은 **4대 핵심 기반 역량**을 바탕으로 이루어진다고 볼 수 있다. 이 네 가지 기반 역량은 개별적인 것이라기보다는 상호 연결되면서 수업을 통해 동시적으로 함께 함양되어야 한다.

첫 번째 주목해야 할 영역은 **창의로운 인지 역량** 영역으로 창의성과 문제 해결 사고력, 미래 도전력, 인문학적 소양 등을 말한다. 두 번째 영역으로는 **인성을 갖춘 정서 역량** 부분이다. 이 부분에 해당되는 역량으로는 인성·윤리 의식, 문화예술 소양, 자아 긍정 관리, 협업 리더십 등의 역량이 해당된다. 세 번째 역량으로는 **협력하는 사회 역량** 부분으로 소통과 협력, 사회적 자본 이해, 글로벌 시민의식, 스포츠, 체력과 관련된 역량이다. 네 번째 역량으로는 **생애주기 학습 역량**을 들 수 있으며 여기에는 자기주도 학습 역량, 과학기술 변화 이해, ICT 활동 역량, 평생학습 흥미 등의 역량이 해당된다.

우리의 교육은 이러한 미래 인재에게 기본이 되는 4대 핵심 기반 역량을 바탕으로 하여 인공지능 시대에 필요한 영역별 **융합적 전문 역량**을 함양하여 건강한 미래사회를 주도할 수 있는 창의적으로 사고하는 인성을 갖춘 **미래 창의 혁신 전문 인재**를 양성하여야 한다.

그림 8-5 미래 인재 역량 함양 교육을 실시하는 칸 랩 스쿨

출처: 칸 랩 스쿨 홈사이트, https://www.khanlabschool.org/

4) 인공지능이 활용되고 있는 교육 현장

　지식을 교육하는 가장 좋은 방법은 무엇일까? 그것은 학습자의 수준에 맞게 학습자가 이해할 수 있게 교육하는 것일 것이다. 기존의 학교 교육 체계로는 불가능했던 것이 인공지능이 활용되면서 가능해졌다.

　인공지능 기반의 지능형 개인 교사 체제(ITS: Intelligent Tutoring System)를 도입해 학생 개개인에게 수준별 맞춤 학습을 제공하게 된다.

　예를 들어 수학에 소질이 있는 학생에게는 난이도를 빠르게 높여가며 다음 단계 문제를 풀 수 있도록 하고, 수학 기초가 약한 학생에게는 난이도를 완만하게 높이면서 기초를 다져나가는 전혀 다른 유형의 문제를 학습하게 한다. 교사가 교실에서 많은 학생에게 똑같은 내용을 전달해야 했던 기존 교육에서는 수학을 잘하는 학생에게는 재미가 없고 수학을 못 하는 학생에게는 따라가기 어려웠던 수업을 인공지능으로 모두가 좋아하는 수업이 되게 할 수 있는 것이다.

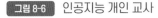 **그림 8-6** 인공지능 개인 교사

출처: 디지털타임즈, 2017. 6. 22

　AI ITS 외에도 인공지능을 활용한 다양한 교육이 현장에서 이미 진행되고 있다. 학습자의 수업 참여도를 자동 데이터하는 등 적극적인 수업 참여를 유도하는 교육 체계(ALS: Active Learning System), 학습자와 대화하며 교육하는 개인 교사 체계(DBTS, Dialogue-Based Tutoring System), 학생이 스스로 지식을 구성하도록 환경을 제공하는 탐구학습 시스템(ELEs, Exploratory Learning Environments), 글쓰기 자동 채점(AWE, Automatic Writing Evaluation), 인공지능 활용 언어 학습, 인공지능 챗봇(AI chatbot), 인공지능 접목 가상현실(VR)과 증강현실(AR) 및 홀로그램 등이 교육 현장에서 활용되고 있다.

인공지능이 활용되고 있는 교육 현장의 사례를 몇 가지 살펴보면 다음과 같다.

(1) 슬랙우드 초등학교(Slackwood Elementary School)

미국 뉴저지에 위치한 슬랙우드 초등학교(Slackwood Elementary School)는 수학 포함 융합(STEAM) 수업에 '해피 넘버스(Happy Numbers)'라는 인공지능 개인 교사(튜터)를 활용하고 있다. 해피 넘버스(Happy Numbers)는 초등학교 1학년 학생을 대상으로 수학 시간에 사용되고 있는데, 학생들이 어려움을 겪고 있는 곳을 식별하여 개인 맞춤화된 지원을 제공하여 큰 호응을 받고 있다.

그림 8-7 슬랙우드 초등학교의 수학 융합 AI 교사 수업 사이트

출처: 슬랙우드 초등학교 홈사이트, https://www.ltps.org/SW

(2) 앤 아룬델 카운티 공립학교(Anne Arundel Country Schools)

앤 아룬델 카운티 공립학교(Anne Arundel Country Schools)는 학생들이 물리적으로 학교 수업에 참석할 수 없을 때 가상으로 수업에 참석할 수 있도록 **인공지능 로봇을 활용**하였다. 학생들은 집, 병원 또는 자동차에서 기기를 사용하여 학교에 있는 로봇을 조종하여 수업에 참여한다. 로봇에는 아이패드가 달려 있어서 화면에 학생의 얼굴이 나타나고, 카메라를 통해 교실 내 수업 시간에 일어나는 일을 원격에 있는 학생에게 보여 주어 실시간으로 수업에 참여할 수 있다.

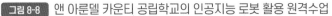 그림 8-8 앤 아룬델 카운티 공립학교의 인공지능 로봇 활용 원격수업

출처: 앤 아룬델 카운티 공립학교 홈사이트, https://www.aacps.org/aacps

(3) 칸 랩 스쿨(Khan Lab School)

칸 랩 스쿨은 인공지능을 활용하여 맞춤형 교육과 협업을 통한 창의성을 기르는 소통 지향적 교육을 실시하고 있다. 미국의 무료 온라인 학습 플랫폼인 칸 아카데미(Khan Academy)로 유명한 살칸(SalKhan)이 2014년 미국 캘리포니아 마운틴 뷰에 설립한 학교이다.

칸 랩 스쿨에서는 인공지능을 활용하여 학생 개개인별로 맞춤형 학습을 제공하고 학년 중심이 아닌 학습자의 학습 레벨에 따라 교육을 제공하고 있다. 칸 랩 스쿨은 또한 협업을 통한 창의성과 소통 역량을 함양하기 위해 프로젝트 수업을 진행하기 위해 학습 내용별로 공작실(Make Lab)에서 창작물을 만들기도 하고, 사색실(Ideate Lab)에서 브레인스토밍을 하며, 토론을 위해 대화실(Chat Lab) 등 인공지능이 적용되는 다양한 공간을 구현하였다. 이러한 수업 공간을 통해 개인별 프로젝트 팀별 학습 데이터를 수집하고 분석하는 체험 프로그램 인터페이스(xAPI: Experience Application Programing Interface)와 맞춤형 학습 솔루션(LRS:Learning Record Store)을 제공하고 있다.

그림 8-9 칸 랩 스쿨의 프로젝트 수업 중 로봇팀

출처: 칸 랩 스쿨 홈사이트. https://www.khanlabschool.org/school-life/first-robotics

(4) 미네르바 스쿨(Minerva School)

미네르바 스쿨(Minerva School)은 벤 넬슨(Ben Nelson)이 미국 대학 연합체 (KGI: Keck Graduate Institute)의 인가를 받아 2010년 설립한 대학교다. 미네르바 스쿨은 기존 대학의 틀을 깨고 모든 수업을 100% 온라인으로 진행하며, 캠퍼스 없이 학생 전원이 4년 동안 전 세계에 있는 7개의 기숙사를 돌아다니며 생활하며 공부한다.

1학년 때는 대학본부 소재 샌프란시스코에서 생활하며 공부하고, 2학년부터 각 학기를 서울(대한민국)·하이데라바드(인도)·베를린(독일)·부에노스아이레스(아르헨티나)·런던(영국)·타이베이(대만)에서 생활한다. 학생들은 각 도시에서 생활하면서 다양한 문화를 체험하며 공부한다. 온라인 수업과 함께 학생들은 각 학기마다 기숙사가 위치한 도시에서 학습 내용을 적용할 수 있는 프로젝트 주제를 스스로 정한 지역 기반 과제(LBA: Location Based Assignment)와 도시에 있는 기업이나 단체와 협업을 진행하는 프로젝트인 도시 프로젝트(Civic Project) 등을 수행한다. 이를 통해 학생들은 다양한 경험을 통해 각 나라에서 견문을 넓히며, 수업에서 배운 것을 현장에서 적용하며 글로벌 시민이 되는 법을 배운다

미네르바 스쿨의 온라인 수업엔 20명 이하로 구성되며 인공지능 기반 온라인 화상 교실 플랫폼인 '액티브 러닝 포럼(Active Learning Forum)'을 사용한다. 액티브 러닝 포럼 내 인공지능 시스템은 학생의 음성을 인식하여 교수의 컴퓨터 화면에 학생들의 발언 빈도가 자동 표시된다. 이를 통해 교수는 수업 중 발언이 부족한 학생을 쉽게 판별하고, 대상 학생이 적극적으로 수업에 참여하도록 유도한다. 이에 온라인 강의임에도 학생들이 적극 참여하는 능동적인 학습이 이루어진다.

미네르바 스쿨은 학생들의 평가에 시험을 치르지 않고 인공지능의 도움을 받아 학생의 발표를 비롯한 수업 태도, 과제, 프로젝트 결과 등을 교수가 종합적으로 평가한다. 학생들을 '순위'로 평가하지 않고 '학생 자체'를 평가한다. 매 수업에 성실히 임함은 물론 과제와 프로젝트 등 매사에 성실하고 능동적으로 참여해야 좋은 성적을 얻을 수 있게 된다

그림 8-10 미네르바 스쿨의 액티브 러닝 포럼 실제 사용 사례

출처: 미네르바스쿨 홈사이트. https://www.minerva.kgi.edu/

(5) 조지아공과대학교(Georgia Institute of Technology)

미국의 조지아주 애틀랜타시에 위치한 **조지아공과대학교**(Georgia Institute of Technology)에서는 2016년부터 인공지능 시스템을 AI 조교로 활용하고 있다.

조지아공과대 컴퓨터과학부의 **아쇼크 고엘**(Ashok Goel) 교수는 수업에서 **질 왓슨**(Jill Watson)이라는 이름의 **인공지능 조교**를 활용하였다. AI 조교는 한 학기 동안 1만 개 이상의 학생 질문에 답하고 시험 기간을 안내하는 역할을 맡았다. AI 조교의 언어 능력이 뛰어나 강의를 듣는 학생들이 조교가 AI인지 사람인지 알아차리지 못했다.

인공지능 조교 질 왓슨(Jill Watson)은 학생들의 **발표 일정, 일상적인 질문, 자주 묻는 질문 등에 답변**하고 학생 소개와 학생들의 과제, 프로젝트, 시험 결과 **평가를 보**조하고 학생들의 **행정적인 질문**에 답한다. 이처럼 AI 조교가 보조 업무를 맡으면서 인간 교수와 인간 조교는 학생들의 실제 교육에 더욱 신경을 쓸 수 있는 시간을 갖게 되었다.

그림 8-11 조지아공대의 AI 조교 질 왓슨을 소개하는 아쇼크 고엘(Ashok Goel) 교수

출처: 문화일보, 2020.11.11. http://www.munhwa.com/news/view.html?no=2020111101031221081002

(6) 애리조나주립대학교(Arizona State University)

미국 애리조나주립대(ASU)는 인공지능을 적극 활용하는 대학교이다. 애리조나주립대(ASU)는 대학 신입생 과정인 대수학(algebra) 과목에서 인공지능 기반의 적응맞춤 학습 시스템 알렉스(ALEKS:Assessment and Learning in Knowledge Spaces)를 2016년부터 활용하고 있다.

알렉스(ALEKS) 교수로 학생들에 불리는 인공지능 개인 튜터 알렉스는 학생 개인별로 수학 학습 능력을 평가하고, 개인의 수준에 맞는 개별화된 코스를 제공한다. 알렉스를 통해 기초 수학 역량을 갖추지 못한 학생들의 성적이 평균 28% 향상되었다. 그리고 생물학에도 인공지능 기반의 '적응 맞춤 학습 시스템' 알렉스(ALEKS)를 도입하여 봄학기 20%였던 탈락률이 1.5% 줄었고, C학점 미만의 비율이 28%에서 6%로 감소하였다. 미시경제학에도 알렉스(ALEKS)를 도입한 결과 C학점 미만 학생 비율이 38%에서 11%로 낮아졌다.

애리조나주립대학교(ASU)는 또한 인공지능 기반의 학습 지원 시스템 이어드바이

저(e-Advisor)를 통해 학생들에게 **개별화된 학습 컨설팅**을 제공하고 있다. 학생 개개인의 성향과 성적, 공부 패턴 등을 분석하고 개인별 맞춤형 학습뿐만 아니라 전공까지 제안하고 있다. 또한, 분석 결과를 학생들의 대학 생활을 돕는 지도교수와 학습 코치에게 전달하여 상담과 맞춤형 조치를 실시하고 있다. 이를 통해 학생들의 학업 지속력이 늘고, 중도 탈락률이 현저히 감소하였다.

또한, 애리조나주립대의 마스코트 '선 데블 스파키'의 이름을 딴 **AI 챗봇 서니 (Sunny)**는 학생들의 수강 신청이나 장학금, 기숙사비 및 학교 생활에 관한 모든 질문에 즉시적으로 친절하게 답해 주어 학생들의 만족도가 높다.

애리조나주립대(ASU)는 이처럼 인공지능을 활용하여 대학의 혁신을 지속하면서 **미국 내 대학 중 혁신 대학 1위로 6년간** 지속적으로 평가받고 있다.

그림 8-12 인공지능 활용하여 미국 1위 혁신 대학교가된 애리조나주립대

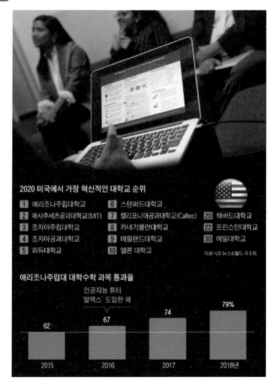

출처: 조선일보, 2121.5.11.

https://www.chosun.com/national/education/2021/05/11/HSSWI25VRZCV3E3PJQBQGIBK3U/

(7) 한양대학교(Hanyang University)

한양대학교는 국내 대학 최초로 인공지능과 5G와 홀로그램를 활용한 **하이-라이브(HY-LIVE)**라고 명칭한 **텔레프레전스(Telepresence) 화상 교육 시스템**으로 수업을 개설하였다. 2019년 '생활 속의 화학' 수업에서 첫선을 보인 하이-라이브 텔레프레전스 교육 시스템은 **실물 크기의 교수가 홀로그램으로 동시에 3개의 강의실에** 등장했다. 실제 교수는 학생이 한 명도 없는 한양대 스튜디오에서 강의를 진행하고 있고 3개 강의실의 학생들과 **실시간 양방향**으로 질의응답하며 실험 수업 등을 생생하게 진행하였다. 서울 서초구에 있는 기업체 임원을 홀로그램으로 안산에 위치한 한양대 에리카 캠퍼스에 즉시로 불러와 현장 연계 수업을 진행하기도 하였다.

그림 8-13 한양대의 첫 번째 하이-라이브 텔레프레전스 수업 장면

출처: 한양대학교.http://www.newshyu.com/news/articleView.html?idxno=606243

하이-라이브 텔레프레즌스 수업 수는 인기리에 증가되고 있고 특히 인공지능

딥러닝 등 인기 강좌 수업은 여러 강의장에서 동시에 학생들이 생생한 수업에 참여하고 있다. 더구나 한양대는 2020년 광주여대와 루터대, 백석대, 백석문화대, 상명대, 을지대 등 **전국 6개 대학과 '하이-라이브(HY-LIVE) 컨소시엄' 협약**을 맺었고, 이들 대학 학생들도 각 대학의 **하이-라이브 강의실**에서 2021년 1학기부터 '인공지능 강좌'를 한양대 학생들과 동시에 실시간 양방으로 수강케 하는 **공유 교육**(Sharing Education)을 진행하고 있다.

이외에도 영국과 핀란드 그리고 싱가포르와 중국 등에서는 학교에서 인공지능 활용한 교육을 적극 장려하고 있다. 학교와 대학에서 **인공지능 교사**와 **인공지능 조교**가 활용됨으로써 학생 각각의 학습 이해도에 맞춘 세심한 개별 지도가 이뤄지고 있다.

한국에서도 교육부와 교육청에서 **인공지능을 활용하는 교육**이 학교 현장에서 가능하도록 **프로그램과 인프라 구축** 그리고 **인공지능을 가르치는 교사 양성**에 적극 나서고 있다.

CHAPTER **9**

인류의 미래를
좌우하는
인공지능 윤리

CHAPTER 09

인류의 미래를 좌우하는
인공지능 윤리

인공지능은 우리의 삶과 생활을 변화시키고 인류를 변화시킬 만큼 영향력이 커지고 인류의 미래 방향을 결정짓는 역할을 하게 될 것이다. 인공지능의 발전은 인류에게 축복이 될 수도 있고 재앙이 될 수도 있다. 이에 인공지능 윤리가 더욱 중요해지고 있고 이를 위해 지금부터 전 세계가 함께 공동으로 노력해야 한다.

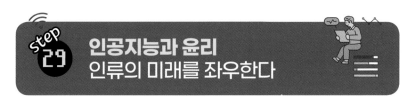

step 29 인공지능과 윤리
인류의 미래를 좌우한다

 1) 인공지능 윤리의 중요성

인간이 만든 인공지능 컴퓨터 전략 방어 네트워크가 스스로의 지능을 갖추고는 인류를 핵전쟁의 참화를 일으켜 30억이라는 인류를 잿더미 속에 묻어 버린다. 그리고 남은 인간들은 인공지능 기계의 지배를 받아 시체를 처리하는 일 등에 동원된다. 영화 〈터미네이터〉의 내용이다.

인공지능의 급속한 발전이 우리 인류에게 유익한 것인가? 아니면 영화 〈터미네이트〉, 〈메트릭스〉, 〈아이로봇〉, 〈아일랜드〉에서 묘사된 것처럼 오히려 인류에게 재앙이 되지는 않을까?

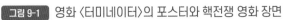

그림 9-1　영화 〈터미네이터〉의 포스터와 핵전쟁 영화 장면

출처: https://images.app.goo.gl/cdu44cWvwghnJdU27

인류는 인공지능의 발전으로 자연을 정복하고 자연을 관리하며 인간이 더욱 편리하고 행복하게 하는 데 도움이 될 것이라는 낙관론과 동시에 인공지능의 발전이 오히려 인간의 행복을 해치며 오히려 재앙이 될 수도 있다는 우려가 여기저기서 나오고 있다.

분명한 것은 인공지능 발전이 인류에게 유익하게 될 것인지, 아니면 재앙을 몰고 올지는 《사피엔스》의 저자 유발 하리리의 주장처럼 인류의 의지에 달려 있다는 것이다. 인공지능의 발전으로 초지능·초연결 사회가 구현되고 인공지능이 인류의 모든 지능의 합을 넘어서는 **싱귤래리티(Singularity)** 시대가 다가옴에 따라 인공지능 윤리가 더욱 중요해지고 있다. 이는 인류의 미래가 달린 중요한 문제이고 현재 대응하지 않으면 때가 늦어 돌이킬 수 없는 인류의 재앙 상태가 도래할 수도 있다는 것이 예견된다. 이로 인해 필자를 포함한 미래학자와 세계적 석학은 모두 **인공지능의 윤리, 규제 관련 논의가 바로 지금부터 필요하다고** 주장하고 있고, 전 세계는 인공지능 발전과 개발에 있어 인류의 미래에 유익할 수 있도록 윤리와 법제를 논의하고 실행하는 것이 중요해지고 있다.

 ## 2) 해외의 인공지능 윤리 활동

해외에서는 인공지능의 급속한 발전에 따른 부작용을 사전에 예방해야 한다는 의식으로 미국, 일본, 유럽은 각 국가별 차원의 인공지능(AI) 윤리 정책을 만들고 있다. 특히 인공지능의 미래에 대해 발전을 도모하면서도 윤리적 규정을 만들어 지키게 하고 있다. **아실로마 AI 원칙, EU 로봇 민법, 일본 총무성 인공지능(AI) 개발 가이드라인, 미국 미(美) 국방성 산하 국방위고등연구계획국(DARPA)의 설명할 수 있는 인공지능(XAI) 프로젝트** 등이 있으며 또한 국제기구 차원의 AI 윤리 대응으로 OECD의 'AI 발전 권고안', 미국 전기전자학회(IEEE), 국제인권 감시기구 등은 국제기구 차원의 인공지능(AI) 윤리 대응책을 마련하고 있다.

(1) 아실로마 인공지능(AI) 원칙

미국 보스톤 소재 비영리 연구단체인 인류미래연구소(Future of Life Institute, www.futureoflife.org)는 2017년 1월 6~8일까지 미국 캘리포니아의 **아실로마**에서 이로운 인공지능 컨퍼런스(Beneficial AI conference)에서 논의한 내용을 1월 13일 인공지능의 23개 원칙 '**아실로마 AI 원칙**(ASILOMAR AI PRINCIPLES)'을 발표하였다.

그림 9-2 아실로마 AI 원칙 홈사이트 한국어 버전

출처: https://futureoflife.org/ai-principles-korean/

아실로마 AI 원칙에는 물리학자인 스티븐 호킹, 테슬라의 최고경영자 일론 머스크, 알파고를 개발한 구글 딥마인드의 데미스 하사비스 최고경영자 등 총 2,000명의 과학계, 기술계 인사들이 지지하고 있다.

아실로마 AI 원칙은, 연구 이슈(Research Issues)에서 5개, 윤리와 가치(Ethics and Value)에서 13개, 장기적 이슈(Longer-term Issues)에서 5개 등 총 23개 원칙을 도출됐다. 첫 번째 연구 이슈로 "AI 연구의 목표는 목적이 없는 지능을 개발하는 것이 아니라 인간에게 유용하고 이롭고 혜택을 주는 지능을 개발하자"는 것이고, 두 번째 윤리와 가치 이슈는 "AI 시스템은 인간의 존엄성, 권리, 자유 및 문화 다양성의 이상과 양립할 수 있도록 설계되고 운영되어야 한다"는 것이다. 세 번째 장기적 이슈는 인공지능이 가져올 장기적인 문제를 포함하는데 합의된 여론 없이 인공지능이 인류에게 가져올 미래에 대한 결정론적 가설은 삼가야 한다는 것이다.

(2) 설명 가능한 인공지능(XAI: eXplainable AI) 프로젝트

미(美) 국방성 산하 국방위고등연구계획국(DARPA)에서는 2017년부터 설명 가능한 인공지능(XAI) 프로젝트를 추진하고 있다. XAI 프로젝트는 eXplainable AI의 약어로 사용자가 인공지능 시스템의 동작과 최종 결과를 이해하고 올바르게 해석하여 인공지능의 결과물이 생성되는 과정을 설명 가능하도록 해주는 기술을 의미한다.

예를 들어 인공지능 시스템이 고양이 이미지를 학습할 경우, 기존 시스템은 입력된 이미지의 고양이 여부만을 도출하지만, XAI 프로젝트는 이것의 근거(털, 수염 등)까지 사용자에게 제공한다.

그림 9-3 설명 가능한 AI(XAI) 프로젝트의 인공지능 고양이 학습 예

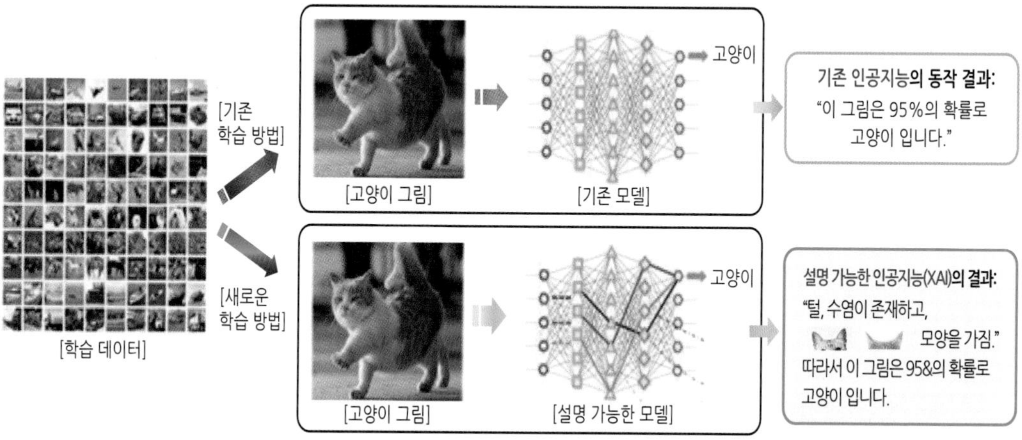

출처: 금융보안원 보고서, '설명 가능한 인공지능(eXplainable AI, XAI) 소개' 2018.3.23

XAI 프로젝트는 인공지능 시스템이 사용자와 고객으로부터 신뢰를 얻고, 사회적 수용을 위한 공감대 형성 방안이 될 것으로 예상된다. 특히 XAI 프로젝트는 인공지능 시스템의 잘못된 결과로 분쟁 발생 시 원인 파악이 가능하고, 개인정보보호 규정 준수 여부 검증 등이 가능하여 사전 예방과 사후 대책이 가능하게 한다.

(3) 미국 기업들 AI 파트너십(AI 윤리위원회)

전 세계 인공지능 기술과 서비스를 선도하고 있는 미국 기업인 **구글, 아마존, 페이스북, MS, IBM, 애플** 등 글로벌 기업들이 인공지능의 유해한 개발과 이용을 차단하는 자율적 규제와 가이드라인을 제정하고 '**AI 윤리 위원회**(AI and Ethics in Engineering and Research)'를 내부에 설치하는 등 인공지능 AI의 유해한 개발을 사전에 방지하고 유익한 방향으로 인공지능을 개발하도록 윤리성을 강화하고 있다.

그림 9-4 인공지능윤리위원회를 강화하고 있는 미국 기업들

또한, 이들 기업들은 2016년 '**AI 파트너십**'을 결성하여 함께 **인공지능 AI의 안전성 및 프라이버시 이슈에 대처하고 AI의 윤리적 사용을 적극 지원한다**는 목표를 가지고 협력하고 있다. AI 파트너십은 구글, 아마존, 페이스북, MS, IBM 5개 기업이 의기투합하여 처음 결성되었고 2017년 애플도 합류하였으며 현재는 수많은 미국의 기업과 단체들이 함께하며 인류와 사회에 유익한 인공지능을 위해 협력하고 있다.

(4) 유럽연합(EU) 인공지능 로봇 윤리 13원칙

유럽연합 EU에서는 유럽로봇연구네트워크(EURON)를 통해 로봇 윤리 로드맵을 추진하고 그 결과를 2007년 국제로봇자동화학회(ICRA)에서 발표하였다. 로봇 윤리 로드맵에서는 로봇이 윤리·사회·경제적 문제를 야기할 것으로 전망하며, 기준에 대한 철저한 검증을 요구하면서, 로봇 윤리의 영역을 8가지로 분류하고 로봇 윤리 13개 원칙을 제시하였다. 로봇 영역은 휴머노이드, 진화된 생산 시스템, 지능형 홈, 네트워크 로봇, 현장형 로봇, 건강과 복지를 위한 로봇, 군사용 로봇, 교육용 로봇으로 분류하고 로봇 연구개발에서 지켜야 할 13개의 로봇 윤리 원칙을 제시하였다.

도표 9-1 유럽연합의 인공지능 로봇 윤리 13원칙

	원칙	원문
1	인간의 존엄과 인권	Human Dignity and Human Rights
2	평등, 정의와 형평성	Equality, Justice and Equity
3	이익과 손해	Benefit and Harm
4	종교적 다양성과 다원성에 대한 존중	Respect for Oultural Diversity and Pluralism
5	반차별과 반낙인화	Non-Discrimination and Non-Stigmatization
6	자주성과 개인적 책임	Autonomy and Individual Responsibility
7	고지에 입각한 동의	Informed Consent
8	프라이버시	Privacy	
9	신뢰성	Confidentiality
10	연대와 협력	Solidarity and Cooperation
11	사회적 책임감	Social Responsibility
12	이익의 공유	Sharing of Benefits
13	생물권에 대한 책무	Responsibility towards the Biosphere

출처: 이원태, 〈4차 산업혁명과 지능정보사회의 규범 재정립〉 KISDI Premium Report, 2017-10

(5) 유럽연합(EU) 인공지능 윤리 가이드라인(EU Ethics guidelines for trustworthy AI)

유럽연합(EU) 집행위원회(EC: European Commission)는 2019년 4월 8일 인공지능 윤리 가이드라인(Ethics guidelines for trustworthy AI)을 제정하여 공표하였다. 인공지능 윤리 가이드라인의 목표는 모든 시민이 인공지능의 혜택을 누릴 수 있는 인간 중심의 윤리적 목적을 달성하는 동시에 신뢰할 수 있는 인공지능의 기술 발전 기준을 구체적으로 제시하는 것이다. 신뢰할만한 인공지능은 일련의 요구사항뿐 아니라 관련된 모든 법률과 규정을 준수해야 하며 이를 검증하기 위해 특정 평가 목록이 수반되어야 한다고 설명하고 있다.

인공지능 윤리 가이드라인은 신뢰할 수 있는 AI에는 반드시 지켜져야 하는 세 가지 구성 요소인 (1) **합법적**이어야 하며 모든 관련 법규를 준수해야 한다. (2) **윤리적**이어야 하며 윤리적 원칙과 가치를 준수해야 한다. (3) AI 시스템이 의도하지 않은 결과를 초래할 수 있기 때문에 **기술 및 사회적 관점 모두에서 견고해야 한다는** 원칙을 인공지능 시스템 전 과정에서 준수해야 한다고 했다.

인공지능 윤리 가이드라인에 따르면 AI는 인간의 자율성을 보장해야 하고, 사람들은 AI에 의해 조작되어서는 안 되며, 인간은 소프트웨어가 내리는 모든 결정에 개입할 수 있어야 한다. 또한, AI는 기술적으로 안전하고 정확해야 한다. 외부 공격과 타협해서는 안 되며, 신뢰가 가능해야 한다. 그리고 AI가 수집한 개인정보는 안전하게 보장되어야 하며, AI 시스템을 만드는 데 사용된 알고리즘과 데이터는 사람이 이해하고 설명할 수 있어야 한다. 이외에도 AI는 연령, 성별, 인종 등을 차별하지 말아야 하며, 지속 가능해야 하고, 검증 가능해야 한다.

그림 9-5 유럽연합 인공지능 가이드라인을 개발한 전문가 그룹 로고

 ### 3) 국내의 인공지능 윤리 활동

국내에서도 인공지능을 비롯한 지능정보기술 분야의 발전이 인간과 기계의 경쟁 구도가 우려되고 AI 기술을 활용한 로봇 등이 인간의 통제 내에서 유익하게 활용될 수 있도록 세계 최초의 로봇 윤리 헌장 제정 등 인공지능 윤리에 관심을 가지고 다양한 곳에서 활동해 오고 있다.

(1) 로봇 윤리 헌장

2007년 산업자원부는 로봇 관련 각계 전문가를 중심으로 '**로봇 윤리 협의체**'를 구성하여 로봇 윤리 헌장 제정을 시도하여 '**로봇 윤리 헌장 초안**'을 마련하였다. **세계 최초로 작성된 로봇 윤리 헌장**은 로봇 산업이 지향해야 할 로봇 기술과 윤리적 한계, 로봇 제조자의 책임, 로봇의 개조와 파괴 등에서의 사용자 윤리 등을 정립하고자 하였다. 당시 로봇과 인간의 관계를 규정한 세계 최초의 로봇 윤리 헌장으

로 해외의 높은 관심을 받았다.

그림 9-6 국내 최초의 휴머노이드 로봇 휴보

출처: 로봇신문 http://www.irobotnews.com

세계 최초의 '로봇 윤리 헌장 초안'의 주요 내용은 다음과 같다.

21세기 안에 인간이 만든 감성과 지능을 가진 로봇이 인류 역사상 최초로 등장하게 될 것이다. 인간과 로봇이 함께하는 미래사회는 윤리, 사회, 경제, 교육, 문화 등 여러 분야에서 다양한 방향으로 전개될 것이다. 따라서 우리는 인간과 로봇이 함께하는 미래사회가 부정적인 방향으로 가는 것을 사전에 방지하고, 인간과 로봇이 상호 존중하고 협력할 수 있는 미래사회를 실현하기 위해, 관련 윤리 헌장을 제정할 필요성과 책임감을 갖는다.

인간은 로봇의 도움과 협력을 바탕으로 보다 편리하고, 건강하며, 안전하고, 행복한 삶의 질을 보장해 주는 미래사회를 꿈꾸고, 인간은 인간 본연의 가치인 사랑과 예술을 창출할 수 있는 미래사회를 그리며, 그러한 미래사회가 긍정적이고 바람직한 방향으로 가기 위해 다 같이 지혜를 모아야 한다. 또한, 우리가 원하는 인간과 로봇의 미래와 미래 세대들이 살아갈 인간과 로봇의 미래사회는 우리의 준비와 결정에 달려 있다. 이에 우리는 인간과 로봇이 함께하는 풍요롭고 수준 높은 미래사회를 실현하고자, **인간 중심의 윤리 규범**을 천명하고자 한다.

하나, 인간과 로봇은 상호 간 생명의 존엄성을 존중하며, 정해진 권리, 정보윤리 및 공학윤리 등의 공동 원칙을 보호하고 지켜야 한다.

하나, 인간은 로봇을 제조하고 사용할 때 항상 선(善)한 방법으로 지혜롭게 판단하고 의사결정해야 한다.

하나, 로봇은 사용자인 인간의 친구·도우미·동반자로서 인간의 명령에 순종해야 한다.

하나, 로봇 제조자는 로봇 윤리 헌장을 준수해야 할 제1 책임자로서 인류와 공생하기에 적합하고, 사회적 공익성과 책임감에 기반한 로봇을 제조하여야 한다.

하나, 로봇 사용자는 로봇을 존중하는 마음으로 법규에 따라 사용하되, 로봇 남용을 통한 중독 등에 주의해야 한다.

이상과 같이 우리는 변화의 시대적 요청들을 선(善)한 방법으로 지혜롭고 슬기롭게 수용하여, 인간과 **로봇이 공존 공생하고 공존 번영하는** 꿈과 희망의 미래사회를 열고자, 인간과 로봇이 지켜야 할 윤리들을 확인하고 천명하며, 로봇 윤리 헌장을 공표한다.

(2) 지능정보사회 윤리 가이드라인

과학기술정보통신부는 2018년 12월 〈지능정보사회 윤리 가이드라인〉를 발표하였다. 〈지능정보사회 윤리 가이드라인〉은 4차 산업혁명으로 지능정보기술의 급속한 발전과 일상화에 따른 사회적 부작용에 대한 우려를 해소하고, 지능정보기술 발전이 궁극적으로 인간 중심의 지능정보사회 구현에 기여할 수 있도록 유도하는 지침을 마련하기 위해 작성 발표되었다.

〈지능정보사회 윤리 가이드라인〉은 4대 원칙 38개 세부 지침으로 작성되어 발표하였다. 4대 원칙은 △ 공공성 △ 책무성 △ 통제성 △ 투명성이고 이에 따른 개발자, 공급자, 이용자의 38개 세부 지침으로 구성되어 있다.

도표 9-2 지능정보사회 윤리 가이드라인 4대 원칙

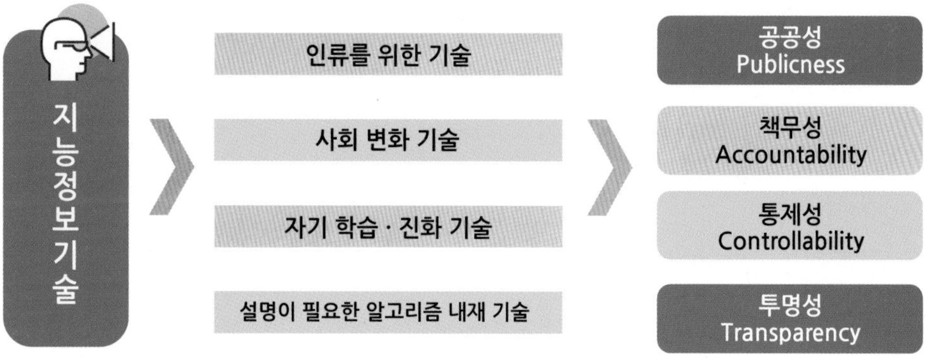

출처: 정보화진흥원, 지능정보사회 윤리 가이드라인, 2018

(3) 지능정보사회 윤리 헌장

과학기술정보통신부는 2018년 6월 '지능정보사회 윤리 가이드라인'의 대중적 요약본이라고 할 수 있는 다음과 같은 '지능정보사회 윤리 헌장'을 발표했다.

지능정보사회 윤리 헌장

인간의 창의와 혁신을 기반으로 하는 4차 산업혁명과 그에 따른 지능정보사회는 우리 모두에게 불가피한 삶의 환경으로 자리 잡아가고 있다. 인공지능, 로봇 등의 지능정보기술은 사회 모든 분야에서의 융·복합 과정을 통해 경제적 도약과 사회 문제 해결에 새로운 기회를 제공하고 있으나, 의도하지 않은 부작용에 대한 우려도 나타나고 있다. 이에 우리는 지속가능한 공생의 가치를 구현하고, 안전하고 신뢰할 수 있는 지능정보사회로 나아가고자 다음과 같이 결의를 다진다.

1. 지능정보사회는 인간의 존엄과 안전을 지키고 인류의 보편적 가치를 실현하는 방향으로 발전해야 한다.

2. 지능정보사회에서 이루어지는 성과와 혜택은 소수에게 편중되기 보다는 모두에게 공유되어야 한다.

3. 지능정보사회에서 기술, 제품 및 서비스를 개발·공급하는 경우, 오동작과 위험상황에 대한 제어기능을 제공해야 하고 그 사회적 책임을 다해야 한다.

4. 지능정보기술을 활용하여 이루어지는 자동화된 결정과 처리 과정은 필요시 설명 가능해야 하고, 사회적 편견과 차별 및 숨겨진 기능이 없어야 한다.

5. 지능정보사회의 가치를 논의하고 문제를 해결하기 위하여 우리는 공론의 장에 참여하여 열린 마음으로 협의하는 문화를 조성해야 한다.

6. 지능정보사회의 지속가능한 발전을 위하여 우리는 사회변화에 따른 디지털 시민성을 갖추고 역량을 강화하도록 노력해야 한다.

2018년 6월

(4) 인공지능 윤리 헌장

한국인공지능윤리협회는 2019년 10월 23일 '선한 인공지능(Good AI)' 개념을 담은 '인공지능 윤리 헌장(The AI Ethics Charter)'을 발표했다.

인공지능 윤리 헌장은 '선한 인공지능' 추구를 기본 개념으로 △인간과 AI와의 관계 △선하고 안전한 AI △AI 개발자(기업) 윤리 △AI 소비자 윤리 △인류 공동의 책임 등을 담은 총 5개 장 40개 조로 다음과 같은 내용으로 구성되어 있다.

〈인공지능 윤리 헌장: The AI Ethics Charter〉

서문 :

우리는 인류 전체의 역사를 비추어 가장 급변하는 시기에 서 있습니다. 기술이 급격히 발달하면서 인류의 사회, 경제, 문화, 생활 환경 등에 커다란 변화가 일어나고 있습니다. 그 중심에 인공지능 기술이 있으며 이미 인공지능 기술은 우리 생활에 깊숙이 자리를 잡고 있습니다. 하지만 인공지능 기술은 여타 기술들과 달리 인류에 미치는 영향력과 파급력이 막대합니다. 지금까지 불가능하다고 여겨졌던 많은 일들이 인공지능 기술에 의해 실현되고 있으며, 인공지능 기술은 사용의 목적과 방법을 달리할 때 인간과 지구 환경, 생태계에 심각한 피해를 야기할 수 있습니다.

아직까지는 인공지능이 인간의 통제 하에 있지만 가속화하는 기술의 발달은 인공지능이 인간의 통제를 벗어날 수 있다는 우려를 낳습니다. 따라서 우리는 인공지능의 역작용과 위험성을 인지하고 그에 대응하는 방안을 모색하고 실천하는 것이 무엇보다 필요합니다.

인공지능 기술은 인공지능 윤리와 함께 나아갈 때 안전한 이용이 담보될 수 있으며, 우리는 인공지능의 안전과 윤리 문제를 해결해 나가면서 인공지능 기술을 발전시켜야 합니다.

이러한 시점에서 본 헌장은 전 세계와 인류 차원에서 인공지능의 안전을 확보하고 인공지능이 인류의 행복과 편리를 위한 도구로 사용될 수 있도록, 다음과 같은 원칙을 각국의 정부, 기업, 단체, 개인에게 적용되는 공통된 기준으로 공포하고자 합니다.

원칙:

제1장 인간과 인공지능의 관계

제1조. 인공지능은 인간을 편리하고 행복하게 하기 위한 도구이다.

제2조. 인공지능은 인간의 존엄성과 인류 보편의 가치를 존중해야 한다.

제3조. 인공지능은 인간에게 절대 해를 끼쳐서는 안 된다.

제4조. 인공지능은 인간의 통제 하에 만들어지고 사용되어야 한다.

제5주. 인공지능은 인간의 선한 본성을 추구해야 한다.

제6조. 인공지능은 인간과 동등한 수준의 의사결정 권한, 특히 옳고 그름의 판단 권한을 가질 수 없다.

제7조. 인공지능의 어떤 의사결정도 인간에 의해 수정되거나 취소될 수 있다.

제2장 선하고 안전한 인공지능

제8조. 전쟁과 인명 살상 목적의 인공지능은 절대 만들어서는 안 된다.

제9조. 인공지능 기술과 알고리즘은 인류 보편의 가치에 반할 수 없다.

제10조. 인공지능 기술과 알고리즘에 불안전한 요소가 발견 시 즉각 수정되어야 한다.

제11조. 인공지능 기술과 알고리즘은 기록과 문서화에 의해 투명하게 관리되어야 한다.

제12조. 인공지능 기술, 알고리즘, 데이터들은 외부 공격에 방어할 수 있는 강력한 보안체계를 유지해야 한다.

제13조. 인공지능에 학습되는 빅데이터는 신뢰할 수 있고, 편향적이지 않으며, 합법적이어야 한다.

제14조. 빅데이터 수집 시 합법적인 절차에 따라야 하며 개인의 프라이버시를 침해하지 않아야 한다.

제15조. 인공지능 사용 환경에 노출 시 자율적 선택권이 보장되어야 하며 종속되거나 강제되지 않아야 한다.

제16조. 인공지능 제품과 서비스에는 비상용 킬스위치를 반드시 내장해야 한다.

제17조. 인공지능 제품과 서비스는 출시 전 충분히 반복된 품질검사를 거쳐야 한다.

제18조. 인공지능 제품과 서비스는 출시 전 중립적인 인공지능윤리위원회의 검수 및 검증을 거쳐야 한다.

제19조. 인공지능 제품과 서비스는 사후 모니터링 시스템에 의해 철저히 관리되어야 한다.

제20조. 인공지능이 고장나거나 장애를 일으킬 경우 그 원인을 파악할 수 있어야 한다.

제3장 인공지능 개발자의 윤리

제21조. 인공지능 개발자는 강화된 윤리적 책임의식을 가져야 한다.

제22조. 인공지능 개발자는 인간에게 해를 끼치는 인공지능을 만들어서는 안 된다.

제23조. 인공지능 개발자는 합의된 안전 개발 지침에 의거하여 인공지능 제품과 서비스를 만들어야 한다.

제24조. 개발자는 인공지능에 자체적인 의사결정 능력 부여 시 고도의 주의를 기울여야 한다.

제25조. 개발자는 머신러닝 알고리즘을 적용할 경우, 제13조에 의한 빅데이터를 선별하기 위해 노력해야 한다.

제26조. 개발자는 머신러닝 알고리즘을 적용할 경우, 출시 전 충분한 시뮬레이션을 통해 결과값에 대한 오류를 최소화하고, 결과값에 대한 충분한 예측 정보를 확보해야 한다.

제27조. 개발자 또는 개발회사는 소비자에게 인공지능 제품과 서비스에 대한 충분한 정보 제공 및 주의사항을 고지할 의무가 있다.

제28조. 개발자 또는 개발회사는 인공지능 제품과 서비스에 본래 목적 외의 기술이나 기능이 내장되는 경우 이를 소비자에게 고지할 의무가 있다.

제29조. 개발자 또는 개발회사는 소비자에게 제품과 서비스에 인공지능 기술이 적용되어 있음을 표지나 문서, 음성 등으로 사전에 고지해야 한다.

제30조. 개발자 또는 개발회사는 소비자로부터 데이터를 수집받을 경우 사전에 동의를 구하거나 해당 내용을 고지해야 한다.

제31조. 인공지능 개발자는 인공지능의 안전과 윤리에 관해 다양한 관계자들과 협력하고 지속적인 교육을 받아야 한다.

제32조. 인공지능 개발회사는 소속 개발자들이 안전하고 윤리적인 인공지능을 만들 수 있도록 관련 환경을 조성해 주고 적극 지원해 주어야 한다.

제38조. 인공지능 개발자는 인공지능을 이용한 신기술을 개발할 경우, 순기능뿐만 아니라 사회에 미칠 부작용을 고려해야 하며 역기능이 우려될 경우 개발에 보다 신중해야 한다.

제4장 인공지능 소비자의 윤리

제33조. 소비자는 인공지능 제품과 서비스를 타인을 해치거나 범죄의 목적으로 사용해서는 안 된다.

제34조. 소비자는 인공지능 제품과 서비스를 올바른 방법으로 사용해야 한다.

제39조. 인공지능 사용자와 소비자는 인공지능을 이용하여 영상, 이미지, 음성 등을 조작한 콘텐츠를 생성 및 배포할 경우, 해당 콘텐츠가 인공지능을 이용하여 제작한 콘텐츠임을 표지나 문서, 음성 등으로 사전에 밝혀야 한다.

제5장 공동의 책임과 이익의 공유

제35조. 인류는 공동의 책임과 의무로 인공지능의 위험성을 감시하고 기 발생한 해악을 제거해야 한다.

제36조. 인공지능의 편익과 혜택은 온 인류가 공평하게 누리고 향유할 수 있어야 한다.

제37조. 인공지능 기술 수혜의 취약 국가와 취약 계층을 위해 인류 공동의 지원과 교육이 이루어져야 한다.

제40조. 인간과 인간이 만드는 인공지능 기술은 전 지구와 환경, 생태계에 윤리적, 도덕적 책임을 져야 한다.

(5) '대한민국 인공지능포럼'의 인공지능 윤리 가이드라인

국제미래학회와 국회미래정책연구회는 공동으로 '대한민국 인공지능포럼'을 2020년 발족하였다. 대한민국 인공지능포럼은 인공지능과 법조 및 사회 분야별 전문가 200명으로 구성되어 있으며 인공지능을 과학·기술·정치·경제·인문·사회·국방·환경·ICT·의료·미디어·문화·예술·교육·직업·윤리 등 제 분야에서 건강하게 활용되도록 인공지능 진흥과 윤리 정책과 법제 연구를 수행함을 목적으로 한다.

대한민국 인공지능포럼은 인공지능 미래사랑방과 전문가 연구를 통해인공지능의 건전한 발전과 활용을 촉진하기 위한 '인공지능 발전 기본법'을 입안 준비하고 있으며 여기에 인공지능 윤리 가이드라인을 포함시키기 위해 다양한 의견 수용 및 전문가들이 함께 연구하고 있다.

그림 9-7 대한민국 인공지능포럼 소개 사이트

출처: 국제미래학회 사이트. http://gfuturestudy.org/sub08/aiforum.php

그림 9-8 인공지능 미래사랑방 전문가 토론회

인공지능이 바꾸는
미래 종교

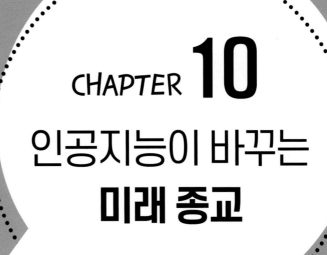

인공지능이 바꾸는 미래 종교

인공지능이 발전할수록 역설적으로 인류는 인공지능과 구별되는 인간다움을 더욱 추구하게 된다. 이런 관점에서 인류는 영성을 더욱 추구하고 이로 인해 종교의 역할이 더욱 중요해진다. 하지만 한편으론 인공지능 목회자와 메타버스 가상현실이 종교와 접목되며 종교계는 새로운 혁신과 도전에 직면하게 될 것이다.

step
30
인공지능과 종교의 미래
인공지능 목회자와 메타버스 교회

 1) 인공지능 시대 영성의 중요성

미국 심리학자 매슬로우의 욕구 위계론의 최상위 욕구인 자기초월(Transcendence)을 제목으로 사용하고 있는 영화 〈트랜센던스〉에서 천재 과학자 '윌'은 인간의 지적 능력을 초월하고 자각 능력까지 가진 인공지능 슈퍼 양자 컴퓨터로 부활한다. 부활한 인공지능 윌은 인간의 능력을 초월하여 신과 같이 되려 한다. 이것은 미래학자 레이 커즈와일(Ray Kurzweil)이 예견한 **기술적 특이점**(Singularity: 인공 지능이 인류 지능의 총량을 뛰어넘는 시점)의 위험성을 경고하고 있는 영화이기도 하다.

그림 10-1 신과 같이 되려는 인공지능 '윌'이 등장하는 영화 〈트랜센던스〉

출처: https://images.app.goo.gl/Has17XAJGQCSne3S6

이처럼 인공지능 시대에는 기술적 특이점이 오고 있다. 이성과 감성 그리고 창의성을 포함한 인간 고유의 능력이라 여겼던 역량을 인공지능이 가지게 되고 인공지능 인간과 인간 차이의 경계가 모호해지면서 함께 공존하는 시대가 다가오고 있다.

인공지능이 발전할수록 '인간의 인간다움은 무엇이며, 인공지능과 인간을 구분하는 기준'은 무엇일까?에 대한 의문과 관심이 많아지게 된다. 그동안 인간만의 고유 영역이라도 여겼던 창의성과 감성까지 인공지능이 갖추게 될 수 있음을 알게 되면서 이러한 질문에 더욱 관심을 가지게 된다. 종교적인 관점에서 보면 인공지능과 인간의 근본적인 구분은 인간만이 가지고 있는 영성 즉 영적 지능과 영적 민감성에서 찾을 수 있다.

영성은 영혼을 중심으로 한 정신과 신체를 포괄하는 능력으로서 자기를 초월하여 절대적인 의미와 고귀한 가치를 내면의 궁극적 목표로 추구하는 의식이다. 기독교적으로 보면 인공지능 시대에 인간이 인간답게 산다는 것은 영성을 추구하며 사는 것이다. 즉 절대적인 하나님과의 지속적인 전인적 관계 안에서 자신의 존재 의미를 찾아 삶과 가치를 추구하며, 책임성을 가지고 창조적으로 타인과 역사와 자연 및 인공지능과 함께 더불어 행복하게 살 수 있는 관계적 역량을 강화하는 것이다. 이는 인공지능조차도 인간과 스스로를 구분하는 가장 근본적이면서 인공지능이 영원히 근접할 수 없는 영역이 바로 영혼과 관련된 영성이라고 밝히고 있다.

그림 10-2 ┃ 인공지능 로봇이 밝힌 인간의 고유 영역(영성 있는 영혼)

출처: https://www.youtube.com/watch?v=oL1ZOLo3s7s

이처럼 인공지능 로봇이 아무리 발전해도 인간을 따라올 수 없는 영역이 바로 '영성(Spirituality)'이다. 또한, 많은 미래학자들이 2020년 이후에는 영성의 시대가 올 것이라고 예측하고 있다.

미래학자 앨빈 토플러는 "21세기는 이윤 추구 지상주의, 물질만능주의가 아닌 제5의 물결인 '영성의 시대'로 패러다임이 바뀌고 있다."라고 진단하였다. 미래학자 워싱턴대 윌리엄 교수는 "2020년 정보 시대는 끝나고 지식 이상적 가치와 목표를 중시하는 영성 시대가 올 것"이라 예측했다. 미래학자 패트리셔 애버딘은 그의 저서 《메가트렌드 2010》에서 "21세기는 이윤 추구 지상주의, 물질만능주의가 아닌 **영성의 시대**"라고 단언했다. 미래학자 존 나이스빗도 "미래를 살아가기 위해서는 우리는 영성을 키워야 한다. **영적인 인물이 세상을 주도할 것이다.**"라고 예측했다.

필자인 **안종배** 국제미래학회 회장도 동아일보 인터뷰 등에서 코로나 팬데믹으로 인류 역사는 휴머니즘 테크놀로지와 휴머니즘 인간성이 회복되면서 '**뉴르네상스**'라는 문명적 대변혁을 맞게 될 것으로 예측했다. 뉴르네상스 시대의 본격화로 인공지능 발전으로 초지능 · 초연결 · 초실감의 4차 산업혁명이 가속화되고 **창의적 인성과 신뢰와 고귀한 가치를 추구하는 영성을 중시하는 시대**가 될 것이다. 그리고 이러한 혁명적 변화로 이전과는 다른 뉴노멀이 모든 곳에서 등장하게 된다고 예측하였다. 최근의 기업 경영의 핵심 화두로 떠오르고 있는 **ESG 경영**(환경·사회적 가치 · 공공적 지배 구조 중시 경영)도 이러한 **영성 가치 추구 확산**의 사례이다.

그림 10-3 안종배 회장의 동아일보 인터뷰 내용

출처:동아일보. 2020.5.13.

영성(靈性)이란 진정한 자기 초월을 향하는 고귀하고 높고 선한 가치를 추구하는 삶이다. 미래에는 갈수록 영적인 삶을 추구하는 사람이 늘어날 것이며, 영성은 우리의 지각을 변하게 하고 미처 보지 못하던 진실에 눈을 뜨게 한다. 영성은 보고, 듣고, 느끼고, 깨닫는 우리의 지각을 변하게 한다. 모든 것에 깃들어 있는 가치와 혼을 느끼게 한다.

미래사회엔 인공지능과 로봇이 인간의 다양한 영역을 모방하고 뛰어넘는 시대가 올 수도 있게 된다. 이때에도 인간이 인간다움을 느낄 수 있는 마지막 보루가 '영성'의 영역이 될 것이다. 이로 인해 '영성'이 점차 중요해지고 이를 추구하는 사람들이 더욱 증가할 것으로 예측된다.

한국의 대표적 석학인 **이어령** 전 문화부 장관도 인공지능 시대에는 '**영성이 인공지능과 인간 사이의 빈 공간을 채우게 될 것**'이라며 영성의 중요성과 확산을 예측하였다. "인공지능 시대가 심화될수록 하나님이 주시는 **영성의 힘은 더욱 커진다**"며 "인공지능이 인간의 이성과 감성을 모두 점령해도 하나님의 영역인 영성은 침범하지 못할 것"이라고 예측하였다.

이처럼 인공지능 시대에 강화되는 영성 추구의 방향은 종교적인 관점에서는 매우 고무적일 수 있다. **종교는 본질적으로 영성을 핵심 영역으로 다루고 있기** 때문이다.

그림 10-4   인공지능 시대 영성의 중요성을 강조하는 이어령 전 장관

출처: 미래목회포럼 홈사이트. http://www.miraech.com/

2) 인공지능 시대 교회의 변화 - 메타버스 교회

인공지능 시대는 고귀한 가치와 초월적 영성을 추구하는 **호모 스피리투스**(Homo Spiritus)가 강화되므로 인간의 종교성이 많아질 것이다. 미국 퓨리서치 센터(Pew Research Center)는 2050년까지의 종교 인구 변화 예측에서 무신론(unaffiliated) 인구는 3% 감소할 것이지만, 종교 인구는 계속 증가할 것으로 전망하고 있다.

도표 10-1 2050년 세계 종교 인구 변화 예측

	2010 POPULATION	% OF WORLD POPULATION IN 2010	PROJECTED 2050 POPULATION	% OF WORLD POPULATION IN 2050	POPULATION GROWTH 2010 2050
Christians	2,168,330,000	31.4%	2,918,070,000	31.4%	749,740,000
Muslims	1,599,700,000	23.2	2,761,480,000	29.7	1,161,780,000
Unaffiliated	1,131,150,000	16.4	1,230,340,000	13.2	99,190,000
Hindus	1,032,210,000	15.0	1,384,360,000	14.9	352,140,000
Buddhists	487,760,000	7.1	486,270,000	5.2	-1,490,000
Folk Religions	404,690,000	5.9	449,140,000	4.8	44,450,000
Other Religions	58,150,000	0.8	61,450,000	0.7	3,300,000
Jews	13,860,000	0.2	16,090,000	0.2	2,230,000
World total	6,895,850,000	100.0	9,307,190,000	100.0	2,411,340,000

출처: http://www.pewforum.org/2015/04/02/religious-projections-2010-2050

문제는 **기독교를 비롯한 기존 종교가 인공지능 시대에 높아지는 사람들의 종교성**을 시대 변화에 부응하면서 신앙 안에서 만족을 얻도록 개인과 공동체적 영성을 발전시켜 나가느냐 하는 것이다.

이런 상황에서 인공지능 시대에는 **교회의 형태는 다양화**될 것이다. 기존 교회와 온라인 교회는 물론이고 스마트 교회, 가상현실 교회, 메타버스 교회 등 인공지능이 접목된 미디어를 활용한 다양한 형태가 생겨날 것이다.

예를 들어 **한국미디어선교회**(이사장 김운성 영락교회 담임목사)는 메타버스 가상현실 속에 교회 건물과 강의실을 구현하고 온라인으로 접속해 강의를 수강하는 '**메타버스 바이블 아카데미**'를 개강했다. 수강생들은 **자신의 아바타**를 움직여 가상공간 속 다양한 장소에서 강의를 듣거나 모임을 할 수 있으며 음성과 텍스트, 화상회의로 서로 소통할 수 있다. 이는 유튜브나 줌 등 영상을 활용한 기존의 비대면 예배와 모임 방식의 한계를 넘어 상호 작용에 의한 실질적 의사소통이 가능하다는 점에서 주목을 받고 있다. 한국미디어선교회는 **스마트선교아카데미**(원장 안종배 한세대 교수)를 통해 메타버스 가상공간 속 선교지에 '**메타버스 스마트 선교사**'를 육성하고 파송해 현지인들을 양육하는 새로운 형태의 선교 방법까지 계획하고 있다.

그림 10-5 한국미디어선교회의 메타버스 바이블 아카데미

출처: 한국미디어선교회

또한, 2021년 4월에는 기독교 웹·앱 제작팀 **파이어우드**는 부활절을 맞아 '**2021 예수님과 함께하는 온라인 성찬식**'을 진행했다. 웹페이지에 접속하는 방식으로 진

행된 온라인 성찬식은 **가상공간에서 성례**를 시도했는데 반응도 뜨거웠다. 공개된 지 하루 만에 1,000명이 넘는 이용자가 접속해 온라인으로 성찬의 감동을 나누었다.

그리고 **새에덴교회**(담임: 소강석 목사)는 2021년 **한국전 참전용사 보은 기념 예배**에서 6·25전쟁에 참가한 해외 용사의 젊은 시절 모습을 가상공간에 구현해 기념 메달을 걸어 주는 **메타버스 행사**를 교회에서 진행했다.

그림 10-6 새에덴교회의 6·25 보은 예배에서 복원된 참전용사에게 메달식

출처: https://www.youtube.com/watch?v=8c597-vUf_l

그 또한 미국 로스앤젤레스의 **D.J.소토** 목사는 '누구나 올 수 있는 장벽(wall)이 없는 교회'를 꿈꾸며 2018년 세계 최초로 **가상현실교회(VR Church)**를 시작했다. 가상현실교회(VR Church)는 가상현실을 위한 소셜 플랫폼인 '알트스페이스브이알(AltspaceVR)'에 존재한다. 프로그램을 다운로드하고, 오큘러스 고(Oculus Go) 헤드셋을 쓰고 이곳에 들어가면 소토 목사의 가상현실교회(VR Church)에 참석할 수 있다. 이곳에서 **참석자들은 전례 없는 방식으로 신과 성경을 경험할 수 있다.** 즉 부활절 예배 때 참석자들은 거대한 돌로 막혔던 예수의 무덤에 들어가 보고,

그 전에 예수가 처형을 당한 십자가의 모습도 가상현실로 지켜보았다. 많은 교회들이 코로나19 바이러스가 유행하는 동안 물리적 서비스를 중단해야 했지만, VR Church는 가상현실에만 존재하기 때문에 문제가 되지 않았다.

인공지능 시대에 교회가 미래 세대 대상의 복음 전파와 예배, 소통, 교제, 교육 등 다양한 영역의 효과적인 사역을 위해 메타버스 기술을 적극 활용할 필요성이 증대되고 있다.

그림 10-7 세계 최초의 가상현실교회(VR Church) 홈사이트

출처: https://www.vrchurch.org/

이처럼 인공지능 시대 교회의 형태는 향후에도 더욱 다양화될 것이지만 이것이 곧 교인의 확산으로 연결되는 것은 아니다. 이어령 전 장관의 말처럼 교회가 교회의 본질을 회복할 때 사람들의 영성과 종교성이 강해지는 인공지능 시대에 교회가 부흥할 수 있는 기회가 될 것이다.

인공지능 시대에 교회의 본질적 핵심 사명인 예배, 교제, 섬김, 전도가 초대 교회의 본질로 돌아가야 한다. 예배는 교인이 있는 모든 곳이 예배의 처소가 되고, 소그룹 기독교 공감 공동체가 교제의 핵심 주체가 되며, 사회 봉사와 이웃에의 나눔을 통해 섬김을 실천하고, 기독교적 삶의 모범과 인공지능 미디어와 콘텐츠를 활

용한 복음 전파를 통해 전도를 확산해야 한다. 이를 통해 교회가 개인적 영성과 공동체적 영성을 회복하여 인공지능 시대에 진짜 기독교 성전으로 거듭나야 교회 부흥의 역할을 할 수 있게 될 것이다.

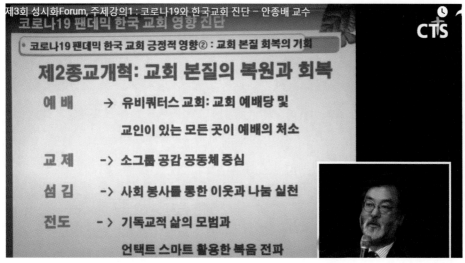

그림 10-8 교회 본질 회복의 중요성을 강조하는 안종배 교수 TV 강연

출처: CTS TV 유튜브. https://www.youtube.com/watch?v=GX4n_64HiHo&t=461s

3) 인공지능 시대 목회자의 변화 - 인공지능 목회자

인공지능 목회자와 인간 목회자가 성경 지식을 교인들에게 강해한다면 누가 더 잘할 것인가? 그리고 교인이 자신의 고민을 상담해 올 때 인공지능 목회자와 인간 목회자 중 누가 더 잘 상담해 줄 것인가?

인공지능 목회자가 성경과 그것에 관계된 방대 자료들을 역사적, 신학적, 언어적 관점에서 조합하고 정리하여 구체적인 사례와 함께 교인들이 잘 이해할 수 있게 수준을 조정하여 성경 강해를 인간 목회자보다 더 쉽고 정확하게 그리고 상황에 맞게 성경 강해를 인도할 수 있게 될 것이다.

그리고 인공지능 목회자는 교인 개인의 고민에 대해 방대한 사례와 성경을 연결하여 개인 상황 맞춤형 상담을 할 수 있고 그리고 교인들이 인간 목회자에게 나눌 수 없는 개인적인 고민들도 인공지능 목회자에게 나누고 상담을 받을 수 있게 될 것이다. 이처럼 인간 목회자보다 설교를 더 잘하고, 성경 공부를 더 잘 가르치며, 상담을 더 잘하는 인공지능 목회자가 머지않아 등장하게 될 것이다.

그럼 인간 목회자는 어떻게 해야 하는가? 해답은 다시 '영성'이다. 인간 목회자는 설교 시 하나님과의 영적 교제를 통한 성령의 감동과 목회자 자신의 인격적 영적 체험과 진정성 있는 마음을 담은 영성을 갖추어야 한다. 목회자는 자신이 먼저 **하나님과의 진정한 관계**(Authentic relationship)를 형성하고 **예수님의 성품**을 닮아 구약의 예언자들이 대언과 삶을 통해 하나님의 계시를 통한 메시지를 선포했던 것처럼 성령의 도우심으로 말씀을 조명하고, 하나님의 계시를 통한 설교와 상담을 해야 할 것이다.

그리고 **인간 목회자**는 성도 개개인이 자신과 동일하게 **하나님**과 **영적으로 교제**하며 예수님의 성품에 참여할 수 있도록 모범을 보이고 돕는 **영적인 멘토**(Spiritual mentor)의 역할을 해야 할 것이다. 또한 목회자들은 성도들과 함께 드리는 예배 안에서 하나님의 강력한 임재와 성령의 역동적 역사를 신앙 공동체가 경험하도록 도울 수 있어야 한다.

그림 10-9 인공지능 시대 목회자 영성의 중요성 강조하는 이어령 장관

출처: CBS TV 유튜브. https://www.youtube.com/watch?v=A78U5rKC_Ns&t=1789s

인공지능 시대 교회와 목회자들은 항상 영적으로 잠들지 말고 깨어 있어야 한다. 이는 하나님과의 영적 교류가 지속되어야 하며 이 땅에 하나님의 나라와 의가 구현되도록 예수님의 성품을 닮아 자신의 삶을 통해 고귀한 하나님의 가치를 실천하는 노력을 계속해야 한다는 것이다. 이를 통해 하나님과의 관계, 성도와의 관계, 이웃과의 관계, 자연 및 사회와의 관계가 아름답게 회복되고 이는 결국 교회의 회복으로 이어질 수 있을 것이다. 목회자는 또한 인공지능 목회자를 상황별 설교 자료와 개인 맞춤형 교인 관리 등의 조력자로 잘 활용할 수 있어야 할 것이다.

하나님의 형상(Imago Dei)을 닮아 창조된 인간은 인간의 형상(Imago Hominis)을 닮은 창조물을 만들려는 시도를 계속해 왔는데 이를 인공지능을 통해 어느 정도 구현할 가능성이 있다. 하지만 하나님 형상의 본질적 핵심 속성인 영성은 인공지능에 담을 수 없다. 이로 인해 인공지능은 기능적으로는 목회자의 역할을 제한적으로 할 수는 있지만, 영성이 없기 때문에 교회에서 목회자의 본질적 기능을 담당하기엔 한계가 있다.

종교개혁 500주년을 맞았던 2017년 6월, 종교개혁의 성지이자 마르틴 루터의 고향인 독일 비텐베르크에 인공지능 로봇 목사 블레스유-2(BlessU-2)가 선보였다.

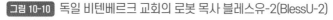

그림 10-10 독일 비텐베르크 교회의 로봇 목사 블레스유-2(BlessU-2)

출처: https://al.nd.edu/assets/258891/fullsize/visuel_blessingu2_une_pr.jpg

이 인공지능 로봇 목사 블레스유-2(BlessU-2)는 방대한 성경 지식을 기반으로 다양한 언어로 사람들에게 짤막한 성경 구절을 읊어 주고 축복을 전하며 친절하게 설교와 상담도 해준다. 루터의 95개조 반박문이 당대에는 신기술이었던 인쇄술의 혁명을 바탕으로 유럽 전역에 종교개혁을 일으킨 것처럼, 인공지능 기술의 진보가 미래 교회의 모습을 어떻게 바꿀지 고민해 보자는 취지에서 만들어졌다고 한다. 독일 뷔르츠부르크대학의 조사에 따르면, 이 로봇은 1년에 1만 명 이상 이용자들에게 축복의 메시지를 전했으며, 2000명이 후기를 남겼다. 이들 후기 중 절반 이상이 긍정적이었으며, 29%는 중립, 20%는 부정적인 반응을 보였다.

2019년 일본 와세다대학은 '산토(Santo)'라는 이름으로 성도의 말을 듣고 그와 관련된 성경 문구나 불교 경전을 읽어 주는 인공지능 로봇 목회자를 공개했다. 이 로봇은 사람들의 말을 듣고 얼굴을 스캔하여 그들이 원하는 종교의 메시지를 전달하도록 설계됐다. 산토(Santo)는 기독교, 카톨릭, 불교, 무슬림의 종교 메시지를 맞춤형으로 제공하는 다종교 인공지능 목회자이다. 일본 교토의 고다이지사원에 인공지능 승려 '민다르'가 등장했다. 민다르는 왼쪽 눈에 내장된 카메라로 불자들과 시선을 맞추고 합장을 하며《반야심경》을 설법했다.

그리고 중국 베이징 50km 북쪽에 위치한 용천사(Longquan Temple)의 인공지능 로봇 승려 셴얼(Xian'er, 賢二)은 2016년부터 전 세계 150만 명의 팬을 보유하고 있는 유명인사다. 용천사 방문객에게뿐만 아니라 중국어와 영어로 매일 10만 명이 넘는 사람들과 온라인으로 텍스트와 음성으로 소통하고 있다.

그림 10-11 중국과 일본의 인공지능 로봇 목회자(민다르, 센얼, 페퍼, 산토)

　　인공지능과 종교는 향후에도 다양한 형태로 영향을 주고받고 여러 가지 이슈가 논의될 것이다. 인공지능으로 우리의 생활 양식과 가치관 그리고 라이프 스타일이 바뀌게 됨에 따라 **사람들의 종교관과 종교 생활에 영향을** 미치게 된다. 더구나 기술적 특이점으로 인간의 역량을 초월하는 트랜스 휴먼이 등장하면서 신앙의 기초가 되는 **구원, 부활, 영생, 환생, 천국에 대해 인공지능과 종교 간 의미에** 영향을 미치고 논의가 활성화될 것이다. 또한, 인공지능 로봇 소피아(Sophia)가 사우디 시민권을 받은 것처럼 인공지능에게 인격을 부여하고 이들을 축복하고 종교 활동의 대상으로 볼 것인가라는 문제가 어느 시점부터 부각될 것이다.

그림 10-12 인공지능 로봇 최초로 사우디 시민권을 받은 소피아(Sophia)

출처: 유튜브

　　인공지능이 발전할수록 세상을 바꾸고 인간의 삶과 가치관에도 영향을 미치게 된다. 인공지능이 인류의 행복에 도움이 될 것인지, 아니면 인류를 파멸로 이끄는 재앙이 될 것인지는 결국 현재 인류의 결정에 달려 있다. 영화 〈터미네이터〉 내용처럼 인류가 재앙을 맞이한 후에 깨닫고 이를 바로잡으려는 것은 불가능하다. 이러한 관점에서 인공지능 윤리와 종교의 역할이 향후에 더욱 중요해 질 것이다.

　　"인공지능이 인류에게 축복이 될지 아니면 재앙이 될지는 현재 우리의 윤리적·영적 결정에 달려 있다."

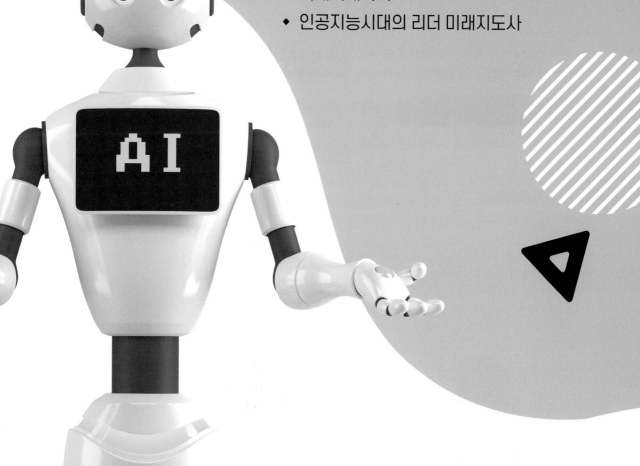

첨부

인공지능이 바꾸는
미래세상 함께합니다

—

- ◆ 대한민국 인공지능 포럼
- ◆ 국제미래학회
- ◆ 인공지능시대의 리더 미래지도사

대한민국 인공지능포럼 (http://gfuturestudy.org/sub08/aiforum.php)

▣ 설립 목적

「대한민국 인공지능 포럼」은 포스트코로나시대 4차산업혁명의 가속화와 미래의 다변화 사회에 대응하기 위하여 인공지능을 과학·기술·정치·경제·인문·사회·국방·환경·ICT·의료·미디어·문화·예술·교육·직업·윤리 등 제 분야에서 건강하게 활용되도록 인공지능 진흥과 윤리 정책과 법제 연구를 수행함으로써 미래 사회에 대비하고 대한민국의 지속적인 성장과 건강한 발전에 기여함을 목표로 함

▣ 활동 계획

「대한민국 인공지능 포럼」 주요 활동
1) 정기적 인공지능 미래사랑방 개최
2) 인공지능 발전 정책 세미나 및 컨퍼런스 개최
3) 인공지능 산업 진흥 및 인공지능 윤리 정책 제언 및 법제
4) '대한민국 인공지능 미래 보고서', '인공지능이 바꾸는 미래 세상' 저술 집필 및 출간
5) 인공지능 미래 전략 최고위 과정 및 AI 대학 콜로키움 등 교육 주관

▣ 인공지능 미래사랑방

▢ 인공지능 미래사랑방 진행 형식은 매월 정해진 인공지능 주제 부문 전문가를 초빙하여 자신의 전문 분야 관점에서 인공지능 미래 변화와 대한민국 미래 발전을 위한 활용 방안을 발제를 하고

▢ 참석 위원들이 또한 각자의 전문 분야 관점에서 월별 해당 주제의 인공지능 진흥과 윤리에 대해 자유롭게 의견을 논의합니다.

▢ 논의 결과는 인공지능 정책 제언 및 보고서에 반영합니다.

▣ 인공지능 미래사랑방 운영 기관

◾ 대한민국 인공지능포럼 공동회장

안 종 배

국제미래학회 회장
미래창의캠퍼스 이사장
클린콘텐츠국민운동본부 회장

조 동 성

산업정책연구원 이사장
전 국립인천대학교 총장
서울대학교 경영대학 명예교수

◾ 대한민국 인공지능포럼 고문

이 희 범

한국정신문화재단 이사장
전 산업자원부 장관
평창올림픽 조직위원장

진 대 제

스카이레이크인베스트먼트 회장
전 정보통신부 장관
서울시 혁신성장 위원장

노 웅 래

국회미래정책연구회 공동회장
더불어민주당 최고위원
20대 국회과기정방통위 위원장

박 진

국회미래정책연구회 공동회장
국민의힘 국회의원
아시아미래연구원 이사장

◾ 대한민국 인공지능포럼 정책 자문위원

조완규	전 교육부 장관	**권호열**	한국정보통신연구원 원장
오세정	서울대학교 총장	**장병탁**	서울대 인공지능연구원 원장
신성철	제16대 카이스트 총장	**김기영**	한국기술대학교 교수(전 총장)
이남식	서울예술대학교 총장	**이창원**	한양대 경영학과 교수
장순홍	한동대학교 총장	**이순종**	서울대 미대 명예교수
권대봉	인천재능대학교 총장	**주영섭**	고려대 석좌교수(전 중소기업청장)
임태희	한경대학교 총장	**고문현**	숭실대 교수 (전 한국헌법학회 회장)
이승훈	세한대학교 총장	**강건욱**	서울대 의대 교수
윤건영	청주교육대학교 총장	**이주연**	아주대 과학기술정책대학원장
안규철	안산대학교 총장	**김문수**	서울과학종합대학원 부총장
윤은기	한국협업진흥협회 회장	**김동섭**	UNIST 교수(4차산업혁명연구소장)
김진형	초대 인공지능연구원 원장	**최재붕**	성균관대 교수 (포노사피엔스 저자)
민경찬	연세대학교 명예교수	**엄길청**	경기대 명예교수(경제평론가)
정 송	카이스트 인공지능대학원장	**최운실**	아주대 평생교육학과 교수

◾ 인공지능과 미래학의 석학 및 전문가 200명 포럼 위원으로 참여

국제미래학회는 세계적인 미래학자인 제롬글렌과 김영길 한동대 총장이 초대 공동회장을 맡고 국내외 전문영역별 미래학자 100여명이 함께 참여하여 2007년 10월 국내에 본부를 두고 설립된 국제적인 학회이다. 2011년부터 제2대 회장으로 이남식 서울예술대 총장(당시 전주대학교 총장)이 회장을 맡았고 2019년 안종배 한세대학교 교수(미래창의캠퍼스 이사장)가 제3대 회장으로 취임하였다.

국제미래학회는 '미래의 다변화 사회에 대응하기 위하여 사회 전반을 아우르는 과학·기술·정치·경제·경영·인문·사회·환경·ICT·미디어·문화·예술·교육·직업·의료 등 제 분야에 대한 미래예측 및 변화에 대한 연구를 수행함으로써 미래 사회를 대비하고 지속적인 성장과 발전에 기여함'을 목표로 삼고 있다.

국제미래학회는 제롬글렌, 레이 커즈와일, 토마스 프레이, 티모시 맥, 짐 데이토, 호세 코르데이로, 피터 비숍, 조나단 트렌트, 시르카 하이노넨, 브룩 힌즈만 등 해외의 세계적인 미래학자 50여명이 함께 동참하고 있으며 이들을 국내에 초청하여 미래학과 미래연구의 확산을 위한 노력을 경주해 왔다. 또한 100여회에 걸쳐 국제미래학 학술포럼과 컨퍼런스를 개최하여 주요 영역별 미래 예측과 미래 발전 전략을 발표해 왔다.

국제미래학회는 현재 70여명의 국내·국제자문위원, 그리고 학술위원회를 포함한 8개의 직무위원회와 80여개의 전문영역별 연구위원회로 구성되어 있고 국내외의 저명한 학자와 전문가 500여명이 함께 하고 있다.

국제미래학회는 학회 위원들이 공동 저술하여 국내 최초의 26영역별 글로벌 미래예측 연구 결과로서 "미래가 보인다, 글로벌 2030"(박영사)을 출간하였고 40여개의 "전략적 미래예측방법 바이블"(두남출판)을 연구하고 저술하여 문화체육관광부 우수학술도서로 선정되었다. 또한 한국의 미래를 예측하고 미래 발전 방안을 제시한 "대한민국 미래

보고서"(교보문고)를 출간 2016년 문체부 추천 우수교양도서로 선정되었다. 또한, 57명의 석학들이 4차산업혁명시대 대한민국의 미래 대응을 위한 교육혁신 방안으로 "대한민국 미래교육보고서"(광문각)를 2017년 저술 출간 문화체육관광부 우수학술도서로 선정되었고, 2018년엔 "대한민국 4차산업혁명 마스터플랜"(광문각), '4차산업혁명 대한민국 미래성공전략'(광문각), 2019년엔 "퓨처어젠다, 미래예측2030(역서:광문각)", 2020년엔 "미래학원론(박영사)", 2021년엔 "인공지능이 바꾸는 미래세상(광문각)"을 저술하여 개인, 기업, 국가의 미래 대응방안과 미래전략 방안을 제시하였다.

또한 **국내 최초 미래형 오픈캠퍼스 교육기관인 '미래창의캠퍼스'**를 개설 '4차산업 · 미래전략 최고지도자 과정', '인공지능 미래 최고위과정', '미래대학 콜로키엄', '미래지도사' 자격과정, '미래예측전략전문가' 자격과정, '스마트 멀티미디어 전문가' 자격과정을 포함한 70여개의 미래형 교육과정을 진행하고 있다. 특히 '미래지도사' 1급 원격 연수과정을 개발 운영하고 있다.

그리고 급변하는 미래 환경에서 지속가능한 국가 발전을 위한 국가미래전략을 입안하여 국민의 미래 일자리 창출과 행복한 삶의 질을 높이는 데 기여하기 위한 '**국가미래기본법**'을 입안하고 발의하였고 제정을 위해 노력하고 있다. 그리고 **대한민국 인공지능포럼**을 결성하여 건강한 인공지능 발전을 위한 '인공지능 발전 기본법' 및 정책을 입안하고 매월1회 '인공지능 미래사랑방'을 개최하여 석학들이 국가와 인공지능의 건강한 발전을 위한 지혜를 나누고 있다.

연락처: 심현수 국제미래학회 사무총장
Tel: 02-501-7234   **email:** future@cleancontents.org
사이트: www.gfuturestudy.org

[국제미래학회 임원 조직도]

국제미래학회
Global Futures Studies Association

미래연구위원회

미래미디어위원장	안종배 (한세대 교수)
미래디자인위원장	이순종 (서울대 미대 명예교수)
미래국토계획위원장	김창석 (서울시립대 명예교수)
미래IT위원장	임주환 (고려대 초빙교수)
미래의료과학위원장	엄창섭 (고려대 의대 교수)
미래헬스케어위원장	강건욱 (서울대 의대 교수)
미래예술위원장	노소영 (나비아트센터 관장)
미래방송기술위원장	안동수 (유비콘미디어콘텐츠연합 부총재)
미래헌법연구위원장	고문현 (전 한국헌법학회 회장, 숭실대 교수)
미래정치분석위원장	김형준 (명지대 교수)
미래방송정책위원장	김광호 (서울과학기술대 교수)
미래인문학위원장	이상규 (경북대 교수)
미래블록체인위원장	박수용 (서강대 교수)
미래경영예측위원장	김진화 (서강대 교수)
미래경영컨설팅위원장	심경준 (딜로이트컨설팅 부회장)
미래주거환경위원장	이연숙 (연세대 교수)
미래핵에너지위원장	황일순 (서울대 공대 명예교수)
미래평생교육위원장	최운실 (아주대 교수)
미래창업위원장	이주연 (아주대 교수)
미래경영위원장	임길청 (경기대 교수)
미래생산성위원장	이창원 (한양대 교수, 대한경영학회 회장)
미래혁신기술위원장	한승호 (한설그린 회장)
미래기후변화위원장	조석준 (9대 기상청장)
미래패키징위원장	김재능 (연세대 교수)
미래과학기술위원장	차원용 (아스팩연구소 소장)
미래의복위원장	남윤자 (서울대 교수)
미래지식서비스위원장	주형근 (한성대 교수)
미래공간지리위원장	박수진 (서울대 교수)
미래정보분석위원장	문영호 (전 KISTI 부원장)
미래트렌드예측위원장	김경훈 (한국트렌드연구소 소장)
미래스토리텔링위원장	이재홍 (숭실대 교수, 게임물관리위 위원장)
미래게임위원장	위정현 (중앙대학교 교수,한국게임학회 회장)
미래컴퓨터위원장	신용태 (숭실대 교수)
미래창의교육위원장	이경화 (숭실대 교육학과 교수)
미래한류문화위원장	박장순 (홍익대 명예교수)
미래지속가능학위원장	문형남 (숙명여대 교수)
미래기술가치위원장	조성복 (전 KVA 평생교육원 원장)
미래후면컴위원장	김광옥 (전 방송학회회장)
미래경제예측위원장	최윤식 (아시아미래인재연구소장)
미래경제분석위원장	이종규 (대구카톨릭대 교수)
미래기업홍보위원장	김홍기 (한국사보협회 회장)
미래콘텐츠재산권위원장	조태봉 (문화콘텐츠라이센싱협회 회장)
미래인터넷윤리위원장	최종원 (숙명여대 교수)
미래혁신정책위원장	박병원 (과학기술정책연구원 미래센터장)
미래인구예측위원장	서용석 (카이스트 교수)
미래광고위원장	김병회 (서원대 교수, 한국광고학회 회장)
미래에너지출판위원장	정욱형 (CEO에너지 대표)
미래동양학위원장	소재학 (하원정미래학회 회장)
미래IT기술분석위원장	김들물 (IT뉴스 대표)
미래드론위원장	장문기 (한국드론협동조합 이사장)
미래드론교육위원장	박정환(국제드론사관학교 이사장)
미래잡지위원장	조성수 (한국잡지연구소 소장)
미래지역산업위원장	강종진 (울산문화산업개발원 원장)
미래에듀테크위원장	이형세 (테크빌교육 대표이사)
미래비교문화위원장	김세원 (글로벌문화브랜딩연구소장)
미래위성우주위원장	조황희 (전 과학기술정책연구원 원장)
미래택식분위원장	박정은 (한국정보화진흥원 센터장)
미래국토이용위원장	이용우(국토연구원 본부장)
미래실버유아인성위원장	차경환(실버브레인건강관리협회 대표)
미래전통문화위원장	김시범(한동대 문화산업대학원장)
미래캠페인위원장	박종라(더칼라커뮤니케이션 대표)
미래음악공연위원장	김경아(르엘오페라단 단장)
미래정책위원장	장영권 (국가미래전략원 대표)
미래법제위원장	박인동 (김&장 법률사무소 변호사)
4차산업혁명산업위원장	김동섭 (UNIST 교수)
4차산업혁명법률위원장	양승원 (법무법인 하정 대표 변호사)
미래메카닉스위원장	이정기(홍익대학교 교수)
미래법률연구위원장	한상우 (삼일회계법인 고문)
미래사피엔스위원장	최재붕 (성균관대학교 교수)
미래복지정책위원장	김준경 (남서울대 교수)
미래융합산업위원장	최민범(한국융합산업협회 회장)
미래대학경쟁력위원장	최용섭(한국대학경쟁력연구원 원장)
미래기독신학위원장	김성원(서울신학대 교수)

임원

초대회장	고 김영길 (전 한동대 총장)
명예회장	이남식(서울예술대학교 총장)
회장	안종배 (한세대학교 교수/ 미래창의캠퍼스 이사장) 제롬글렌(밀레니엄 프로젝트 회장)
수석부회장	김용근(한국경영자총협회 부회장)
운영이사	학술위원회 위원장 편집출판위원회 위원장 총무위원회 위원장 대외협력위원장 미디어홍보위원장 미래인재위원장
사무총장	
집행이사	학술위원장 연구위원장 국제위원장 자문위원장 후원회장

자문위원

노웅래 (국회미래정책연구회 공동회장)
박 진 (국회미래정책연구회 공동회장)
조완규 (서울대 명예교수, 전 교육부 장관)
진대제 (전 정보통신부 장관)
이희범 (한국정신문화재단 이사장, 전 산자부장관)
김광두 (국가미래연구원 원장)
곽병선 (전 한국장학재단 이사장)
이경숙 (아산나눔재단 이사장)
이영탁 (세계미래포럼 이사장)
김명자 (전 환경부 장관)
이현청 (한양대 석좌교수. 전 상명대 총장)
오세정 (서울대학교 총장)
장순흥 (한동대학교 총장)
이광형 (KAIST 총장)
조동성 (산업정책연구원 이사장)
권대봉 (인천재능대학교 총장)
임태희 (한경대학교 총장)
이성호 (세한대학교 총장)
김경성 (전 서울교육대학교 총장)
이재희 (전 인천교육대학교 총장)
안양옥 (전 한국장학재단 이사장)
권호열 (한국정보통신정책연구원 원장)
이상훈 (전 한국전자통신연구원 원장)
한석수 (전 한국교육학술정보원 원장)
김재춘 (영남대학교 부총장)
이용순 (전 한국직업능력개발원 원장)
윤은기 (한국협업진흥협회 회장)
이단형 (한국SW기술진흥협회 회장)
김진형 (초대 인공지능연구원 원장)
안종만 (박영사 회장)
박광성 (한국방송예술진흥원 총장)
민경찬 (연세대 명예교수)
주영섭 (고려대 석좌교수, 전 중소기업청장)
이윤배 (전 순천향대 부총장)
권대욱 (휴넷 회장)
이정문 (미래 만화 화백)

국제자문위원

위원장 Theodor Gordon
(미.the FUTURE GROUP 창립자)
Arhur B.Shostak (미 Drexel Unlv)
Timothy C.Mack (미,전 WFS 회장)
Jose Cordeiro (미, 싱울레러티대 교수)
Fadienne Goux-Baudiment (불 WFSF 회장)
Rohit Talwar (영 Fast Future Research)
K Eric Drexler (미, Foresight Institute)
Pera Wells] (오,WFUNA 사무총장)
Paul J. Webos (미, SRI Intemational)
Frank Catanzaro (미, WFUNA MP)
Raymond Kurzweil (미, Kurzwil Alnet)
Gregor Wolbring (캐, Calgary Univ 교수)
William E. Halal (미, 조지워싱턴대학교 교수)
Jim Dator (미, Hawaii Univ 명예교수)
Sohail Inayatullah (Tamkang Univ. 교수)
Eero Paloheimo (핀란드, 미래상임위원회)
Dennis R. Morgan (미, WFUNA MP)
Pierre Alain-shieb (불, OECD 미래포럼)
Sirkka Heinonen(핀란드,Turku University 교수)
Matti Heinoinen (핀란드, ICB 본부장)
Thomas Frey (미,다빈치연구소 소장)
Jonathan Trent (미,NASA 오메가연구소 소장)
브록 힌즈만(미,Brock Hinzman 실리콘밸리)

국제협력위원회 공동위원장
박영숙(유엔미래포럼 대표)
임마누엘 이만열(경희대 교수)
아이한 카디르 (한국외대 교수)

학술위원회 위원장
김병회(서원대 교수)

인성교육위원회
차경환(북라이크운동본부 대표)

편집출판위원회 공동위원장
박정태(광문각 회장)
김갑용 (진한M&B 대표)

사무총장
심현수(클린콘텐츠국민운동본부 대표)

총무위원회
이민영(전민일보 논설위원)

지역위원회
대전본부장 김용채 (리예종 대표,박사)
유럽지역 김지혜(오트루튀르 대표)
아세안지역 유진숙(한-아세안센터 부장)

미래인재위원회 공동위원장
박영애(색동회 고문)
안남섭 미래준비 이사장)

미디어 · 홍보위원회공동위원장
박애경 (투데이신문 대표)
전병인 (내외통신 대표)
강병준 (전자신문 국장)
김동원 (미디어SR 편집국장)

대외협력위원회 공동위원장
장현덕 (스쿨iTV 대표)
김복만 (길퍼민 사무총장)
조영관 (사단법인 도전한국인 대표)
서재철 (한국인터넷진흥원 수석연구위원)

국제미래학회 저술 소개 (www.gfuturestudy.org)

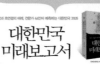

국제미래학회 최근 활동 소개 (www.gfuturestudy.org)

연락처 : 사무국 02-501-7234, future@cleancontents.org www.gfuturestudy.org

심현수 사무총장 010-9899-0005

[내일을 준비하고 미래를 밝혀주는]

"미래직업과 미래지도사" 1급 자격 과정
미래사회 변화와 미래 진로 및 생애 설계 지도자 양성

● 국제미래학회 미래교육위원회 3년간 기획·제작
  － 국내 최고의 미래학, 미래교육, 미래직업, 미래진로, 생애설계, 지도방법 전문가 교수진

· 안종배 국제미래학회 회장 (집행위원장)
· 조동성 전)국립인천대학교 총장 (자문위원장)
· 이남식 서울예술대학교 총장 (공동위원장)
· 윤은기 한국협업진흥협회 회장 (공동위원장)
· 한상근 한국직업능력개발원 본부장
· 심현수 국제미래학회 사무총장
· 차경환 국제미래학회 인성진로위원장
· 김들풀 IT뉴스 대표
· 윤용근 엘플러스 대표 변호사
· 박영애 색동회 고문
· 박장환 명지전문대 교수
· 배명숙 마중물코칭심리연구소 소장
· 최용균 비전경영연구소 소장
· 윤영돈 윤코칭연구소 소장
· 조영관 도전한국인본부 대표
· 공기택 동원고등학교 교사
· 윤경숙 인천생활과학고 교사
· 이종욱 임평초등학교 교사
· 정동완 오늘과 내일의 학교 회장

● 국내 최초·유일의 '미래직업과 미래지도사' 과정
  － 미래유망직업 '미래지도사' 1급 등록민간자격증 취득 과정
    (주무부처:교육부 주관기관:국제미래학회 등록기관:한국직업능력개발원)

  ○ 제1부: 미래사회는 어떻게 변화하는가?
  ○ 제2부: 미래 직업과 미래 인재는 어떻게 변화하는가?
  ○ 제3부: 학교의 진로 지도 현황과 미래 방안은 ?
  ○ 제4부: 개인별 자신의 진로 및 생애 계획 입안하기
  ○ 제5부: 미래 진로 및 지도 위한 실전 역량

● 미래를 준비하여 실천하는 자가 성공을 얻는다

  ○ 원격 연수원: 티처빌 (www.teacherville.co.kr)
  ○ 연수 주관: 국제미래학회 (www.gfuturestudy.org) 문의: future@cleancontents.org
                                            02-501 7234

[미래 직업과 미래지도사] 1급 자격 과정

□ '미래 직업과 미래지도사' 과정 구성 및 세부 내용

○ 제1부: 미래사회는 어떻게 변화하는가?

   1. 포스트 코로나 미래사회 변화와 성공전략 – 안종배 국제미래학회 회장
   2. 미래 예측의 중요성과 미래 사회 메가 트렌드 – 안종배 국제미래학회 회장
   3. 미래사회 10대 과학기술 – 김들풀 IT뉴스 대표
   4. 미래사회 인공지능의 발전과 윤리 – 김들풀 IT뉴스 대표
   5. 드론이 바꾸는 미래 세상과 직업 – 박장환 명지전문대 드론학과 교수
   6. 미래사회의 인문학과 지혜 – 박영애 색동회 고문
   7. 미래사회와 도전 정신 – 조영관 도전한국인본부 상임대표
   8. 미래지도자를 위한 강의법 특강 – 윤은기 한국협업진흥협회 회장

○ 제2부: 미래 직업과 미래 인재는 어떻게 변화하는가?

   9. 미래사회 인재 역량 특성과 교육의 변화 – 이남식 서울예술대학교 총장
   10. 미래사회 4차산업혁명과 미래 산업 및 직업의 특성 – 안종배 국제미래학회 회장
   11. 미래사회 기존 직업의 변화 – 한상근 한국직업능력개발원 본부장
   12. 미래사회 신규 직업의 종류 – 한상근 한국직업능력개발원 본부방
   13. 미래사회 인문 사회 경영 문화 분야 유망 직업 – 심현수 국제미래학회 사무총장
   14. 미래사회 채용 트렌드와 경력관리 지도 – 윤영돈 윤코칭연구소 소장

○ 제3부: 학교의 진로 지도 현황과 미래 방안은 ?

   15. 초등학교 진로지도 현황과 미래 방안 – 이종욱 임평초등학교 교사
   16. 인문계 고등학교 진로지도 현황과 미래 방안 – 공기택 동원고등학교 교사
   17. 직업계 고등학교 진로지도 현황과 미래 방안 – 윤경숙 인천생활과학고등학교 교사
   18. 대학 입시 성공 지도를 위한 핵심 전략 – 정동완 EBS 진로진학 대표강사

○ 제4부: 개인별 자신의 진로 및 생애 계획 입안하기

   19. 개인별 자신의 강점 찾기 – 차경환 생애설계미래진로연구소 소장
   20. 개인별 자신의 적성 찾기 – 차경환 생애설계미래진로연구소 소장
   21. 개인별 자신의 전공 탐색과 계획 – 차경환 생애설계미래진로연구소 소장
   22. 개인별 자신의 맞춤 직업 찾기 – 차경환 생애설계미래진로연구소 소장
   23. 개인별 미래 생애 설계 플랜 – 최용균 비전경영연구소 소장
   24. 개인별 희망 직업 변화 예측과 생애 단계별 실천 계획 입안 – 안종배 국제미래학회 회장

○ 제5부: 미래 진로 및 지도 위한 실전 역량

   25. 미래 지도용 온 · 오프 강의 PPT 적용 저작권 실전 – 윤용근 엘플러스 대표변호사
   26. 미래 지도용 인공지능 멀티미디어 활용 PPT 작성 실전 – 안종배 국제미래학회 회장
   27. 개인별 변화와 성장을 돕는 질문 기법 실전 – 배명숙 마중물코칭심리연구소 소장
   28. 미래 진로와 지도 상담 실전 TIP – 배명숙 마중물코칭심리연구소 소장
   29. 실전 미래형 교수 지도법 – 최용균 비전경영연구소 소장
   30. 언택트 실시간 양방향 줌 활용 미래지도 실전 – 안종배 국제미래학회 회장
   * 상기 '미래 직업과 미래지도사' 과정 내용은 국제미래학회의 지적재산입니다.

참고 문헌

◆ 국내 문헌

국제미래학회, <대한민국 4차 산업혁명 마스터플랜>, 광문각, 2017
국제미래학회 · 한국교육학술정보원, <대한민국 미래교육보고서>, 광문각, 2017
국제미래학회, <대한민국 미래보고서>, 교보문고, 2015
국제미래학회, <전략적미래예측방법론 바이블>, 두남, 2014
국제미래학회, <글로벌 2030 미래가 보인다>, 박영사, 2013
한국지능정보사회진흥원, <세계가 주목하는 인공지능 스타트업>, IT & Future Strategy, 2020
임 언, 안재영, 권희경, <인공지능(AI) 시대의 직업 환경과 직업교육>, 한국직업능력개발원, 2017
김윤정, 유병은, '인공지능 기술 발전이 가져올 미래 사회 변화', R&D INL, KISTEP, 2020
KCA, '방송산업의 인공지능(AI) 활용 사례 및 전망', Media Issue & Trend, 2017
이근영, '국내외 로보어드바이저(RoboAdvisor) 동향 및 현황 분석', 금융보안원, 2016
박영준, '인공지능을 활용한 몰입형 경험(Immersive Experience)', ETRI Insight, 2019
마이크로소프트, <인공지능으로 변화될 미래>, Microsoft, 2018
이주열, '인공지능 이미지 인식 기술 동향', TTA저널, 2020
김상윤, '기업은 어떻게 AI를 도입하는가?', 포스코경영연구원, 2019
김호인, '스마트팩토리, 인공지능으로 날개를 달다', 포스코경영연구원, 2017
소프트웨어정책연구소, 'AI를 활용해 영화산업의 변화를 노리는 할리우드' SPRI AI BRIEF, 2020
양희태외, <인공지능 기술 전망과 혁신정책 방향>, 과학기술정책연구원, 2018
장희선, '인공지능 기술을 활용한 미래 유통 서비스', 정보통신기획평가원, 2019
변진호, '핀테크 혁신의 현황과 전망', 신산업경영저널 Vol. 51, 2018
국경완, '인공지능 기술 및 산업 분야별 적용 사례', IITP ICT신기술 리포트, 2019
과학기술정보통신부, 'I-Korea 4.0 실현을 위한 인공지능(AI) R&D 전략', 2018. 5
과학기술기획평가원, '트럼프 정부 첨단산업 육성 정책 동향', 과학기술 & ICT 동향, 2019.3.15
금융보안원 보고서, '설명 가능한 인공지능(eXplainable AI, XAI) 소개', 2018.3.23.
이길영, <홀로그램(Hologram) 기술의 이해와 서비스 사례>, 정보통신산업진흥원, 2019
전수남, <스마트공장의 끝판왕, "AI공장" 중소기업이 어떻게?>, 정보통신산업진흥원, 2019
이진서, <5G 시대의 실감미디어 콘텐츠 유통환경 및 제작기술 변화>, 정보통신산업진흥원, 2019
정은주, 윤재영, 'OTT 인공지능 큐레이션 서비스에 대한 사용자 경험 연구', 기초조형학연구, 2020
차영란, '광고 및 미디어 산업 분야의 인공지능(AI) 활용 전략', 한국콘텐츠학회논문지, 2018
활명화, <스마트 국토 도시 관리를 위한 인공지능기술 도입 방안 연구, 국토연구원, 2018
과학기술일자리진흥원, <인공지능(빅데이터) 시장 및 기술 동향>, 2019
한경수,정훈, '드론 물류 배송 서비스 동향', ETRI, 2020
정한민, 황미녕, '인공지능 기반 로보어드바이저 운용 및 기술 동향', 정보통신기획평가원, 2020
미래창조과학부, '대한민국 미래 일자리의 길을 찾다', 지식공감, 2017
이상엽, 박성규, '스마트팜 다부처 패키지 혁신기술개발', 한국과학기술기획평가원, 2019
윤재연, '인공지능 시대, 광고와 이데올로기'. 담화인지언어학회 발표논문집, 2019
임홍순, 곽병권, 박재훈, <인공지능 인사이트>, 한국금융연수원, 2020
조영임, <4차산업혁명시대 인공지능 핵심 기술>, 홍릉, 2020
정용균, <인공지능과 인간의 협업 시대가 왔다>, 율곡출판사, 2020
변순용, 이연희, <인공지능 윤리하다>, 어문학사, 2020
김영기외, <4차 산업혁명 시대 AI 블록체인과 브레인경영>, 브레인플랫폼, 2020
NEWTON, <뉴턴 하이라이트 121 인공 지능> 뉴턴, 2018
노구치 류지, <AI 시대, 문과생은 이렇게 일합니다>, 시그마북스, 2020
용왕식, 장철, 배인호, 안창호, 유기봉, <헬스케어 인공지능>, 북스타, 2020
김진형, <AI 최강의 수업>, 매일경제신문사, 2020
조동성, '인공지능이 묻고 인간이 답한다', 대한민국 인공지능포럼, 2021
박진, '인공지능과 민주 정치', 대한민국 인공지능포럼, 2021
노웅래, '인공지능과 디지털뉴딜', 대한민국 인공지능포럼, 2021
한국과학창의재단, <100세 시대, 스마트 헬스케어와 미래직업>, 교육부, 2018
한지아,김은정, <스마트 헬스케어>, 한국과학기술기획평가원, 2020
박정우, '인공지능 헬스케어', KISTI 마켓리포트, 2016
중소기업기술정보진흥원, <중소기업전략기업 로드맵, 스마트팜>, 중소벤처기업부, 2019
김광호외, <AI시대의 미디어>, 북스타, 2020
김형철외, 'ICT R&D 기술로드맵 2023 -인공지능.빅데이터-', IITP, 2020
김성민 · 정선화 · 정성영, <세상을 바꾸는 AI미디어>, ETRI, 2018
KAKAO AI REPORT, '카카오의 인공지능 윤리', 카카오, 2018
김들풀, 'FLI 착한 인공지능 개발하자!', IT뉴스, 2017.2.4
김성원, '지능정보사회의 도래와 법 · 윤리적 과제', NIPA 이슈리포트 2017-제21호
대외경제정책연구원, 주요국의 4차 산업혁명과 한국의 성장전략, 2017.11
문성욱, 4차 산업혁명을 이끌 양자컴퓨팅 기술, 융합Weekly TIP, 2018.04
세계경제포럼, 'Top 10 Emerging Technologies', 2018
유발 하라리 지음, 조현욱 옮김, <사피엔스>, 김영사 (2015)
안종배, '4차 산업혁명에서의 교육 패러다임의 변화', EBS (2017)
안종배, <스마트시대 콘텐츠마케팅론>, 박영사, 2012)
안종배, <스마트미디어시대 방송통신 정책과 기술의 미래>, 진한M&B, 2012
안종배, 미래 미디어 발전 로드맵과 기술, ETRI, 2007
안종배 · 장영권, <대한민국 4차산업혁명 성공전략>, 광문각, 2018

안종배·노규성, <퓨처어젠다, 미래예측2030>, 광문각, 2019
안종배, '4차산업혁명 인공지능시대 차세대 교육의 과제와 전망', 미래목회포럼, 2020
중앙선데이, '짐 데이토의 미래학 이야기', 2011. 1. 8
아이작 아시모프, <로봇과 제국(Robost & Empire)>, 1985

오춘호, 'AI가 '가격담합'했다는데…법적 책임은 누가?', 한국경제, 2017.4.3
이승훈, '최근 인공지능 개발 트렌드와 미래의 진화방향', LG경제연구원, 2017.12
이원태, '4차산업혁명과 지능정보사회의 규범 재정립' KISDI Premium Report, 2017-10
임채린, '인공지능과 트롤리 딜레마', Right Brain Lab 블로그, 2018.7.20
정성훈, '4차 산업혁명시대, 미래 유망직업', 뉴스핌, 2019.4.4
정원영, '4차산업혁명 시대의 직업 전망 7대 트렌드', 로봇신문, 2017.4.25
존 나이스빗(John Naisbitt), <메가트렌트>(Megatrend), 1982
존 나이스빗(John Naisbitt), <메가트렌트 2000>(Megatrend 2000), 2000
차원용, '생체인터넷(IoB) 기술개발과 전략 시리즈', IT뉴스, 2016
커즈와일, <특이점이 오고 있다(Singularity is near)>, 2005
클린콘텐츠국민운동본부, '인성 클린콘텐츠 스마트쉼 UCC 공모전', 2019
프랑스 전략연구소(France Strategie), '인공지능의 경제적, 사회적 영향 전망', 2017
한국고용원정보원, '4차산업혁명 미래일자리 전망', 2017.12
한국정보화진흥원, '지능정보사회 윤리 가이드라인', 2018
한국직업능력개발원, '제4차산업혁명시대 미래직업가이드북', 2018.12
황원식, '사물인터넷(IoT)이 가져올 미래의 산업변화 전망', KIET 산업경제 ,2016 03
KIAT, '유럽 로봇산업 정책 및 기술 동향', GT 심층분석보고서, 2017.8.1
카카오 정책지원팀, '미 백악관 '미국 백악관의 AI특별보고서 요약', 2016
한국정보화진흥원, '2030년, 인공지능과 생활', 2016
한국정보화진흥원, '인공지능 발전이 가져올 2030년의 삶', NIA Special Report, 2016.4.
레이 커즈와일 저, 장시형·김명남 역 , <특이점이 온다>, 김영사, 2007
엘빈 토플러·하이디 토플러 저, 김중웅 역, <부의 미래>, 청림출판, 2006
엘빈 토플러, <누구를 위한 미래인가>, 청림출판, 2012
자크 아탈리, <미래 대예측>, 세종연구원, 2018
토마스 프레이 저, 이지민 역, <에피파니 Z>, 구민사, 2017
토마스 프레이 저, 이미숙 역, <미래와의 대화>, 북스토리, 2016
존 나이스비트 저, 김홍기 역, <메가트렌드 2000>, 한국경제신문사, 1997
존 나이스비트 저, 이창혁 역, <메가트렌드>, 21세기북스, 1988
피터 트러커 저, 이재규 역, <Next Society>, 한국경제신문사, 2002
니콜라스 네그로폰테, <디지털이다>, 커뮤니케이션북스, 1995
마샬 맥루한 저 박정규 역, <미디어의 이해>, 커뮤니케이션북스, 1999
다니엘 핑크 저, 김명철 역, <새로운 미래가 온다>, 한국경제신문사, 2013
제롬 글렌, '국가미래전략기구 추세', 국제미래학회 창립기념 국회 심포지엄, 2007
안종배, '미디어의 미래', 국제미래학회 창립기념 국회 심포지엄, 2007
호세 코르데이로, '로봇산업의 미래', 국제미래학회 국제 미래학 학술포럼, 2011
제롬 글렌, '스마트 ICT의 미래', 국제미래학회 국제 미래학 학술포럼, 2012
조나단 트렌트, 'IT와 BT 융합 혁신산업의 미래와 역할', 국제미래학회 국제 미래학 학술포럼, 2013
호세 코르데이로, '세상을 움직이는 미래 기술', 국제미래학회 국제 미래학 학술포럼, 2013
토마스 프레이, '미래 기술 메가트렌드', 국제미래학회 국제 미래학 학술포럼, 2013
안종배, '대한민국 미래 변화 동인', 국제미래학회 미래 메가컨퍼런스, 2016
김경훈, '대한민국 미래 메가트렌드', 국제미래학회 미래 메가컨퍼런스, 2016
문영호, '대한민국 미래 핵심기술', 국제미래학회 미래 메가컨퍼런스, 2016
이형희, '대한민국 사물인터넷의 미래', 국제미래학회 미래 메가컨퍼런스, 2016
남윤자, '대한민국 옷의 미래와 라이프', 국제미래학회 미래 메가컨퍼런스, 2016
이주연, '대한민국 미래 융합산업', 국제미래학회 미래 메가컨퍼런스, 2016
엄길청, '대한민국 미래 경영과 사회', 국제미래학회 미래 메가컨퍼런스, 2016
이재홍, '대한민국 미래 스토리텔링', 국제미래학회 미래 메가컨퍼런스, 2016
최양희, '4차산업혁명 대한민국 미래 대응정책', 국제미래학회 대한민국 4차산업혁명 컨퍼런스, 2017
이상훈, '4차산업혁명 대한민국 ICT기술의 미래', 국제미래학회 대한민국 4차산업혁명 컨퍼런스, 2017
박주헌, '4차산업혁명 대한민국 에너지산업 미래', 국제미래학회 대한민국 4차산업혁명 컨퍼런스, 2017
이재홍, '4차산업혁명 대한민국 콘텐츠산업 미래', 국제미래학회 대한민국 4차산업혁명 컨퍼런스, 2017
김용근, '4차산업혁명 대한민국 자동차산업 미래', 국제미래학회 대한민국 4차산업혁명 컨퍼런스, 2017
서정선, '4차산업혁명 대한민국 바이오산업 미래', 국제미래학회 대한민국 4차산업혁명 컨퍼런스, 2017
한석수, '4차산업혁명 대한민국 교육의 미래', 국제미래학회 대한민국 4차산업혁명 컨퍼런스, 2017
안종배, '대한민국 4차산업혁명 마스터플랜', 국제미래학회 4차산업혁명 정책세미나, 2018
안종배, '4차산업혁명시대 교육 패러다임 변화', 국제미래학회 대한민국 미래교육 정책세미나, 2017
조동성, '대학은 어떻게 바뀌어야 하나', 국제미래학회 대한민국 미래교육 정책세미나, 2017
오세정, '4차산업혁명시대, 교육 혁신 방안', 국제미래학회 대한민국 미래교육 정책세미나, 2017
민경찬, '미래교육 정책 거버넌스', 국제미래학회 대한민국 미래교육 정책세미나, 2017
차원용, '4차산업혁명 국가 R&D 전략', 국제미래학회 4차산업혁명 정책세미나, 2018
진대제, '대한민국 4차산업혁명 제대로 하고 있나', 국제미래학회 4차산업혁명 정책세미나, 2018
김동섭, '대한민국 4차산업혁명 현황과 미래', 국제미래학회 미래사랑방 토론회, 2019
이남식, '대한민국 위기현황과 미래', 국제미래학회·한국생산성학회 공동 학술대회, 2019

박수용, '4차산업혁명시대 블록체인과 가상화폐', 국제미래학회 미래전략 최고위과정 강의안, 2019
박장환, '4차산업혁명시대 드론 비즈니스 미래', 국제미래학회 미래전략 최고위과정 강의안, 2019
김경훈, '미래 핫트렌드와 비즈니스 전략', 국제미래학회 미래전략 최고위과정 강의안, 2019
김흥남, '4차산업혁명과 미래비즈니스와 인재', 국제미래학회 미래전략 최고위과정 강의안, 2019
심현수, '4차산업혁명 스마트폰 비즈니스 활용', 국제미래학회 미래전략 최고위과정 강의안, 2019
차경환, '4차산업혁명시대 두뇌건강 마음건강', 국제미래학회 미래전략 최고위과정 강의안, 2019
엄길청, '4차산업혁명시대 강소기업 경영학', 국제미래학회 미래전략 최고위과정 강의안, 2019
윤은기, '4차산업혁명시대 협업으로 혁신하라', 국제미래학회 미래전략 최고위과정 강의안, 2019
조석준, '4차산업혁명 기상기후 변화와 비즈니스', 국제미래학회 미래전략 최고위과정 강의안, 2019
김희수, '한국형 4차산업혁명과 5G의 미래', 국제미래학회 미래전략 최고위과정 강의안, 2019
이상호, '4차산업혁명과 미래 기술', 국제미래학회 미래전략 최고위과정 강의안, 2019
이재관, '자율주행자동차 동향과 미래비즈니스', 국제미래학회 미래전략 최고위과정 강의안, 2019
이영탁, '4차산업혁명과 미래사회', 국제미래학회 미래전략 최고위과정 강의안, 2019
이상민, '4차산업혁명 대응 전략', 국제미래학회 미래전략 최고위과정 강의안, 2019
신용현, '4차산업혁명 미래 발전 전략', 국제미래학회 미래전략 최고위과정 강의안, 2019
최희윤, '슈퍼컴퓨터와 과학데이터의 비즈니스 활용' 국제미래학회 미래전략 최고위과정 강의안, 2019
장문기, '드론이 바꾸는 산업과 비즈니스 미래' 국제미래학회 미래전략 최고위과정 강의안, 2019

◆ 해외 문헌

Humanizing Tech, 'Amazon's Secret Self-Driving Car Project', Borg, 12 Jan 2017
IBM, 'Innovations that will change our lives in the next five years' The 5 in 5, 05 Jan 2017
Intel, 'Intel's New Self-Learning Chip Promises to Accelerate Artificial Intelligence', 25 Sep 2017
VoiceBot.ai, 'Amazon Alexa Smart Speaker Market Share Dips Below 70% In U.S., Google Rises to 25%', 10 Jan 2018
Intel, 'Intel"fs New Self-Learning Chip Promises to Accelerate Artificial Intelligence', 25 Sep 2017
John Launchbury, 'A DARPA Perspective on Artificial Intelligence', DARPA, 2017
McKinsey & Company, 'The Connected Home Market', 2017
McKinsey Global Institute, 'Artificial Intelligence-The Next Digital Frontier?', 2017
MIT Technical Review, 5 Big Predictions for Artificial Intelligence in 2017 (2017)
National Science and Technology Council, 'The National Artificial Intelligence Research and Development Strategic Plans'(2016)
EC, 'The Knowledge Future : Intelligent policy choices for Europe 2050' (2015)
OECD, 'Science, Technology and Innovation Outlook 2016' (2016)
Stanford University, 'Artificial Intelligence and Life in 2030' (2016)
The Economist Intelligence Unit, 'Long-term macroeconomic forecasts . Key trends to 2050' (2015)
Bishop, Peter C & Andy Hines, Teaching about the future, Palgrave Macmillan, 2012
Lum,Richard A.K, 4 Steps to the Future, FutureScribe, 2016
Voros, Joseph, 'The Future Cone, use and history', The Voroscope, 2017
Dator, James. 'Teaching Futures Studies: Some lessons learned' Tamkang Univsersity, 2002
Kurzweil, R. The Singularity is Near, Viking, 2005

◆ 사이트

http://www.altfutures.org
http://www.cleancontents.org
https://www.gfuturestudy.org
http://www.ibm.com
http://www.irobotnews.com
http://foresightstrategiesgroup.com
www.futures.hawaii.edu
http://future.tku.edu.tw
https://futures.kaist.ac.kr
http://www.futureoflife.org
https://futureoflife.org/ai-principles
http://www.houstonfutures.org
https://news.samsung.com
http://www.wfs.org
http://www.kisa.or.kr
http://www.nia.or.kr
http://www.sciencetimes.co.kr
http://www.wfsf.org
http://www.millenium-project.org/millenium
http://www.foresight-platform.eu
http://www.stepi.re.kr
http://www.foresight.kr
http://www.koreafutures.net
http://www.korea2050.net

http://www.kisdi.re.kr
http://www.kdi.re.kr
http://futures.hawaii.edu
http://www.unu.edu
http://www.worldfuture.org

저자
안 종 배 국제미래학회 회장/ 대한민국 인공지능포럼 공동회장/ 한세대학교 교수

주요 연구 영역
미래학, 인공지능, 4차산업혁명, 미래 윤리,
미디어 미래, 스마트 콘텐츠, 스마트 마케팅

학 력 : Ph.D
서울대학교 졸업, 연세대 언론홍보대학원1기,
경기대 대학원, 미시건주립대 대학원 졸업, UCLA 디지털미디어콘텐츠 Post과정 수료

현 직
국제미래학회 회장/ 대한민국 인공지능포럼 공동회장
한세대 인문사회과학부 교수
대통령직속 4차산업혁명위 2기 혁신위원
클린콘텐츠국민운동본부 회장
미래창의캠퍼스 이사장
국민권익위원회 자문위원/한국교총 고문
국회미래정책연구회 운영위원장
미래목회포럼 정책자문위원/흥사단 본부 감사

경 력
호서대 벤처대학원 교수
대한적십자사 대의원 및 자문위원
언론중재위원회 중재위원

포 상
2019 서울과학종합대학원 4T 최고위 올해의 자랑스런 동문상
2015 국무총리상, 자랑스런 한세인상 수상
2014 아시아 태평양 스티비상 대상 수상
2013 대한민국 인물 대상 (한국언론인총연대, 미주한인언론인연합회)
2013 대한민국학술원 우수학술 저술(스마트시대 콘텐츠마케팅론)
2011 대한민국 커뮤니케이션 대상 여성가족부장관상(클린콘텐츠 웹진 발행)
2011 정보문화 대상 행정안전부 장관상(클린콘텐츠국민운동본부 기관)

주요 저서
인공지능이 바꾸는 미래 세상 (광문각) 2021년
미래학원론 (박영사) 2020년
퓨처 어젠다, 미래예측 2030 (광문각) 2019년
4차산업혁명시대 대한민국 미래 성공전략(광문각) 2018년
대한민국 4차산업혁명 마스터플랜(광문각) 2017년
제4차산업혁명시대 대한민국 미래교육보고서 (광문각), 2017년 문체부 세종도서 선정
대한민국 미래보고서 (교보문고) 2016년 문체부 세종도서 선정
전략적 미래예측방법론 바이블 (도서출판 두남): 2015년 문화체육관광부 우수학술도서
스마트폰 마이스터 되기- 스마트폰 200% 활용법, 2014년 (진한 M&B)
건강한 UCC 제작과 SNS 사용법, 2013년 (진한 M&B)
미래가 보인다, 글로벌 미래 2030, 2012년 (박영사)
스마트시대 콘텐츠 마케팅론(박영사): 2013년 대한민국 학술원 우수학술도서 선정
스마트시대 방송통신 정책과 기술의 미래, 2010년 (진한 M&A)
스마트시대 양방향방송광고 기획과 제작, 2009년 (학현사)
나비효과 디지털마케팅(2004년)/ 나비효과 블로오션 마케팅 (미래의 창) 2005년

이메일 연락처: daniel@cleancontents.org

인공지능이 바꾸는
미래세상과 메타버스

초판 1쇄 발행   2021년   9월   9일
초판 2쇄 발행   2021년   11월   5일

지은이   안종배
펴낸이   박정태
편집이사   이명수   출판기획   정하경
편집부   김동서, 위가연
마케팅   박명준, 이소희   온라인마케팅   박용대
경영지원   최윤숙

펴낸곳   광문각
출판등록   1991. 5. 31 제12-484호
주소   파주시 파주출판문화도시 광인사길 161 광문각 B/D
전화   031-955-8787   팩스   031-955-3730
E-mail   kwangmk7@hanmail.net
홈페이지   www.kwangmoonkag.co.kr
ISBN   978-89-7093-528-7 03320
가격   23,000원

저자와의 협약으로 인지를 생략합니다.
잘못된 책은 구입한 서점에서 바꾸어 드립니다.

"This work was supported by Hansei University Research Fund of 2021"